FELIX DE MENDELSSOHN

# Der Mann, der sein Leben einem Traum verdankte

## EIN TRAUMFORSCHER ERZÄHLT

© 2014 Ecowin, Salzburg
by Benevento Publishing
Eine Marke der Red Bull Media House GmbH

Lektorat: Joe Rabl
Art Direction: Peter Feierabend
Gestaltung und Satz: Frank Behrendt

ISBN: 978-3-7110-0064-4
1 2 3 4 5 6 7 8 / 16 15 14
www.ecowin.at
Printed in Europe

FELIX DE MENDELSSOHN

# Der Mann, der sein Leben einem Traum verdankte

## EIN TRAUMFORSCHER ERZÄHLT

ecoWIN

Unsere Träume sind, wenn sie einmal ausnahmsweise gelingen und vollkommen werden – für gewöhnlich ist der Traum eine Pfuscher-Arbeit –, symbolische Szenen- und Bilder-Ketten an Stelle einer erzählenden Dichtersprache, sie umschreiben unsere Erlebnisse oder Erwartungen oder Verhältnisse mit dichterischer Kühnheit und Bestimmtheit, dass wir dann morgens immer über uns erstaunt sind, wenn wir uns unserer Träume erinnern. Wir verbrauchen im Träumen zu viel Künstlerisches – und sind deshalb am Tage oft zu arm daran.

FRIEDRICH NIETZSCHE

# Inhalt

Vorwort ............................................................ 8

Einleitung: Das Labyrinth der Träume ....................... 12

Vom Schlafen, Träumen und Tagträumen ................... 34

Traumforscher und Traumdeuter seit der Antike ........... 52

Freud oder Jung? ............................................... 82

Traumsymbolik und Sexualität .............................. 116

„Typische" Träume ............................................ 154

Alpträume, Traumserien und Traumdiagnostik ........... 186

Klarträume – das „luzide Träumen" ......................... 206

Traumgesellschaften – Traum und soziales Umfeld ..... 220

„Soziales Träumen" – das Unbewusste in
der Organisation ................................................ 236

Kreativität im Traum .......................................... 248

Wozu träumen wir? Sieben Hypothesen ................... 258

Traumforschung heute – Psychologie und
Neurowissenschaften ......................................... 272

Nachwort ....................................................... 290

Anhang 1: Praktische Ratschläge für die Erforschung
eigener Träume ................................................ 294

Anhang 2: Weiterführende Literatur ....................... 298

# Vorwort

Dieses Buch entstand aus einer einfachen Idee.

Träume ernst zu nehmen und über sie nachzudenken war in unserem westlichen Kulturkreis jahrhundertelang kein Thema – für die Kirche verdächtig und später für die Philosophen und Wissenschaftler der Aufklärung irrational und abergläubisch. Seit der Veröffentlichung von Sigmund Freuds *Traumdeutung* – das er noch im Alter als sein Hauptwerk ansah – vor über 100 Jahren hat sich das inzwischen geändert. Nicht nur in der Psychologie wurde im frühen 20. Jahrhundert das Träumen wieder ernst genommen, sondern auch in der Literatur und Kunst des Surrealismus. Später, ab den 1970er-Jahren, mit der Einrichtung von Schlaflabors mit hochtechnisierten Geräten, rückte der Traum auch in den Mittelpunkt des Interesses der Neurowissenschaften. Es lag also nahe, einen besseren Überblick darüber zu geben, was von Freuds Theorien noch – oder wieder! –Bestand hat und was wir seitdem dazugelernt haben. Zugleich könnte ein solches Buch die Leser und Leserinnen dazu motivieren, ihre eigenen Träume sich besser zu merken, zu verstehen und vielleicht sie damit auch zu verändern. Dabei brauchen sie sich nicht mehr auf die üblichen oberflächlichen und esoterisch angehauchten Traumbücher zu verlassen, die nicht viel mehr versprechen als ein Lexikon vereinfachter Symbolübersetzungen und etwas dubiose Ratschläge für die Lebensführung.

Ein Psychoanalytiker ist kein Lebensführer, sondern ein Forscher, der mit seinen Klienten auf eine Suche geht, ohne vorher zu wissen, was man gemeinsam finden wird. Zu sagen, dieser Traum „bedeute" dieses oder jenes, kann man nur, wenn man geduldig die verschiedenen Einfälle und Umstände des Träumers klärt, um dadurch mit ihm seine persönliche Sinngebung des Traums allmählich zu entschlüsseln. Das war in diesem Buch schwer möglich, ohne zu viel von der Persönlichkeit des jeweiligen Träumers zu verraten. Daher habe ich, wo ich konnte, auf meine eigenen Träume zurückgegriffen.

Ich führe seit über 40 Jahren ein Traumtagebuch, allerdings habe ich immer nur aufgeschrieben und nie wieder darin gelesen. Jetzt, bei den Vorbereitungen zu diesem Buch, habe ich mein eigenes „Traumleben" als ein Ganzes durchgelesen und war von der Vielfalt der Träume beeindruckt und auch darüber, wie bestimmte Themen wie Schlüsselfiguren zu meiner Entwicklungsgeschichte darin wiederkehren. Der Traumforscher William Domhoff, der über 10.000 Träume gesammelt hat und im Übrigen gar nichts von der psychologischen Deutung einzelner Träume hält, meinte, wenn er 100 Träume einer ihm unbekannten Person sähe, könne er sich ein ziemlich zutreffendes Bild von ihr machen, wenn er 1000 Träume bekäme, wüsste er mehr, als er durch jeden psychologischen Test erfassen würde.

Dieses Buch ist also etwas persönlicher geworden, als ursprünglich gedacht, aber es war nicht zu umgehen. Ich folge damit einer psychoanalytischen Einsicht, dass jede noch so objektiv erscheinende Wissenschaft niemals so neutral sein kann, wie sie sich gibt – sie wird immer von den persönlichen Neigungen und Antrieben des Forschers in Gang gesetzt.

Letztlich erhofft man sich von seinen Lesern und Leserinnen immer, dass sie etwas Fremdes, aber auch etwas von sich selbst in den Seiten des Buches erkennen, das man ihnen in die Hände legen will. Es mag nicht immer das Erfreulichste sein, aber die Hoffnung bleibt, dass ein solches Unbehagen durch die Freude an der Erkenntnis aufgewogen wird. Wir können nicht immer die besten Menschen sein, aber warum und wie der Traum uns erlaubt, schwache, ängstliche oder bösartige Menschen zu sein und uns als solche zu sehen, kann zu einer befreienden Erkenntnis für unsere Weiterentwicklung werden.

Sie könnten dieses Buch daher so lesen, wie Sie am besten mit Ihren Träumen umgehen – das Unnötige vergessen, das Beeindruckende behalten und das wahrhaft Bewegende darin in Ihrem persönlichen Leben verwirklichen.

# Einleitung:
# Das Labyrinth
## der Träume

*Wer im Traum Feste gefeiert hat,*
*erwacht am Morgen vielleicht im Jammer und Elend.*
*Und wer im Traum Jammer und Elend gesehen hat,*
*der erwacht am Morgen vielleicht zur fröhlichen Jagd.*
*Der eine träumt, und weiß nicht, dass er nur träumt,*
*und ein anderer träumt sogar mitten im Traum,*
*dass er seinen Traum deute – und erst wenn sie erwachen,*
*merken sie, dass alles nur ein Traum war!*
*Und erst, wenn einmal das große Erwachen kommt,*
*dann wird man erkennen,*
*dass alles dies hier nur ein Großer Traum war.*

DSCHUANG-TZU

Ein Mann mittleren Alters – wir wollen ihn hier Patrick nennen – erzählte mir seine Entstehungsgeschichte: Er sei ein uneheliches Kind. Seine Mutter, eine junge Ausländerin, wurde von ihrem damaligen Dienstgeber zum Sex gezwungen und von ihm geschwängert. Der Mann bestand auf einer Abtreibung, dazu mussten sie aber in das Nachbarland fahren, wo das gesetzlich leichter möglich war. Auf dem Weg dorthin übernachteten sie in einer fremden Stadt. In der Früh sagte der Mann zu Patricks Mutter: „Ich hatte in der Nacht einen Traum. Ein Kind ist mir erschienen, ein vielleicht drei- oder vierjähriger Bub mit goldenen lockigen Haaren. Das Kind sprach mich im Traum an und sagte: ‚Du sollst dieses kommende Kind nicht töten, denn es hat auch ein Recht zu leben!'" Er wollte nun die Abtreibung nicht mehr bezahlen und fuhr mit der Frau zurück. Er versprach ihr, dass er sich um das Kind kümmern werde, allerdings neben seiner eigenen Familie, denn er war bereits verheiratet und hatte drei Kinder.

Das Paar fährt also zurück und als die Mutter Patrick in der Klinik zur Welt bringt, erscheint der Vater mit einem Blumenstrauß und mit dem feierlich wiederholten Versprechen, in Zukunft für das Kind zu sorgen. Patricks Mutter – so hatte sie es ihm erzählt – sagte dem Mann darauf, das Kind wäre gar nicht von ihm, sondern von einem anderen Mann und sie wolle ihn nie wieder sehen.

Damit trat dieser Mann aus Patricks Leben, er selbst hat ihn auch nie zu Gesicht bekommen. Später erlebte er eine Reihe von Ersatzvätern, da die Mutter wechselnde Lebensgefährten hatte, die ihn zumeist vernachlässigten oder gar malträtierten.

Patrick ist bislang ein relativ erfolgloser Künstler. Wie viele Männer, die vaterlos und unter dem dominierenden Einfluss einer labilen Mutter aufwachsen, hat er mit seinem Selbstwertgefühl große Schwierigkeiten – mal scheint er sich fast grenzenlos in seinen Größenfantasien zu verlieren, dann stürzt er wieder in depressive Episoden, er leidet an einer mittelgradigen bipolaren Störung.

Patrick ist ein starker, bildhafter Träumer und ein wiederkehrender Alptraum macht ihm schwer zu schaffen. Darin sieht er sich selbst in seinem Bett, aber nicht schlafend, sondern auf eine sonderbare Weise gelähmt, er kann sich gar nicht bewegen. Er hört Schritte, die den Gang entlang zu seinem Zimmer kommen. Sie gehören zu einer großen, dunklen Gestalt, die sich ihm langsam nähert.

Es wäre naheliegend, die unheimliche Annäherung und die Lähmung als eine bildhafte Darstellung seiner Angst vor einer herannahenden Depression zu sehen. Aber nachdem er mir beides, seine eigene Entstehungsgeschichte wie seinen Wiederholungstraum, fast in einem Atemzug erzählt hatte, kam mir der Gedanke, die dunkle Gestalt im Traum könnte dieser verschwundene lebensrettende Vater sein. Patricks Angst und seine Lähmung drückten dann die Hemmung seines eigenen Wunsches aus – und auch seine Angst davor –, diesen Vater einmal aufzusuchen und ihm zu begegnen. Denn der Traum enthält, wie wir später sehen werden, auch Umkehrungen, von Freud als „Mechanismus der Verkehrung ins Gegenteil" benannt – und auch der genaue Zusammenhang, in dem ein Traum erzählt wird, ist oft von besonderer Bedeutung.

Der Traum von Patricks Vater mag sinnbildlich für das Träumen insgesamt am Anfang dieses Buches stehen. Denn er ist ein Traum auf Reisen, er ist auf einer Reise geträumt worden, und wir werden noch sehen, wie das Reisen die Traumproduktion anregen kann oder überhaupt am Ursprung der genetischen Funktion des Träumens stehen könnte. Auch ist jeder Traum selbst eine Art Reise in die Ferne, in eine Zukunft, die wir vorausahnen, aber nicht kennen können. Zugleich ist aber auch jeder Traum eine Reise *zurück* in vergangene Zeiten, in persönliche und kulturelle Erinnerungen, vielleicht auf der Suche nach einem Ursprung für die gegenwärtigen Probleme im Wachleben.

Träume können Leben retten, aber sie können auch tödliche Krankheiten, Selbstmordimpulse und psychotische Zusammenbrüche ankündigen – vielleicht sogar künftige äußere Gefahren. Abraham Lincoln hatte, eine Woche bevor er erschossen wurde, einen Traum, dass er, der Präsident, gestorben sei und nun im Weißen Haus aufgebahrt läge. Ähnliche Beispiele sind uns aus der Antike bekannt, wie etwa der Traum von Julius Cäsars Gattin in der Nacht vor seiner Ermordung: Sie sah, wie er als Toter ins Haus getragen wurde. Die Deutung war klar – aber Cäsar hat sie nicht verstehen wollen.

Aber was verstehen wir genau unter dem Wort „Deutung"? Was be*deutet* dieses Wort?

Auf jeden Fall ist es nicht dasselbe wie „Erklärung". Erklären können wir die Dinge erst dann, wenn wir stichhaltige Beweise dafür haben, dass wir der Sache auf den Grund gegangen sind. Dass ein Gegenstand, den ich in die Luft werfe, immer wieder auf den Boden fallen wird, kann ich aus den Gesetzen der Newton'schen Mechanik erklären. Erklären kann ich auch, wie mein neuer Videorekorder funktioniert, vorausgesetzt, ich habe die Betriebsanleitung gelesen (und verstanden!).

Deuten heißt etwas interpretieren, das nicht bewiesen werden kann: es nicht zu erklären, aber es doch in einem anderen Licht zu betrachten, damit es klarer wird und uns neue Aspekte von sich zeigen kann. Eine abstrakte Malerei von Mark Rothko oder ein komplexes Gedicht von Paul Celan kann man nicht einfach *erklären*. Aber wenn wir mit der Farbgebung, der Flächengestaltung und auch mit den persönlichen Interessen und Gemütsverfassungen des Malers vertraut sind, wenn wir die Wortverschränkungen und biblischen Assoziationen nachvollziehen können und die Erfahrungen des Dichters im Konzentrationslager miteinbeziehen, können wir ihre Kunstwerke *interpretieren*, ihnen zusätzliche Bedeutungen verleihen.

Interpretieren heißt auch in gewissem Sinne das Fragmentarische zu einem Ganzen zu machen, wie wenn wir eine Rede in einer Fremdsprache hören, von der wir nur jedes dritte Wort verstehen – dennoch kann es uns mit Einfühlung, mit einem genauen Gehör, mit spezifischen Kenntnissen und mit einiger Fantasie gelingen, die Bedeutung der ganzen Rede zu entschlüsseln.

Die Funktion der Träume ist so vieldeutig wie ihre Inhalte es sein können. (Deshalb vielleicht heißt es in gewissen Regionen Italiens, wenn man einen bösen Traum hat, soll man ihn sieben verschiedenen Leuten erzählen.) Träume können planen, erinnern, vergleichen, warnen – wir werden in diesem

Buch auch allen diesen Aspekten in der modernen neurowissenschaftlichen Traumforschung nachgehen. Und manchmal können uns Träume nur eine Schein- oder Gegenwelt vorgaukeln, um uns zu beruhigen und zu entlasten.

Über die Flugträume, die meistens von einem erhabenen, seligen Gefühl begleitet werden, wird noch die Rede sein. Auffallend scheint mir aus meiner klinischen Erfahrung, dass solche Träume sehr oft dann auftreten, wenn der Träumer/ die Träumerin in eine Depression verfallen ist, sozusagen „ganz am Boden" darniederliegt. Im Flugtraum erhebt man sich dann über das Unglück und schwebt in höheren Sphären. Artemidorus von Daldis hat vor fast 2000 Jahren in seinem Traumbuch geschrieben, Träume vom Fliegen seien als Flucht vor einer gefährlichen Situation zu verstehen – also waren Flugträume immer schon ein Indiz für eine gefährliche Situation.

Damit ist eine *kompensatorische* Funktion des Träumens angedeutet. So träumen Schwerkranke fast nie von ihren Operationen, Verbrecher nur sehr selten von ihren Verbrechen, sondern eher von angenehmen Nebensächlichkeiten. Der italienische Traumforscher Sante de Sanctis, der im 19. Jahrhundert eine sehr große Anzahl von Gefangenen nach ihren Träumen befragte, kam zum Ergebnis, dass die gewalttätigsten Bösewichte über den besten und ruhigsten Schlaf verfügen, mit Träumen ohne verbrecherische Inhalte. Die zum Tode Verurteilten hatten kaum noch Träume. Dazu passt noch eine Bemerkung von Wilhelm Stekel – ein früher Anhänger von Freud, von dem der Meister sich allerdings wegen seiner besonderen Technik der Traumdeutung später abwandte –, dass der Neurotiker ein Verbrecher sei, ohne den Mut, seine Verbrechen auszuüben. Denn der Neurotiker träumt viel und oft von verbrecherischen Inhalten, im Gegensatz zum echten Kriminellen.

Der Traum ist eine Reise in eine andere Welt, die uns nur im Schlaf erschlossen wird – oder er wirkt zumindest so: eine Welt in unserem Inneren, die wir betreten, ohne es zu wollen, in der wir Dinge sehen und erleben, die uns bedrohen, beglücken, trösten und überraschen. Die Forschung lehrt uns, dass die meisten von uns diese Reisen mehrmals in jeder Nacht antreten, aber dass wir selten eine Erinnerung oder ein Souvenir davon zurückbringen, oft erst dann, wenn jemand in der Welt des wachen Bewusstseins – ein Partner, ein Psychotherapeut oder ein Schlafforscher – danach verlangt.

Manchmal erscheint es uns dann, als würden wir die gleiche Reise immer wieder antreten, als ginge es darum, zu einem anderen oder besseren Ausgang zu gelangen – das sind die wiederkehrenden Träume. Manchmal scheint die Reise sich über ganze Traumserien zu erstrecken, in denen Gegenden und Begegnungen sich verändern, aber das durchgehende Gefühl – „ich bin es, der diese Dinge tut und erlebt" – als unsichtbarer Faden sich durch alle diese Geschichten zieht: das Gefühl eines Selbst, um das sich dieses ganze Geschehen dreht.

Dies wird von manchen modernen Traumforschern auch als Indiz dafür genommen, dass die genetische Funktion des Träumens in einer Art Weiterentwicklung, einer fortlaufenden Programmierung und Re-Programmierung unseres Gehirns besteht, um unser Selbst, unsere Eigenart, zu prägen und zu festigen.

Die Metapher des Fadens verweist auf den Mythos von Ariadne, von Theseus und vom Labyrinth des Minotaurus. In dieser Sage wurde das Labyrinth von Dädalus geschaffen, dem Erfinder in der Antike, dem es gelang, sich Flügel zu bauen, um den Menschheitstraum des Fliegen-Könnens (der bis heute ein „typischer" Traum geblieben ist) zu verwirklichen. Im Innersten des Labyrinths wohnte der Minotaurus, ein Fabelwesen – halb Mensch, halb Stier –, das die Königin von Kreta, Pasiphae, Frau des Königs Minos, gebar, nachdem es Zeus, in der verwandelten Gestalt eines Stiers, mit ihr gezeugt hatte. Minos wollte diesen unehelichen Sohn seiner Gattin verstecken, wohl aus Scham, so wie wir oft auch unsere Träume vor anderen verbergen wollen. Theseus, der Held, musste das Monstrum aufspüren und töten, aber bislang war keiner jemals aus den gewundenen Gängen des Labyrinths lebend zurückgekehrt. Dies gelang Theseus nur mithilfe von Ariadne, die am Eingang stand und den Faden hielt, an dem er sich wieder zurückführen lassen konnte.

Wie das vorliegende Buch sich anschickt, die Welt der Träume und die Ergebnisse der Traumforschung zu erkunden, wird zeigen, dass wir hier auch eine Art Labyrinth betreten. Viele Gänge scheinen in ganz gegensätzliche Richtungen zu führen oder enden abrupt in einer Sackgasse. An manchen Gängen werden wir vielleicht etwas zu schnell vorbeigehen, wo andere

Forscher sie weiterverfolgt und dabei andere Dinge entdeckt hätten. Andere Gänge wiederum, die uns aussichtsreicher erscheinen, gehen wir ganz lange, weil wir meinen, den Minotaurus in unserer Nähe riechen oder schnauben zu hören, und doch werden wir die Heldentat nicht vollenden können.

Wie Freud anlässlich seiner ersten vollständigen Traumdeutung („Traum von Irmas Injektion", s. Seite 96) seinem Freund Wilhelm Fließ schrieb: „Hier enthüllte sich am 24. Juli 1895 dem Dr. Sigm. Freud das Geheimnis des Traumes", und wie es eine Tafel auf einer Anhöhe über Wien – die „Am Himmel" genannt wird! – verkündet, so ist etwas Wahres daran, aber es ist nicht die ganze Wahrheit. Freud hatte vieles erkannt, dennoch hat der Traum uns heute noch weitere Geheimnisse zu enthüllen, sonst wäre dieses Buch nicht geschrieben worden.

Lange Zeit wurden der Traum und das Träumen in unserer westlichen, technologischen Kultur – nicht in anderen, wie wir sehen werden – an den Rand des Interesses gedrängt, aber in den letzten 20 Jahren sind sie in den Mittelpunkt der wissenschaftlichen Forschung zurückgekehrt. Vielleicht ist heute die wichtigste Fragestellung der Philosophie wie auch der naturwissenschaftlichen Forschung diese: Was ist überhaupt menschliches Bewusstsein? Anscheinend führt ein bedeutender Weg zur Beantwortung dieser Frage über die Erforschung des Unbewussten, d. h. wann und wie und warum wir im Schlaf Dinge sehen, erleben und tun können, obwohl das außerhalb unseres Wachbewusstseins geschieht.

Zunächst war es die Erfindung des Elektroenzephalogramms (EEG), die es uns ermöglicht hat, ganz neue Aufschlüsse über die Gehirnaktivität beim Schlafen und beim Träumen zu erhalten. Dann kamen noch raffiniertere Techniken, die sogenannten bildgebenden Verfahren wie CT (Computertomografie), MRI (Magnetresonanzinduktion) und PET-Scan (Positronen-Emissionstomografie), die es uns erlauben, noch viel genauer zu beobachten, was das Gehirn tut – oder sollten wir besser sagen, was mit dem Gehirn geschieht? –, während wir schlafen und während wir träumen.

Aufgrund solcher Forschungen wissen wir heute sehr viel mehr über das Träumen, als Freud wissen konnte, und sind dadurch in der Lage, Aussagen über Sinn und Zweck des Träumens zu machen, die ihm nicht möglich waren. Manches davon scheint seine Theoriebildungen und Deutungsansätze zu bestätigen, anderes ihn direkt zu widerlegen. Wir wissen sehr viel und werden in naher Zukunft sogar noch viel mehr wissen, aber die ganze Wahrheit werden wir wohl nie wissen – denn dann gäbe es kein Unbewusstes mehr!

So wie der Traum selbst uns manchmal schnurstracks auf eine verborgene, aber dennoch überzeugende Wahrheit hinzuführen scheint, so kann er uns ebenso oft in die Irre führen, uns über uns selbst und über unsere Mitmenschen täuschen. Diese Ansicht finden wir schon in Homers *Odyssee*, wenn die vorsichtige Penelope ihren Mann ermahnt:

*Denn es sind zwei Pforten der luftigen Traumgebilde,*
*Diese von Elfenbein und jene aus Horn gefertigt.*
*Welche nun gehen aus der Pforte geschliffenen Elfenbeins,*

*Solche täuschen den Geist durch wahrheitslose Verkündung;*
*Aber die aus des Hornes geglätteter Pforte herausgehen,*
*Wirklichkeit deuten sie an, wenn der Sterblichen einer sie*
*schauet.*

Hier gehen die Meinungen der Gelehrten auseinander, warum die falschen Träume aus einer Elfenbeinpforte und die Wahrträume aus einer Pforte aus Horn hervorgehen. Eine Erklärung wäre, dass das polierte Horn durchsichtig wirkt, man kann erahnen, was dahinter ist, während das Elfenbein, das zunächst wertvoller erscheint, keine solche Durchsichtigkeit zulässt. Aber womöglich ist hier ein Wortspiel im Griechischen in den Text hineinverwoben worden, so wie es auch oft in Träumen passiert.

\* \* \*

Die Reise verspricht Abwechslung. Wir werden verschiedene Zeiten und Gegenden bereisen, von den Gefilden der Antike, den Chaldäern und Babyloniern zu den Traumdeutern der Bibel und zu uns ganz fremden Kulturen, bis hin zu den großen Psychologen des 20. Jahrhunderts wie Sigmund Freud und Carl Gustav Jung und zum modernen, technisch ausgerüsteten Schlaflabor. Dabei werden wir den „typischen" Träumen begegnen – den Prüfungsträumen, den Träumen von großen Menschenansammlungen, vom Fliegen-Können, vom Fallen, von Nacktheit, vom Tod geliebter Menschen, vom Sich-nicht-von-der-Stelle-bewegen-Können usw. Wir werden die Frage beantworten, was blinde Personen träumen, und auch von

Kinderträumen und Tierträumen berichten, sowohl von dem, was Kinder träumen, wie auch von den Kindern, die in unseren erwachsenen Träumen vorkommen; von dem, was wir darüber wissen, welche Tiere überhaupt träumen und wovon und wozu, wie auch von jenen Tieren, die so oft in unseren Träumen erscheinen. Dann werden wir von Maschinen, Häusern und Landschaften berichten, von Zahlen, Kleidern und Verkehrsmitteln, die alle zum komplexen Feld der Traumsymbolik gehören.

Es werden uns die diagnostischen Aspekte unseres Traumlebens beschäftigen, etwa unsere eigene Aktivität oder Passivität in unseren Träumen und das, was uns bestimmte Träume oder Traumserien über unsere körperliche oder seelische Gesundheit kundtun. Wir werden von einigen besonderen Anwendungen des Träumens berichten, wie dem „luziden Träumen" – das auch im Schamanismus wie im tibetischen Traumyoga eine zentrale Rolle spielt – als modernem therapeutischem Mittel, um Alpträume zu bewältigen, oder vom „Social Dreaming", dem sozialen Träumen, das zunehmend Eingang in die Business-Welt und in die Organisationsberatung findet.

Am besten werden wir aus diesem Labyrinth wieder herauskommen, wenn wir uns an einem Faden halten. Der simple Faden, der hier angeboten wird, ist die *Selbstbezogenheit* des Träumens – ein Faden, den wir nur vorübergehend (in den Kapiteln „Traumgesellschaften" und „Soziales Träumen") bewusst aus der Hand geben werden. Auch wenn wir oft von anderen Menschen und deren Handlungen und Gefühlen träumen oder von völlig menschenleeren Ortschaften, wenn

24

wir scheinbar prophetisch, telepathisch, verrückt oder absurd träumen, immer haben unsere Träume mit uns selbst zu tun.

Freud meinte, dass „jeder Traum die eigene Person behandelt. Träume sind absolut egoistisch", obwohl er damit nicht – wie später C. G. Jung – behaupten wollte, dass alle Personen im Traum immer nur als Anteile von uns selbst zu verstehen sind. Für Jung sind Personen, die uns im Traum erscheinen, immer Teilaspekte der eigenen Persönlichkeit – eine Sicht, die ich, mit Freud, nicht immer teile.

In einem Fall aber doch. Wenn wir von prominenten Personen in der Öffentlichkeit träumen, scheint da immer ein Aspekt von uns selbst zur Darstellung zu gelangen, und zwar oft ein Aspekt, den wir lieber verbergen würden, der aber im Traum ganz „öffentlich" wird. Ein berühmtes Beispiel dafür ist Johann Friedrich Hebbel, der in einem Brief an einen Freund sich darüber beklagte, dass er immer wieder von Napoleon träumen würde: Napoleon bei seiner Übernahme der Staatsführung als Erster Konsul, Napoleon bei seiner Krönung zum Kaiser durch den Papst und Napoleon in seinem Exil auf St. Helena. Dabei beteuerte Hebbel heftig, diesen Napoleon gar nicht zu mögen oder zu schätzen!

Ein Beispiel in meiner eigenen klinischen Praxis waren für mich in den späten 1980er-Jahren die vielen Jörg-Haider-Träume, die meine – ich glaube mich zu erinnern, nur männlichen! – Patienten mir damals in die Analyse brachten. Diese Personen waren keineswegs Haider-Anhänger, ganz im Gegenteil: Seine politische Ausrichtung fanden sie alle widerwärtig und gefährlich. In den Träumen erschien Haider meist in einem freundlichen Licht. Ich denke, wir haben es hier mit einer geheimen Bewunderung für seinen schnellen Aufstieg, für seine öffentliche Wandlungsfähigkeit zu tun, um den man ihn beneidet hat (es war ja bekannt, dass Haider vor seinem jungen Yuppie-Publikum im Versace-Anzug erschien, vor seiner bäuerlichen Gefolgschaft aber im Lodenjanker).

Ich hatte auch einmal einen solchen Traum: *Ich war mit meiner damaligen Frau bei einem Gruppendynamik-Seminar. Jörg Haider war auch dort, als ein Trainer für das Seminar angestellt. Er hielt keine Grenzen ein und versuchte überall seine Netzwerke zu knüpfen, ich verteidigte ihn sogar gegenüber meiner Frau: „Das ist doch legitim!"*

*Dann waren wir beide in der Straße, in der er wohnte. Sie sollte in Klagenfurt sein, sah aber aus wie in London. Haider kam aus seinem Vorgarten heraus (von einem biederen kleinen Reihenhaus) mit einer indischen Frau im Sari, mit drei Kindern – einem kleinen afrikanischen Kind, einem österreichischen und einem indischen Mädchen, das in der Luft herumfliegen konnte, mit einer Art Spielzeughubschrauber, den Haider ihr geschenkt hatte. Ich sagte zu meiner Frau: „Schau, er ist doch irgendwie multikulturell!" „Nein", sagte sie zu mir im Traum, „er steht nur auf exotische Frauen …"*

Die Weisheit der Frauen, besonders der Ehefrauen – wenn auch manchmal von Missgunst angespornt –, kann bei der Traumdeutung oft sehr hilfreich sein! Hätte Julius Cäsar nicht besser auf seine Gattin Calpurnia hören sollen?

Ich habe in meinem längeren Traumleben mit einigen bekannten Personen zu tun gehabt, denen ich nie real begegnet bin. Ich habe im Traum Willy Brandt als Baby in den Armen getragen, auf Gorbatschows Schreibtisch seine Privatgegenstände untersucht, in einem Straßencafé mit Richard Nixon am Nebentisch geplaudert, Jassir Arafat mit seiner Frau in ein Restaurant begleitet und zwei Jazzmusiker, Chet Baker und Sonny Rollins, auf der Bühne gesehen.

Einmal träumte ich, *ich sei Luciano Pavarotti und würde „Celeste Aida" auf einer Bühne singen, die von Wasser umgeben war, worin Leute ertranken.* Das war teilweise nicht schwer zu entziffern, denn Pavarotti war der Lieblingstenor meiner Mutter gewesen!

Ein andermal, vor nicht langer Zeit, als ich einen administrativen Posten aufgeben musste und über meine Nachfolger noch sehr unsicher war, *fand ich mich auf einmal im Traum als Julius Cäsar, mit Toga bekleidet, recht machtvoll und selbstzufrieden.* Erst als mir später klar wurde, dass ich diesen Traum an einem 15. März geträumt hatte – den „Iden des März", als Cäsar von Brutus und seinen Verschwörern erstochen wurde –, ging mir ein anderer Gedanke über diese Größenfantasie im Traum auf!

Selbstverständlich habe ich auch von Freud geträumt, einige Male sogar. Mein letzter Freud-Traum liegt allerdings bereits ein Vierteljahrhundert zurück: *Ich bin mit anderen Psychoanalytikern auf einer Heurigentour durch den Wienerwald. Freud ist dabei, er ist etwas über 60, glatzköpfig, rundlich, schaut aus wie ein Rechtsanwalt. Es heißt, er lebt bescheiden und unerkannt in Prag. Wir unterhalten uns. Ich will ihm meinen Vortrag über Psychoanalyse und Musik geben, weil er immer behauptet hat, er sei unmusikalisch gewesen. Dann ist er plötzlich weg, die anderen haben ihn in Beschlag genommen, sie lassen mich nicht mehr an ihn heran, sie wollen mir nicht einmal seine Adresse geben.* Ich denke, sie wollen ihren *Freud für sich behalten – da kann ich dann nichts machen …*

Manche dieser prominenten Figuren in meinen Träumen, wie Freud, Gorbatschow oder Willy Brandt, sind für mich mit positiven, auch väterlichen, Eigenschaften besetzt (der Willy-Brandt-Traum bedarf natürlich einer Umkehrung, nicht ich will ihn als Baby halten, sondern umgekehrt!). Andere sind mehr wie verdächtige Aspekte meines Selbst, die mir in dieser Form begegnen, wie Jassir Arafat oder „Tricky Dicky" Richard Nixon. Und wieder andere waren mir wichtige Identifikationsfiguren in meiner Adoleszenz, wie die beiden Jazzmusiker.

Auch die Träume berühmter Personen werden uns beschäftigen, darunter von wissenschaftlichen Nobelpreisträgern wie Albert Einstein und Niels Bohr, von Autoren wie Stephen King, Robert Louis Stevenson und Samuel Coleridge, von Herrschern wie Hannibal und Adolf Hitler, von Musikern wie Giuseppe Tartini, Richard Wagner und Paul McCartney.

Der Traum mag tatsächlich eine ganz individuelle, egoistische Sache sein. Allerdings zeigen uns viele Anthropologen und Ethnopsychoanalytiker auf überzeugende Weise, dass Traumproduktion und Traummitteilungen entscheidende Faktoren sein können, um das ganze soziale und kulturelle Umfeld zu prägen, zu durchleuchten, zu stabilisieren und zu hinterfragen.

Dieses Spannungsfeld zwischen den individuellen, subjektiven Ängsten und Wünschen des einzelnen Träumers und den Auswirkungen seines Traums auf die Gesellschaft lässt sich an einem besonderen Beispiel gut nachvollziehen. Es geht um den zunächst unauffälligen Traum eines Erfinders, der das Leben von Millionen Menschen entscheidend verändert hat. Interessanterweise bezieht sich der Traum auch auf die Idee eines Fadens und wie er genau eingefädelt werden soll.

Wir schreiben das Jahr 1846. Wie viele andere Erfinder der damaligen Zeit war der Engländer Elias Howe davon besessen, eine funktionierende Nähmaschine zu entwerfen, was bislang niemandem gelungen war. Er hatte sich bereits tief verschuldet und die Gläubiger bedrängten ihn immer mehr. Da hatte er einen Traum. Er träumte, er sei von einem wilden Stamm verfolgt und gefangen genommen worden. Man sagte ihm, er würde mit Speeren getötet werden, wenn er das Problem nicht lösen konnte. Sie banden ihn an einen Pfahl und tanzten um ihn herum, mit Speeren in den Händen rückten sie immer näher an ihn heran. Als sie knapp davorstanden, ihn zu töten, bemerkte er, dass alle ihre Speere ein Loch hatten, und zwar nahe bei der Spitze. Er wachte auf, erinnerte sich an den Traum und wusste, das war die Lösung: Die Nähnadel an der Maschine musste ein Loch nahe bei der Spitze haben und nicht am anderen Ende, wie beim Nähen mit der Hand. Das Modell des Mit-der-Hand-Nähens hatte sein Bewusstsein wohl so beherrscht – wie bei den anderen Erfindern auch –, dass Howe die nötige Neuordnung in der Funktionalität der Maschine nicht konfigurieren konnte. Aber hier, wie so oft, wusste das Unbewusste mehr.

Man erkennt sofort, wie Howe seine persönlichen Ängste in diesem Traum zur Darstellung brachte, denn der wilde Stamm von bedrohlichen Speerträgern musste sich auf seine Gläubiger beziehen, die ihn ins Gefängnis zu werfen gedroht hatten. Zugleich aber setzten sie ihn im Traum unter Druck, endlich die Lösung des Problems zu finden – was ihm erst beim Aufwachen gelang.

Nun drängen sich hier aber einige Fragen auf: Hat Howe die Lösung nur durch den kreativen Akt des Träumens finden können? Musste er die bildhafte Sprache des Traums verwenden, um das abstrakte, technische Problem eines Ingenieurs zu lösen? Ist das ein Hinweis darauf, dass das Träumen an sich immer als problemlösendes Verfahren zu begreifen ist? Oder könnte es sein, dass Howe in den wachen Tagen davor flüchtig an eine solche Möglichkeit gedacht hat, aber sie wegen ihrer Fremdheit gleich verdrängt hatte? Dann würde der Traum, indem er lediglich vieles an Gefühlen, Wünschen und Tageserinnerungen durcheinander mischt, nichts anderes tun, als diese Bruchstücke von Erfahrungen in irgendeine scheinbar zusammenhängende Geschichte zu verpacken, so wie ein Psychotiker im Delirium es tut, wenn er versucht, seine zersplitterten Sinneseindrücke und chaotischen Gedankenfetzen zu einer komplexen, in sich schlüssigen Wahnvorstellung zu formen? Arthur Schopenhauer meinte sogar, der Traum sei ein kurzer Wahnsinn und der Wahnsinn ein langer Traum!

Wenn dem so wäre, dann wäre der Traum keine besondere kreative Leistung an sich – die Kreativität würde vielmehr im wachen Bewusstsein liegen und in einer besonderen Fähigkeit, über seine Träume nachzudenken und das Wertvolle darin heraus zu sondern.

Am Ende dieses Buches, wenn wir die Ergebnisse der psychologischen und neurowissenschaftlichen Forschungen durchforstet haben, werden wir vielleicht aber noch immer keine definitiven Antworten auf alle diese Fragen liefern können. Aber wir werden aufgrund unseres vermehrten Wissens eine andere Einstellung dazu gewonnen haben und unsere eigenen Träume in einem anderen Licht betrachten können.

Ich hoffe, dass Sie nach der Lektüre dieses Buches Ihre Träume schärfer wahrnehmen und ernsthafter betrachten werden, auch wenn das Rätselhafte daran nicht endgültig getilgt sein wird. Der Minotaurus bleibt im Inneren des Labyrinths am Leben, er wird für uns, die wir keine mythischen Helden sind, womöglich ein unsterbliches Wesen für ewig bleiben – aber wir kommen ihm dennoch immer näher.

Als ich mit der Arbeit an diesem Buch beginnen wollte, hatte ich einen eigentümlichen Traum (ich war kurz davor auf einem Kongress in Havanna, Kuba gewesen): *Ein alter schwarzer Mann, wie ein Voodoo-Priester, streckt mir eine Schachtel Zigarren entgegen, als würde er mir eine anbieten. Dann sagt er: „Das Leben des Menschen ist wie eine Zigarre, lange liegt es in einer Schachtel, bei der richtigen Temperatur und Feuchtigkeit, bis es eines Tages herausgenommen, angezündet und mit höchstem Genuss geraucht wird. Dann ist es aus."*

Zur Frage der Symbolik soll Freud – selbst ein passionier-
ter Zigarrenraucher – einmal bemerkt haben: „Manchmal ist
eine Zigarre nur eine Zigarre"; aber der Voodoo-Priester in
meinem Traum sieht offenkundig mehr darin.

Öffnen Sie die geheime Schachtel Ihrer Träume, wenn Sie
dieses Buch öffnen! Sie mögen dort auf einiges Gerümpel
stoßen, aber auch auf wertvolle Ideen und Impulse, die Sie für
das Tagesgeschehen gut gebrauchen können.

# Vom Schlafen, Träumen und Tagträumen

*Man träumt gar nicht, oder interessant.*
*Man muss lernen, ebenso zu wachen.*

FRIEDRICH NIETZSCHE

In unserer heutigen elektrifizierten Welt bedeutet Schlaflosigkeit in der Regel, in seinem durchschnittlich achtstündigen Schlaf gestört zu sein. Viele Menschen, die heute unter Schlafstörungen leiden und deswegen mit Medikamenten aller Art behandelt werden, hätten das vor einigen hundert Jahren ganz anders empfunden. In seinem Buch *At Day's Close*, einer Geschichte der Nacht in der frühen westlichen Moderne, beschreibt Roger Ekirch, wie die Menschen früher in Phasen („segmentierter Schlaf") geschlafen haben. Kurz nachdem es dunkel wurde, schliefen sie für den „ersten Schlaf" ein, dann wachten sie um Mitternacht auf und blieben einige Stunden wach. In dieser Zeit sprachen sie miteinander, beteten, hatten Sex oder gingen auf Diebstouren, dann schliefen sie wieder für eine kürzere Periode ein.

In vielen traditionellen Gesellschaften setzt sich somit die soziale Aktivität in der Nacht fort. Gruppenmitglieder wachen auf, wenn sich etwas Interessantes ereignet, manchmal schlafen sie mitten in einer Unterhaltung ein, um sich einem Streitgespräch höflich zu entziehen.

Der Anthropologe Eduardo Kohn kam in ein kleines Dorf im Amazonasgebiet und sah, wie die meisten Menschen in einer großen offenen Strohhütte gemeinsam schliefen. Sie wachten in der Nacht öfters auf, um Tee zu trinken, weil es kalt war, weil ein Kind gerufen oder ein Tier gebrüllt hatte. „Dank dieser fortwährenden Unterbrechungen", schrieb er, „können Träume ins Wachleben überlappen und das Wachleben in die Träume einfließen auf eine Weise, die beide Zustände eng miteinander verwebt."

„Der Schlaf", sagt der Dalai Lama, „ist für die Tibeter gleichzusetzen mit Nahrung."

Die verschiedenen Schlafrhythmen bei unterschiedlichen Tierarten scheinen eng verbunden zu sein mit ihrem Bedürfnis nach Nahrung und ihrer Angst davor, selbst als Nahrung für ein anderes Tier zu dienen. So schlafen Elefanten nur vier Stunden, weil sie Zeit für die Nahrungssuche und Nahrungsaufnahme benötigen, Löwen schlafen bis zu 20 Stunden, zumal sie keine Angst haben müssen, im Schlaf von anderen Tieren gefressen zu werden.

Menschen sind hier keine Ausnahme – sie sind Allesfresser und haben im Regelfall keine nächtlichen Überfälle zu befürchten, sie können sich daher einen längeren Schlaf leisten. Die Veränderungen in ihren Schlafrhythmen entsprechen dabei ihren kulturellen, aber auch ihren individuellen Gegebenheiten. Manche Menschen arbeiten zu Hause und können sich ihren Schlaf freier einteilen, andere müssen sich auf den Rhythmus eines achtstündigen Arbeitstages einstellen und sich den dafür nötigen Schlaf in der Nacht holen.

Laborversuche in England haben gezeigt, dass schon eine Nacht ohne Schlaf bei den meisten Menschen eine wesentliche Beeinträchtigung wichtiger Funktionen verursacht, insbesondere ihre Fähigkeiten betreffend, originell und innovativ zu denken oder flexibel in ihrer Entscheidungsfindung zu bleiben. Eine kleine Gruppe aber scheint nach einer schlaflosen Nacht verlässlich bessere Leistungen zu erbringen – was womöglich mit einigen wenigen Genvarianten, welche die Neurotransmitter kodieren, zusammenhängt.

Die Wissenschaft, wohl von wirtschaftlichen wie militäri-schen Interessen angespornt, ist sehr daran interessiert, das Schlafbedürfnis der Menschen zu reduzieren (im Sinne einer erhöhten Kampfbereitschaft bzw. Produktivität). So gibt es in-zwischen Medikamente wie Modafinil und Armodafinil, die diese Beeinträchtigungen ausgleichen können. Wenn man 60 Stunden wach bleibt und alle acht Stunden 400 mg Modafinil einnimmt, werden alle Funktionen wiederhergestellt, sowohl das Durchhaltevermögen für monotone Aufgaben wie auch die Originalität und Flexibilität für komplexe Problemstel-lungen. Das Medikament schaltet das Risiko der Schläfrigkeit aus und sowohl deklaratives Gedächtnis (Fakten, persönliche Erfahrungen) als auch nicht-deklaratives Gedächtnis (gelernte Fähigkeiten, vorbewusste Assoziationen) funktionieren wieder.

Allerdings kann man den gleichen Effekt wesentlich billi-ger mit ca. sechs Tassen Kaffee erreichen. Der Haken daran ist, dass wir bislang keine Weckdroge kennen, die nicht den Effekt des übermäßigen Fokussierens oder „tunnellings" mit sich bringt – d. h., dass dabei die Fähigkeit verloren geht, mit seiner weiteren Umgebung in emotionaler Beziehung zu blei-ben und sozial differenzierte Handlungsoptionen zu wählen. Die Mathematik-Prüfung wird man wohl schaffen, aber wo-möglich an einem unvorhergesehenen Telefongespräch mit einem Familienmitglied kläglich scheitern.

Die Frage, die hier offen bleibt – bislang haben wir von der Wissenschaft dafür keine eindeutige Erklärung bekommen –, ist, wofür wir den Schlaf eigentlich brauchen. Brauchen wir den Schlaf, weil er uns das Träumen ermöglicht, wie manche behaupten, oder ist es umgekehrt, wie Freud meinte, dass der Traum „der Hüter des Schlafs" sei? Ermöglichen es uns die Träume, in Ruhe weiterzuschlafen, indem sie uns eine nächtliche Abfuhr unserer aufgestauten Impulse und Fantasien erlauben?

In gewissem Sinne sind beide Positionen richtig, denn der Schlaf besteht aus verschiedenen Stufen oder Phasen, die sehr unterschiedlich sind, und wie es scheint, brauchen wir sie alle, da wir in jedem Schlafzyklus alle Stufen mehrmals hin und her durchlaufen müssen. Die eigentlichen Traumzeiten – in denen die Träume, die uns in diesem Buch hauptsächlich beschäftigen werden, auftreten – sind die sogenannten REM-Phasen („Rapid Eye Movements"), die erst 90 bis 120 Minuten nach dem Einschlafen eintreten. Sie wiederholen sich auch alle eineinhalb bis zwei Stunden während der Nacht – dazwischen gleitet man immer wieder in den ruhigen Delta-Schlaf – und werden mehr und stärker am Ende der Nacht, wenn die Dämmerung naht.

In diesem Zustand gibt es auch besondere körperliche Veränderungen. Der gesamte Muskeltonus ist schlaff, der Körper ist wie lahmgelegt, aber die schnellen Augenbewegungen, nach denen diese Phase benannt wurde, zeigen eine heftige Aktivität. Herz- und Atemfrequenz sind erhöht, auch der Blutdruck kann steigen oder auch sehr stark variieren. Männer haben in dieser Phase Erektionen, bei Frauen vergrößert sich die Klitoris und die Vagina wird feucht. Dies alles nennt man den „tonischen" REM-Schlaf. Beim „phasischen" REM-Schlaf entstehen dann die Ausbrüche von schnellen Augenbewegungen mit einer Dauer von zwei bis neun Sekunden alle 60 bis 120 Sekunden.

Wenn Versuchspersonen in dieser Phase geweckt werden, berichten sie von Träumen, die oft komplexe Handlungsstrukturen aufweisen, in denen die Personen aktiv sind, sich verändern, die Orte sich abwechseln können und der Träumer in seinem Traum auch selbst eine Aktivität entwickeln kann. Ein amerikanischer Traumforscher ließ sich über ein Jahr lang alle zwei Stunden während des Schlafs aufwecken (also fast immer in REM-Phasen) und konnte oft sechs oder sieben komplexe Träume in einer einzigen Nacht notieren.

Aber die frühere Annahme, dass wir nur während der REM-Phasen träumen, hat sich nicht bestätigt. Die Träume im NREM (Non-REM-Schlaf) sind allerdings anders geartet als die REM-Träume. Dazu müssen wir uns den gesamten Schlafzyklus vor Augen führen.

Im Wachzustand zeigt uns das EEG (Elektroenzephalogramm), wie unser Gehirn im Takt von Beta-Wellen, vermischt mit Alpha-Wellen, arbeitet. Beta-Wellen sind immer mit bewusster kognitiver Arbeit verbunden, während die langsameren Alpha-Wellen stärker bei größerer Entspannung (z. B. Meditation) auftreten.

In der ersten Einschlafphase verschwinden zunächst die Beta-Wellen und nach und nach auch die Alpha-Wellen, die nun von längeren Theta-Wellen ersetzt werden. In dieser Zeit bleibt der Muskeltonus erhalten, die Augen rollen langsam und der Körper kann sich bewegen, um eine andere Liegeposition einzunehmen. Bereits in dieser Phase können sogenannte „kleine Träume" auftreten, manchmal ganz farbige, bizarre oder auch klar umrissene Vorstellungen von Orten und Gegenständen, aber ohne eine Erzählstruktur, es gibt keine weiterführende Handlung oder Ich-Aktivität des Träumers.

Der Psychoanalytiker Herbert Silberer hat schon zu Freuds Zeiten von solchen „hypnagogen Vorstellungen" während des Einschlafens berichtet, in denen er eine „Schwellensymbolik" erkennen konnte, wie wenn diese Bilder mit der Übertretung einer Schwelle verbunden wären – z. B. das Visualisieren einer Brücke, die von einem Ufer zum anderen führt, von einem Zug, der abfährt, oder von einer Tür, die aufgeht. Die Einschlafträume, die Inge Strauch, eine deutsche Psychologin und Traumforscherin, gesammelt hat, sind nicht immer ganz so eindeutig. Beispiele:

*Einen Test zusammenstellen, mit Items. Items hab ich zusammenstellen müssen und Leute befragen. So ein Psychotest.*

*So gelbe Fransen hab ich gesehen, dann Besen, Amerika, dann ist die italienische Flagge darin vorgekommen.*

*Was vom Essen. Und zwar ist es um einen großen Kuchen gegangen, der so ausgesehen hat wie ein großer Gugelhupf, aber er hat so orange und rosa Farben gehabt. Und es sind mehrere Leute drum herum gesessen und die haben ein Stück Kuchen bekommen.*

Zumindest das erste und das dritte Traumbild scheinen mir aus einer bildhaften Umarbeitung der Versuchssituation im Schlaflabor zu entstehen. Beim zweiten könnte es auch der Fall sein, wenn wir mehr von der Träumerin wüssten. Oder hatte vielleicht einer der Versuchsleiter einen italienischen Namen?

Aus dieser Phase gelangt man erst über einen Zustand von gemischten Theta- und Delta-Wellen in den NREM-Tiefschlaf, auch SWS oder „Slow Wave Sleep" genannt, wo die viel ruhigeren Delta-Wellen dominieren. Auch hier können traumartige Vorstellungen entstehen, die aber kaum bildhaft, sondern eher abstrakt erscheinen, näher dem „Über etwas Nachdenken", etwas organisieren zu müssen usw. Beispiel:

*Es hat sich um Bücher gehandelt, und zwar um Leihbücher. Ich weiß nicht, wieso, es waren richtige Leihbücher, die hatten alle hinten diese Nummer aufgeklebt. Die habe ich daheim eingeordnet, ich weiß gar nicht, wie ich dazu kam, Leihbücher einzuordnen. Stapelweise.*

Auch hier lässt sich vermuten, dass diese Tätigkeit eine symbolische Umwandlung der Laborerfahrungen der Träumerin darstellt, mit dem Gedanken, dass sie auch zu Hause weiter an dieser „Leiharbeit" wird arbeiten müssen!

Komplexe Träume treten fast nur in REM-Phasen auf, aber der tiefe Delta-Schlaf birgt andere Überraschungen. Wir werden in einem späteren Kapitel die Alpträume diskutieren, aber Alpträume, an die man sich beim Aufwachen erinnern kann (und die in der Regel nur in REM-Phasen entstehen), sind etwas ganz anderes als der *Pavor nocturnus* – nächtliche Terrorattacken, aus denen man schreiend oder um sich schlagend erwacht, ohne genau zu wissen, weswegen, nur mit einem entsetzlichen Körpergefühl wie ein gewaltiger Druck auf der Brust, Herzrasen – der Pulsschlag ist um das Zweifache erhöht, usw. Zunächst findet man sich in der Gegenwart gar nicht zurecht und braucht Zeit, um zu sich zu kommen.

Diese motorischen Ereignisse entstammen dem Delta-, also dem tiefen NREM-Schlaf. Kinder sind besonders anfällig für solche nächtlichen Terrorattacken, die in der Regel nachlassen, sobald die Fähigkeit des Kindes, zwischen äußerer Realität und innerer Fantasiewelt zu unterscheiden, gereift ist. Aber sie kommen auch oft bei schwer traumatisierten Menschen, Kriegsbeschädigten und Verfolgungsopfern, vor. Es scheint, als könnten solche Erlebnisse „zu tief" sitzen oder das Ich des Träumers zu erschüttert sein, um sie in Symbolen, Bildern und Handlungen mittels Fantasietätigkeit darstellen zu können.

Es gibt sogar eine seltsame kriminologische Variante dieser Eruptionen aus dem Delta-Schlaf, bei der in einem völlig unbewussten Zustand Morde begangen werden. Ein Mann wacht in dieser Phase in der Nacht auf – obwohl er eigentlich noch im Tiefschlaf ist –, zieht seine Kleider an, setzt sich ins Auto und fährt 30 Kilometer zu seiner Schwiegermutter, bringt sie um, fährt dann zur Polizei, um sich zu stellen – wo er auf einmal wirklich aufwacht und sich an gar nichts mehr erinnern kann! Dieser spektakuläre Fall ging durch alle Gerichte Kanadas, bis der Mann endlich aufgrund psychologischer Gutachten freigesprochen wurde. Denn seine Befunde im Schlaflabor zeigten die Besonderheiten dieses Zustands auf – den ständigen, immer wiederkehrenden Versuch des

Gehirns, vom tiefen Delta-Schlaf direkt ins Wachbewusstsein zu gelangen, ohne die nötigen Zwischenstadien von leichtem NREM-Schlaf, REM-Schlaf usw. zu durchlaufen. Irgendwie scheint man in diesem schlafwandlerischen Zustand zwischen beiden Zuständen, dem Wachbewusstsein und dem tief ins Unbewusste reichenden Delta-Schlaf, stecken zu bleiben, wo man Handlungen, auch mörderische, völlig unbewusst begehen kann. Der Mann wurde auch deshalb freigesprochen, weil man einen EEG-Befund nicht simulieren kann – er ist ein objektives Beweismittel!

Die ermordete Schwiegermutter hatte ihren Mörder sehr lieb gehabt – sie nannte ihn „meinen sanften Riesen". In der Tat scheint ein relativ großer Prozentsatz von bisher bekannten Fällen dieser Art einen speziellen Typus Mann zu betreffen: überaus groß gewachsene Männer, die besonders sanftmütig und aggressionsgehemmt erscheinen, die im Extremfall etwas von einem „Riesenbaby" haben. Es scheint mir gut denkbar, dass diese Männer schon als Kinder und Jugendliche ihre eigenen Aggressionen stark unterdrücken mussten, weil sie den anderen, die sich alle vor ihnen fürchteten, körperlich derart überlegen waren. Aber welche Beiträge die genetische Konstitution und welche die Umwelt zu diesem Syndrom liefern, ist uns noch nicht genügend bekannt.

Andere Grenzfälle dieser Art hatten einen weniger glimpflichen Ausgang. Wasyl Gnypiuk, ein polnischer ehemaliger KZ-Häftling, kam nach dem Krieg nach England. Dort hatte er öfters Alpträume, in einem davon träumte er, dass er sich wehrte und zurückschlug. Dann wachte er auf und sah, dass er im Schlaf seine Wirtin zu Tode geprügelt hatte. Er wurde schuldig gesprochen, zum Tode verurteilt und im Jahr 1961 in Lincoln erhängt. Heute hätte ihn vielleicht das Schlaflabor vor dem Galgen gerettet; dann wäre dies kein „Traum" im üblichen Sinn (wie manche komplexere Alpträume im REM-Schlaf) gewesen, sondern ein Handlungsimpuls aus dem Delta-Schlaf – das gänzlich unbewusste körperliche Abreagieren einer „nächtlichen Terrorattacke".

Bis heute wurden weltweit etwa 70 Morde im Schlaf dokumentiert.

Ich vermute, dass mildere Varianten dieses Schlafwandler-Zustands auch im „restless-leg"-Syndrom vorkommen – wenn man in der Nacht im Tiefschlaf motorisch ausschlägt und damit den Bettpartner recht heftig treten kann! –, in dem tiefe Handlungsimpulse plötzlich unmittelbar in reale Handlungen übergehen, ohne dass es einem bewusst wird.

Ein Mann litt in den ersten Jahren seiner Analyse stark unter Schlafwandeln. Er nahm an vielen Kongressen teil und einmal passierte es ihm, dass er in der Nacht nackt aus dem Bett aufstand, den Hotelkorridor entlang spazierte und dabei entdeckt wurde. Das war ihm entsetzlich peinlich und vor jedem Kongress hatte er nun Ängste vor einer Wiederholung.

Die Analyse – auch seiner Träume, die voller erotischer Inhalte waren – ergab, dass er bei solchen Kongressen immer wieder ganz reale amouröse Abenteuer gepflegt hatte, die ihn später in schwierigste Verstrickungen brachten. Erst als er sich länger auf eine fixe Beziehung zu einer einzigen Frau eingelassen hatte, verschwand dieses Schlafwandler-Symptom vollends, wie auch die Angst davor. Allerdings verschob sich nun seine Symptomatik auf eine besonders starke masochistische Abhängigkeit von dieser Frau – die Wiederholung seiner hochambivalenten Beziehung zu seiner Mutter in der Kindheit, die er mit seiner vormaligen Lebensweise und Symptomatik lange, aber letztlich erfolglos bekämpft hatte.

Menschen mit Schlafstörungen beklagen zumeist, a) dass sie gut einschlafen können, aber in der Nacht immer wieder aufwachen (ohne sich dabei an Träume zu erinnern), oder b) dass es ihnen überhaupt sehr schwerfällt, einzuschlafen.

Im ersten Fall – wenn das Symptom nicht durch Schlafmittel, die auch die Traumproduktion beeinträchtigen, bekämpft wird – zeigt einem die klinische Erfahrung, dass hier in vielen Fällen das Träumen im REM-Schlaf durch ein wiederkehrendes Kurz-davor-Aufwachen vermieden werden soll. Es macht Angst zu träumen, wenn die Träume womöglich Alpträume werden könnten, und vielleicht noch mehr Angst, wenn man nicht einmal mehr träumen, sondern direkt aus dem Tiefschlaf handeln würde. Solche Menschen leiden oft an frühen Traumatisierungen oder mussten ihre aggressiven oder sexuellen Impulse besonders bekämpfen, wobei ihnen oft Zwangsgedanken oder kleine Zwangsrituale zu Hilfe kommen. Sie schlafen meist dann besser durch, wenn sie allmählich während einer Psychotherapie ihre Träume mit den darin abgebildeten Aggressionen und Wünschen zulassen und diese Aspekte stärker in ihrem Wachleben berücksichtigen können.

Der zweite Typus der Schlaflosen, diejenigen, die überhaupt schlecht einschlafen, zeigen dieses Verhalten in der Regel seit ihrer Kindheit und drücken damit eine besonders ambivalente Mutterbeziehung aus. Denn die Mutter wird als Trösterin aktiv herbeigewünscht, oft dann aber im Traumleben – denn wenn sie einmal eingeschlafen sind, können diese Personen lebhafte Träume haben! – als äußerst störend und übergriffig dargestellt. Die Psychoanalytikerin Joyce McDougall meint zu diesen Patienten, die sich selbst und auch anderen gegenüber oft sehr kontrollierend sind, dass sie sich vor dem Einschlafen an sich wie vor dem Sterben fürchten (dass der Tod des Schlafes Bruder sei, finden wir bereits in der griechischen Mythologie, wo Morpheus und Thanatos Brüder sind). Angst vorm Sterben wäre einer Selbstaufgabe des Ichs gleichzusetzen, die McDougall auch mit Störungen beim Orgasmus – dem „kleinen Tod" – verbindet.

Aus all dem ergeben sich folgende Allgemeindefinitionen:

REM-Schlaf: Gehirn und innere Organe sind äußerst aktiv, in einem bewegungslosen Körper. Hier entstehen komplexe Träume und Traumserien.

NREM-Schlaf: Gehirn und innere Organe ruhen in einem beweglichen Körper. Keine komplexen Träume, nur Einschlafbilder, abstrakte, gedankenartige Traumsequenzen und, bei bestimmten Personen, plötzliche intensive körperliche Erregungen.

Interessant ist die Veränderung des Schlafs im Lebenslauf. Neugeborene, die durchschnittlich 17 Stunden am Tag schlafen können, haben REM-Zyklen alle 60 Minuten, über 50 Prozent ihres Gesamtschlafs ist REM-Schlaf. Dieses Verhältnis verringert sich allmählich; im Kindergartenalter beträgt die durchschnittliche Schlafdauer zehn Stunden mit 30 Prozent REM-Schlaf in Zyklen alle 90 Minuten, in der Pubertät acht Stunden, davon 24 Prozent im REM-Schlaf, mit Zyklen von 112 Minuten. Adoleszente und junge Erwachsene zeigen dann wieder mehr REM-Schlaf und kürzere Zyklen, während Pensionisten mit etwas weniger Gesamtschlaf, weniger REM-Schlaf, aber auch weniger Delta-Schlaf auskommen: Sie sind dafür viel länger in einem leichteren NREM-Zustand, daher beklagen sie sich oft, dass sie nicht richtig oder tief genug geschlafen haben.

Ein Grund, warum bei den Senioren der Delta-Schlaf kürzer ausfällt, könnte darin liegen, dass die Wachstumshormone ausschließlich in den Phasen des Delta-Tiefschlafs ausgeschüttet werden, und daran haben diese Personen keinen Bedarf mehr. Ältere Menschen scheinen auch viel öfter davon zu träumen, dass sie irgendwo herumirren, nicht wissen, wo sie sind, ihr Gepäck verloren haben usw. – vielleicht spiegeln sich hierin ihre Sorgen bezüglich des nachlassenden Gedächtnisses.

Im Folgenden wollen wir uns mit den besonderen Eigenschaften und Aussagen der klassischen REM-Träume beschäftigen, mit der Geschichte ihrer Ausdeutung, dem Stellenwert, den man ihnen zugemessen hat, und den Möglichkeiten, die sie uns geben, unsere Wünsche, Ängste und Ziele in unserem Innenleben und in unserer sozialen Umwelt besser zu verstehen und damit voller, reicher, lebendiger – ja, und auch wacher! – zu werden.

Zunächst aber noch eine kurze Notiz zum sogenannten Tagtraum, der im Wachleben durch eine Art fantasievolles „Wegdriften" entsteht. Wenn einem in der Schule langweilig wird oder man sich in der Arbeit oder im sozialen Leben vor einer Kritik fürchtet, fantasiert man sich öfters zwischendurch woandershin – „ich wäre jetzt gern schon im Sommerurlaub, auf dem Strand in Goa" oder „ich bekomme irgendwann den Nobelpreis für Literatur" oder „ich werde von dem Mann da drüben angesprochen, er nimmt mich in die Arme und drückt mich an sich".

Die Tagträume, meinte Freud, sind die einfachsten Formen der Wunscherfüllung in der Fantasie, die sich schnell bei alltäglichen Frustrationen einstellen können. Eines, das sie von den komplexen Nachtträumen des REM-Schlafs unterscheidet, ist, dass sie immer gut ausgehen. Freud hat dies zum Anlass für eine geistreiche kleine Schrift genommen – *Der Dichter und das Phantasieren* –, in der er behauptet, Tagträume wären der eigentliche Antrieb für die Dichtkunst. Man fantasiert sich individuell in heldenhafte Größenfantasien hinein – man rettet jemanden, überwindet Hindernisse, findet am Ende die wahre Liebe usw. – und verarbeitet dies alles auf literarische Weise, damit es Allgemeingut werden kann. Nicht zuletzt, munkelte der alte Skeptiker, würde der Dichter überhaupt nur deshalb schreiben, weil er damit möglichst viele Frauen für sich gewinnen will!

Es sei Ihnen daher unbenommen, wenn Sie bei der Lektüre gelegentlich wegdriften – vielleicht hatten Sie einen anstrengenden Tag – und sich einem Tagtraum ergeben. Warum nicht? Dann lohnt es sich aber, *nachher* etwas Aufmerksamkeit für das Geschehen zu entwickeln: Warum hatten Sie gerade *diesen* Tagtraum, und warum gerade dort und dann?

Aber noch mehr können Sie für sich gewinnen, wenn Sie sich daran gewöhnen, Ihre Träume in der Nacht aufzuschreiben, ein Traumtagebuch zu führen (s. Anhang 1), so wie viele Künstler es taten – u. a. Franz Kafka, Federico Fellini, Meret Oppenheim –, und es heutzutage immer mehr Manager und Wirtschaftsleute auch tun, sofern sie schon erkannt haben, wie berühmte Politiker und Feldherren vor ihnen auch, dass ihre Träume sowohl Erfolge ankündigen als auch vor Misserfolgen warnen können.

Ein Tipp! Der Neurologe und Psychoanalytiker Mark Solms, von dem wir am Ende des Buches mehr hören werden, meint, die beste Voraussetzung fürs Träumen sei ein schlechter Schlaf: etwa, wenn wir einen Zug verpassen könnten, oder weil wir zu viel gegessen haben, oder weil uns in der Nacht der Lärm stört.

Auch wenn Sie sich selten an Ihre Träume erinnern, werden Sie sich mit der Zeit durch das Aufschreiben allmählich mehr davon ins Gedächtnis rufen können, speziell dann, wenn Sie Ihre Träume mit anderen Interessierten besprechen können. Manche Menschen – darunter berühmte Literaten – sagen, nichts sei langweiliger, als den Träumen anderer Menschen zuhören zu müssen. Ich habe einen großen Teil meines Lebens

damit verbracht und kann das Gegenteil davon behaupten –
es hat mich wacher, interessierter und lebendiger gemacht.

Und damit wünsche ich Ihnen: Glückauf in der Unterwelt!

# Traumforscher
## und Traumdeuter
### seit der Antike

*Rabbi Chisda lehrte: Ein ungedeuteter Traum gleicht einem ungelesenen Brief.*

TALMUD

Friedrich Nietzsche hatte den genialen Gedanken, die Menschen der Vorzeit hätten geglaubt, im Traum eine zweite reale Welt kennenzulernen, und dass diese „Zwei-Welten-Theorie" der Ursprung aller Metaphysik gewesen sein muss. Damit war der Mensch nicht bereit, die Welt, wie sie einem im Wachen erscheint, als die einzig reale und mögliche anzusehen. Vielmehr fing er an, über den Weg der Träume, mit anderen Möglichkeiten zu rechnen – mit Göttern, Dämonen, unsichtbaren Kräften, wie auch später dann mit idealen Entwürfen, von Platon bis Kant, von einer anderen, verbesserten Welt, so wie sie sein sollte und nicht so, wie sie ist.

Die ältesten uns schriftlich (auf Tontafeln) überlieferten Träume befinden sich im Gilgamesch-Epos (ca. 3000 v. Chr.), das erst 1873 bei Ausgrabungen in Ninive in der verschütteten Bibliothek des Assyrer-Königs Assurbanipal entdeckt wurde. Heinrich Ranke meinte, Gilgamesch verkörpere den „Faust des Altertums". Der Held, der seinen verstorbenen Freund Enkidu beweint, sucht nach dem Kraut der Unsterblichkeit, geht dafür in die Unterwelt und findet es endlich bei Utnapischtim – der, wie der spätere biblische Noah, durch einen Schiffsbau als Einziger eine weltumfassende Sintflut überlebt hatte –, nur um das Kraut dann auf dem Heimweg aus Unachtsamkeit zu verlieren (während Gilgamesch schläft, wird es von einer Schlange gestohlen). Damit erfüllt sich ein menschliches Schicksal, er darf sich nicht zu den Göttern gesellen. Die Erinnerung an ihn soll bleiben, weil er die Stadtmauer von Uruk angelegt hatte – wir würden heute, da die Stadtmauer längst verschwunden ist, eher sagen, es ist vielmehr die Dichtkunst gewesen, die ihn verewigt hat!

Es kommen in diesem Epos mehrere Träume vor, die fast alle symbolisch gedeutet werden müssen. Wenn Gilgamesch von einer großen Axt träumt, sagt seine Mutter Ninsun, Königin von Uruk, dazu, er würde damit seinen treuen Freund Enkidu meinen. Wenn er später von einem einstürzenden Berg träumt, bedeutet dies das Ungeheuer Chumbaba, das die beiden Freunde am nächsten Tag töten wollen. Am eindrucksvollsten ist wohl der – nicht gedeutete! – Todestraum Enkidus, kurz bevor er stirbt. Er spricht zu Gilgamesch:

*„Mein Freund, ich sah einen Traum heute Nacht: Der Himmel schrie, die Erde gab Antwort. Zwischen ihnen stand ich. Da erschien ein Mann mit düsterem Antlitz, dem Anzu-Vogel glich sein Gesicht, eine Löwentatze war seine Tatze, Adlerklauen waren seine Klauen. Er packte mich an meinem Schopf und überwältigte mich. Ich schlug ihn, da sprang er auf und ab gleich einem Sprungseil. Er schlug mich ... und drückte mich hinunter, wie ein Wildstier trampelte er mich nieder. Er umklammerte mich. ‚Rette mich, mein Freund!‘, rief ich, aber du halfst mir nicht, du hattest Angst ...*

*Da hat er mich ganz und gar in eine Taube verwandelt, dass mir die Arme wie Vögel befiedert sind. Er fasst mich an, führt mich zum Haus der Finsternis, aus dem man nicht mehr zurückkehrt ... Dort wohnen die Mächtigen, die seit den Tagen der Vorzeit das Land beherrschten, dort wohnen die Oberpriester der großen Götter, dort wohnt Eresch-Kigal, die Königin der Erde. Belit-Seri, die Schreiberin der Erde, kniet vor ihr, sie hält eine Schreibtafel und liest ihr vor. Da wandte sie ihr Haupt und erblickte mich, sie streckte die Hand aus und nahm mich zu sich."*

Auf einzelne psychologische Aspekte dieses speziellen Todestraums werden wir später noch zurückkommen. Hier am Anfang sollen diese Träume auch für den Beginn einer großen Tradition von Traumerzählung und Traumdeutung stehen, die im Zweistromland entwickelt wurde und sich im ganzen Nahen Osten verbreitete. So werden in der hebräischen Bibel die Chaldäer und Babylonier oft als große Traumexperten beschworen – und zugleich gefürchtet. Thomas Mann hat in seinem vierbändigen Bibel-Roman *Joseph und seine Brüder* diese Querverbindungen kunstvoll in sein Erzählwerk eingesponnen.

Die Ägypter scheinen die Ersten gewesen zu sein, die den Ritus der „Trauminkubation" eingeführt haben, obwohl es Belege dafür gibt, dass die Praxis auch im alten China bekannt war. Es geht hier um besondere Kultstätten, wo ein „Heilschlaf" – nach verschiedenen Opfergaben und rituellen Vorkehrungen – gehalten wurde und die darin vorkommenden Träume eine besondere Heilkraft entfalten sollten. Der in Ägypten dafür zuständige Gott, Serapis, erhielt schon 3000 v. Chr. einen Tempel in Memphis, später haben sich diese Kultstätten ausgebreitet und ihren Eingang in die griechische Kultur gefunden. Im 2. Jahrhundert n. Chr. gab es 300 solche Tempelbezirke im römischen Reich (der Talmud nimmt Bezug darauf und wettert gegen diese heidnische Praxis).

Hier wurde auch der Gott Asklepios verehrt, zu seinen Heilbezirken auf Epidauros und Kos pilgerten die Kranken – so wie heute nach Lourdes –, um Heilträume zu empfangen. Der Brauch hält sich bis heute noch auf der Insel Tinos, wo am

25. März und 15. August die Kirche von Menschen aufgesucht wird, die dort einen Heilschlaf halten und auf Träume, Wunder oder Visionen warten. In anderer Weise lebt er auch noch fort: Die Inkubation – das Aufsuchen eines besonderen Ortes mit der Erwartung, einen besonderen Traum zu empfangen – wird heute, lange nachdem sie im Mainstream unserer Kultur in Vergessenheit geraten war, von den Wissenschaftlern in ihren Schlaflabors zelebriert!

In antiken Schriften wird erwähnt, dass es in manchen Tempeln darauf ankam, dass der Träumer einen Traum empfing, der in möglichst vielen Aspekten mit einem Traum übereinstimmte, den der Traumpriester selbst gehabt hatte. Auch das gibt es heute noch. Vor einigen Jahren war ich auf Saint Helena Island an der Küste von South Carolina in den USA. Hier leben die Gullahs, ein eigenes Volk, ursprünglich von schwarzen Sklaven, die aus Angola oder Sierra Leone deportiert wurden. Im amerikanischen Bürgerkrieg kämpften sie für den Norden und erlangten ihre Freiheit auf dem Papier, wurden aber weiterhin verfolgt und mussten vom Festland auf die Insel flüchten, wo die Malaria ihnen stark zugesetzt, sie aber auch vor ihren Feinden beschützt hat. Sie haben sich eine ausgeprägte eigene Kultur und ihre eigene kreolische Sprache erhalten.

Ein Mann der Gullahs erzählte mir mehr von ihrer Religion, einer Mischung aus christlichen und afrikanischen Elementen. Bei der Firmung werden die Jugendlichen in den Wald geschickt, wo sie mehrere Nächte allein verbringen und dabei auf ihre Träume achten sollen. Nachher kommen sie zum Priester und erzählen ihm ihre Träume. Nur wenn der Priester selbst einen ähnlichen Traum gehabt hat, wird die Firmung vollzogen. Angeblich dauert es nicht allzu lange, bis die Traumübereinstimmung klappt.

In einem ägyptischen Papyrus, geschrieben um 1350 v. Chr., sind 200 Träume mit ihren Deutungen aufgezeichnet, von denen die meisten viel älteren Ursprungs sind. Drei Prinzipien herrschen bei der Deutungsarbeit vor:

1) visuelle und verbale Verschiebungen und Verdichtungen, Wortspiele;

2) versteckte Assoziationen zu Einzelheiten des Traums;

3) Gegensätze oder Umkehrungen des Trauminhalts.

Eine „schöne" Deutung, die im Papyrus vorkommt, ist zum Beispiel, wenn man davon träumt, sein Gesäß zu entblößen – das heißt, dass man seine Eltern verlieren wird, denn das altägyptische Wort für das Gesäß ist dem Wort für „Waisenkind" sehr ähnlich. Sprachliche Verschränkungen und Analogien dieser Art werden bis heute als ein besonderes psychologisches Merkmal der Traumbildung und Traumdeutung gesehen. (Wie etwa im Französischen Träume vom *Meer* auch die *Mutter* bedeuten können, da die beiden Wörter gleich ausgesprochen werden.)

Die alten Ägypter waren, zumindest wenn wir dem Alten Testament folgen, große Bewunderer der jüdischen *Oneiromantik*, der Traumdeutungskunst, die später im Talmud eine besondere Ausprägung bekam. Das belegen die Geschichten von Joseph und später von Daniel, auf die wir noch eingehen werden.

Aber betrachten wir zunächst die frühesten Bibelträume, jenen von Abimelech, in dem ihm Gott erscheint, um ihm zu sagen, dass Sara, die Ehefrau, die er zu sich genommen hat, nicht Abrahams Schwester sei – wie dieser ihm zu verstehen gab –, sondern seine Ehefrau und dass er sie schleunigst zurückgeben müsse, sonst geschehe ihm Schreckliches.

Da spricht Gott direkt zu ihm. Später geschieht Ähnliches bei Jakobs Traum von der Himmelsleiter, in dem er die Engel Gottes hinauf und herunter steigen sieht und Gott selbst an der Spitze der Leiter ihm verkündet, er werde dieses Land, auf dem er schläft, ihm und seinen Nachkommen schenken und seine Nachkommen sollen zahlreich sein wie der Staub der Erde.

Diese frühen Träume sind unmittelbare Warnungen und Verheißungen des Höchsten, die keine Deutungsarbeit erfordern. Sie gleichen eher den wenigen Träumen, die später im Neuen Testament wieder vorkommen, direkte Botschaften Gottes – an die drei Weisen aus dem Morgenland, an Joseph bezüglich der Flucht nach Ägypten, an Paulus, dass er das Evangelium nach Europa bringe usw. –, und sie haben nichts von der Symbolik und der Enträtselungskunst der Sumerer und Chaldäer wie in den frühesten Traumberichten im Gilgamesch-Epos. Sie sind im strengsten Sinn *monotheistische* Träume geworden.

Der Traum als Symbolik und als Rätsel – mit verschiedenen möglichen Auslegungen – findet erst wieder Eingang ins

Alte Testament, als die Ära der Patriarchen Abraham, Isaak und Jakob vorüber ist. In der nächsten Generation – den Nachkommen Jakobs, welche die zwölf Stämme Israels bilden sollen – entsteht Geschwistereifersucht der schlimmsten Art, die letztlich nur durch Josephs Kunst der Traumdeutung – die deutliche chaldäisch-babylonische Züge aufweist – erlöst wird (hier empfiehlt sich wieder der spielerisch-tiefgründige Roman von Thomas Mann!).

Zunächst träumt Joseph großspurige, selbstbezogene Träume: die Weizengarben, die sich vor seiner Garbe verneigen, der Traum, in dem Sonne, Mond und Sterne sich vor ihm persönlich verneigen, deutliche Anzeichen seiner bevorzugten Stellung gegenüber seinen Geschwistern. Joseph wird daraufhin von seinen Brüdern in einen Brunnen geworfen und dann nach Ägypten verkauft, wo er als Sklave des Potiphar, Kapitän der pharaonischen Palastwache, schnell Karriere macht. Potiphars Frau verliebt sich in Joseph, aber er gibt ihr nicht nach, woraufhin sie bewirkt, dass er ins Gefängnis geworfen wird. Hier macht er sich einen Namen als Traumdeuter, aber jetzt für die Träume anderer.

Der Mundschenk und der Bäcker des Pharaos kommen zu Josef, um ihm ihre Träume zu erzählen. Der Mundschenk hat geträumt, er habe einen Weinstock mit drei Reben; der grünte, wuchs und blühte und seine Trauben wurden reif. Er nahm die Beeren, zerdrückte sie in den Becher des Pharaos und reichte sie ihm. – Nun bittet er Joseph, den Traum zu deuten. Dieser sagt dazu: „Drei Reben bedeuten drei Tage, d. h. nach drei Tagen wird der Pharao dich wieder in dein Amt einsetzen, wie zuvor, als du sein Mundschenk warst. – Aber denke an mich, denn ich bin ein Hebräer und habe kein Unrecht getan, dass ich hier im Gefängnis sitze."

Auch der Bäcker erzählt Joseph seinen Traum: Er habe drei Körbe mit feinem Backwerk auf seinem Kopf getragen. Im oberen Korb habe allerlei Gebackenes für den Pharao gelegen, aber die Vögel hätten alles Gebäck aus dem Korb aufgefressen. Auch diesen Traum deutet Joseph: Drei Körbe seien drei Tage; in drei Tagen werde der Pharao ihn an den Galgen hängen und die Vögel würden sein Fleisch fressen.

Alles geschieht, so wie es Joseph gedeutet hat. Später, als der Pharao selbst unangenehme Träume hat, besinnt sich der Mundschenk und lässt Joseph rufen. Der Pharao erzählt ihm zwei Träume: Im ersten sieht er zunächst sieben fette schöne Kühe aus dem Wasser steigen, bald darauf kommen sieben magere hässliche Kühe und fressen die fetten Kühe auf; im zweiten sieht er sieben dicke und volle Ähren auf einem Halm wachsen, danach sprießen sieben dünne und dürre Ähren und verschlingen die vollen. Joseph erklärt ihm, beide Träume hätten die gleiche Bedeutung – es würden sieben gute Jahre für die Landwirtschaft kommen, aber danach sieben magere: Der Pharao soll während der guten Zeit Vorräte sammeln, damit die spätere Dürre gut überstanden werde.

Dieses Kunststück einer erfolgreichen Organisationsberatung, die sich rein aus Träumen ableitet, hat Joseph zu großen Ämtern und Ehren gebracht. Aber die erste große Erfolgsstory der Traumdeutung enthält einige auffällige Besonderheiten. Hier gibt es keine unmittelbaren Botschaften mehr von Gott, sondern wieder die archaischen symbolischen Rätsel, die zu entziffern sind.

Zahlensymbolik und Zahlenmagie, verbunden mit der Mathematik der Astrologie, spielten eine große Rolle bei den alten Babyloniern und Chaldäern, und sie tauchen viel später im Mittelalter in der Geheimwissenschaft der jüdischen Kabbala wieder auf. Zahlen, die auch als Wortspiele verstanden werden, kommen in den meisten Sprachen unterschiedlich vor: Im Deutschen kann die Sechs Sex bedeuten, die Acht kann für Acht geben oder Achtung stehen, die Neun könnte auch die Neuen bedeuten.

Wie wir aus vielen Befunden der Psychotherapie gelernt haben, stehen Zahlen im Traum in der Regel auch für etwas anderes: für Geldsummen oder für Tage, Jahre oder Jahreszahlen.

Oft träumt man von einer Zahl wie etwa 13 oder 17 – Personen, Gegenstände wie Münzen oder Bälle usw. –, zu der man keine Assoziationen finden kann. Der Traum weist in diesen Fällen oft auf etwas hin, das einem im Alter von 13 oder 17 Jahren passiert ist. Diese Symbolik lässt sich sogar bei Schlafstörungen feststellen. Eine Patientin von mir wachte regelmäßig jede Nacht zwischen halb drei und drei Uhr auf. Als wir uns damit näher befassten, stellte sich heraus, dass sich ihre Eltern in ihrem dritten Lebensjahr getrennt hatten, worauf die Mutter in eine schwere Depression verfiel und in die Psychiatrie aufgenommen werden musste. Als es der Patientin eher möglich wurde, sich die Gefühle von damals wieder bewusst zu machen, schlief sie wieder durch und konnte die Ängste und Verlassenheitsgefühle in ihren Träumen zur Darstellung bringen.

Manche Auflösungen sind schwieriger. Der Schweizer Psychoanalytiker Ernst Aeppli berichtet vom Traum eines Bräutigams, in dem die Zahl 22.735 vorkam. Der Träumer selbst war 35 Jahre alt, seine Braut 22, und er hatte lange allein in einem Haus mit der Nummer 7 gewohnt. Die Quersumme der Zahlen, 19, war das Alter, in dem er sein Elternhaus verlassen hatte. Insgesamt war dieser „Sudoku-Rätsel-Traum" eine komplexe Verdichtung und Abstraktion seiner tieferen Konflikte um seine bevorstehende Hochzeit und die Angst vor dem Verlust seiner Unabhängigkeit.

Der Traum lässt sich auch für die Lösung mathematischer Aufgaben verwenden. Antoine Condorcet, französischer Philosoph und Mathematiker des 18. Jahrhunderts, berichtet vom Traum eines Buchhalters, der schon lange von einem quälenden Fehler in seiner Buchhaltung überzeugt war. Der Traum wies genau auf jene Stelle hin, wo er bei einer Umbuchung den Fehler gemacht hatte. Beim Aufwachen machte er sich eine Notiz darüber, vergaß aber den Traum und erst als er den Zettel wiederfand, fiel er ihm wieder ein. Er durchsuchte seine Kontobücher und fand den Fehler exakt an der Stelle, von der er geträumt hatte.

Für den Psychoanalytiker stellt sich hier allerdings noch die Frage, auf welche die Geschichte keine Antwort gibt: Wieso hatte der Buchhalter gerade bei *dieser* Umbuchung den Fehler gemacht? Wie ich annehmen würde, hing diese Fehlleistung mit etwas Privatem und Persönlichem zusammen, das für ihn auch emotional wichtig war. Wie beim Nähmaschinentraum des Elias Howe kommt der Antrieb zu solchen Träumen immer aus den persönlichen Umständen des Träumers.

Wir kehren nach diesem Zahlenexkurs zu den Träumen Josephs zurück. Auffällig ist hier auch, dass die Traumbilder paarweise auftreten: zunächst die eigenen zwei Jugendträume von den Garben und den Sternen, die Josephs bevorzugte Stellung angeben; dann die zwei Träume vom Mundschenk und vom Bäcker; zum Schluss die zwei Traumbilder Pharaos von den Kühen und dann wieder von den Ähren. Wenn zwei Träume hintereinander berichtet werden, ist hier immer eine Verdopplung (als Bekräftigung) oder ein Gegensatz, Widerspruch oder Konflikt angezeigt. Beides kommt hier vor, das erste und das letzte Traumpaar sind beide Verdopplungen einer Aussage („Doppelt hält besser!"), das mittlere Traumpaar, das zwei verschiedenen Personen zugeordnet wird, stellt, trotz der Ähnlichkeiten, einen absoluten Gegensatz dar.

Mich persönlich berührt am meisten in dieser Josephslegende, wie die berufliche Entwicklung eines professionellen Traumdeuters geschildert wird. Zunächst beschäftigen ihn in jungen Jahren die eigenen Träume, die auch voller narzisstisch überhöhter Größenfantasien sein können. Die Analyse der eigenen Träume muss jeder Analyse fremder Träume vorausgehen. In den Brunnen geworfen zu werden, Exil und Sklaverei zu erleben, bedeutet den notwendigen Sturz aus diesen Fantasien in die Depression. Wir wissen aus klinischen

Studien, dass nur solche Therapeuten, die selbst eine schwere Depression durchgemacht haben, später in der Lage sind, mit sehr depressiven Patienten gut zu arbeiten.

Danach ist es Joseph erst möglich, sich erfolgreich den Träumen anderer zuzuwenden, und schließlich gelingt ihm sogar, mit der Deutung der Träume des Pharaos, ein Stück Staatskunst, etwas, wovon das ganze Volk profitiert. Damit kann zumindest ein Teil der ursprünglichen Größenfantasien doch noch in Erfüllung gehen!

Ähnliche Züge finden wir in den späteren Träumen des biblischen Daniel, aus der Zeit des babylonischen Exils im 6. Jahrhundert v. Chr. Der Jude Daniel wurde am babylonischen Hof Nebukadnezars als „Chaldäer" ausgebildet, d. h. als weiser Astrologe und Traumdeuter, und die Träume, die hier vorkommen, sind alle keine direkten göttlichen Offenbarungen, sondern symbolische Träume, Rätsel, die nach einer Deutung verlangen. Auch Daniel muss sowohl die Träume seines Herrschers deuten – im Hinblick auf seine Person und auf die Zukunft des Staates an sich – wie auch mit seinen eigenen Träumen ringen.

Zum ersten Mal wird hier ein Traum als Auslöser einer individuellen Psychose, des anbrechenden Wahnsinns von Nebukadnezar, verstanden und gedeutet (den klinisch-diagnostischen Umgang mit Träumen werden wir später noch erörtern).

In seinen eigenen Träumen oder Visionen erschienen Daniel vier schreckliche Tiere, Fabelwesen, welche die künftigen Reichsherrscher bedeuten können, die Babylonier, die Perser, die Griechen und die Römer, die alle untergehen werden, auch wenn die Letzten sich sehr lange halten konnten.

Prophetische Träume also? Es ist kurios, dass Daniel bei den Christen als Prophet angesehen und bezeichnet wird, während die jüdische Tradition ihn nicht als Propheten akzeptiert. Warum?

Es gibt dafür drei Gründe: erstens, weil Daniel nicht mit Gott direkt gesprochen hat, sondern nur mit seinen Engeln – ein echter Prophet wird aber von Gott direkt angesprochen; zweitens, weil im Judentum ein Prophet zu *seiner* Generation spricht und nicht zu den zukünftigen – Daniels Visionen sind alle auf die Zukunft bezogen; drittens, weil ein echter Prophet die Nachrichten, die er empfängt, verbreiten muss – Daniels Visionen aber sind geheim geblieben, wie der Text selbst andeutet.

Warum wird das hier extra erwähnt? Weil die Frage nach den sogenannten „prophetischen" Träumen, jenen Träumen, die angeblich die Zukunft voraussagen sollen, bis heute nicht verstummen will. Im Talmud heißt es, dass nur ein Sechzigstel von allen Träumen prophetisch sind, der Rest aber immerhin stets „ein subjektives Gespräch der Seele".

Daher würden wir, nach den drei oben genannten Kriterien, Abraham Lincolns Traum von seiner bevorstehenden Ermordung nicht zu den prophetischen zählen (auch die Quellen dafür sind etwas suspekt). Ähnlich wie Enkidus Todestraum im Gilgamesch-Epos ist auch dieser Traum eher ein „subjektives Selbstgespräch", angetrieben von gut begründeten Annahmen im Voraus.

Lincoln war an der vorausschauenden Kraft der Träume sehr interessiert. Einmal schreib er seiner Frau, sie solle seine Pistole vor seinem jungen Sohn verstecken („ich hatte darüber einen hässlichen Traum"). Mitglieder seines Kabinetts erinnerten sich daran, wie der Präsident am Morgen des Tages seiner Ermordung ihnen einen Traum erzählte, in dem er mit großer Geschwindigkeit über unbekanntes Wasser gesegelt sei; das sei ein Wiederholungstraum von ihm gewesen, er habe diesen Traum vor jedem wichtigen Ereignis des Bürgerkriegs gehabt.

Der Dichter Louis Simpson schrieb einmal folgende Zeilen:
*Der große Traum fühlt sich bedeutsam an.*
*Der große Traum ist die Art von Traum, den der Präsident hat.*
*Er erwacht und erzählt ihn seinem Sekretär,*
*gemeinsam erzählen sie ihn dem Kabinett*
*und bevor man es sich bewusst wird, gibt es Krieg.*

Ein mahnendes Wort muss einem bei dieser Gelegenheit zu manchen Politikerträumen einfallen. Ihre bekannteren Träume scheinen alle etwas von jenem Sendungsbewusstsein zu haben, dem wir auch in den biblischen Träumen begegnet sind.

Als Wahlwiener bin ich nicht sonderlich über Otto v. Bismarcks berühmten Traum belustigt, in dem er seinen Sieg über Österreich voraussah. Hannibal träumte, dass Jupiter Capitolinus ihn einlud, nach Rom zu kommen und es zu erobern. Es hätte ihn aber stutzig machen sollen, dass dieser der

Schutzgott Roms war und er in eine Falle tappen könnte, was ihm schließlich am Ende seines Feldzugs geschah.

Auch Adolf Hitler – um hier eine besondere Note anklingen zu lassen – war ein Mann wie unsere Titelfigur (und wie der römische Kaiser Augustus und der deutsch-jüdische Maler George Grosz, von denen später die Rede sein wird), der sein Leben einem Traum verdankte!

Hitler berief sich öfter auf ein Erlebnis im Ersten Weltkrieg, als er 1917 mit der Bayerischen Infanterie an der Somme stand. Es war ein Alptraum: *Er träumte, er wurde unter einer Lawine von Erde und glühendem Eisen begraben.* Am nächsten Morgen wollte er Luft holen und stieg aus dem Schützengraben heraus und ging hinaus ins Weite. Das war besonders leichtsinnig, aber er meinte, er handelte nicht aus freiem Willen, er sei wie ein Roboter oder Schlafwandler gewesen.

Auf einmal eröffnete der Feind das Feuer und er schmiss sich zu Boden. Es war nur eine Salve, aber genug, um ihn wach zu kriegen. Er rannte zu seinen Kameraden zurück, aber der Schützengraben war nicht wiederzuerkennen. Da war nur ein Krater mit einem riesigen Erdhaufen. Alle seine Kameraden waren in Stücke gerissen worden oder lagen unter dem Erdhaufen begraben. Ab diesem Augenblick war sich Hitler sicher, die Vorsehung würde eine schützende Hand über ihn halten (was durch sein Überleben späterer Attentate auf ihn bekräftigt wurde).

Im Nachhinein lässt sich fragen, ob diese blinde Vorsehung im Traum ihn auch letztlich zu seinem Selbstmord geführt hat – unter dem Beschuss der einrückenden Sieger und in einem unterirdischen Bunker! Manche Träume gehören lange und gründlich analysiert, bevor man sie als Anlass zu vermeintlichen Heldentaten nimmt, die am Ende alle in den Ruin treiben.

Aber hier nun ein berühmter Traum, knapp vor dem Ausbruch des Ersten Weltkriegs geträumt, den man auch im talmudischen Sinn gern als prophetisch bezeichnen möchte. In der Nacht vor dem Attentat auf den österreichischen Thronfolger Franz Ferdinand und seine Frau in Sarajevo hatte Joseph Lanyi, Bischof von Großwardein, folgenden Traum (seine Niederschrift):

*Am 28. Juni 1914, ¼4 Uhr früh, erwachte ich aus einem schrecklichen Traum. Mir träumte, dass ich in den Morgenstunden an meinen Schreibtisch ging, um die eingegangene Post durchzuschauen. Ganz oben lag ein Brief mit schwarzen Rändern, schwarzem Siegel und Wappen des Erzherzogs. Sofort erkannte ich dessen Schrift. Ich öffnete und sah am Kopf des Briefpapiers in himmelblauem Ton ein Bild wie auf Ansichtskarten, welches eine Straße und eine enge Gasse darstellte. Die Hoheiten saßen in einem Automobil, ihnen gegenüber ein General, neben dem Chauffeur ein Offizier. Auf beiden Seiten der Straße eine Menschenmenge, zwei junge Burschen springen hervor und schießen auf die Hoheiten. Der Text des Briefs ist wörtlich derselbe, wie ich ihn im Traum gesehen:*

*„Euer bischöfliche Gnaden! Lieber Dr. Lanyi! Teile Ihnen hiermit mit, daß ich heute in Sarajewo als Opfer eines Meuchelmordes falle. Wir empfehlen uns Ihren frommen Gebeten. Herzlich grüßt Sie Ihr Erzherzog Franz. Sarajewo, 28. Juni 1914, ¼4 Uhr morgens."*

*Zitternd und in Tränen aufgelöst sprang ich aus dem Bett, sah auf die Uhr, die ¼4 Uhr zeigte. Ich eilte sofort zum Schreibtisch, schrieb nieder, was ich im Traum gelesen und gesehen hatte. Beim Niederschreiben behielt ich sogar die Form einiger Buchstaben, wie sie vom Erzherzog niedergeschrieben waren, bei. – Mein Diener trat denselben Morgen ¾6 Uhr in mein Arbeitszimmer ein, sah mich blass dasitzen und den Rosenkranz beten. Er fragte, ob ich krank sei. Ich sagte: „Rufen Sie gleich meine Mutter und den Gast, ich will gleich die Messe für die Hoheiten lesen, denn ich hatte einen schrecklichen Traum." Dann ging ich mit ihnen in die Hauskapelle. Der Tag verging in Angst und Bangen, bis ein Telegramm um ½4 Uhr (nachmittags) die Nachricht von der Ermordung brachte.*

Auch wenn es inzwischen manche Zweifel über die genaue zeitliche Datierung des Traums gibt, kommt er nahe an die talmudischen Kriterien für einen prophetischen Traum heran. Der Brief kommt zwar nicht von Gott, auch nicht von einem seiner Engel, aber doch vom Erzherzog persönlich, der Inhalt des Traums ist an die unmittelbare Gegenwart und nicht an die Zukunft gerichtet und der gute Bischof hat nach seiner Manier dafür gesorgt, dass die Botschaft des Traums sich verbreitet.

Bleibt noch die genaue Berichterstattung über die Uhrzeiten im Traum. Ein Psychoanalytiker hätte den Bischof vielleicht gefragt, was er selbst als Kind vor dem vierten Geburtstag erlebt haben mag, um daraus wichtige Schlüsse für die subjektive Empfänglichkeit seines Patienten für solche Vorstellungen zu gewinnen. Aber wem wäre es eingefallen, aufgrund der Gleichheit der Uhrzeit (vor vier Uhr, Eintreffen des Telegramms vor vier Uhr nachmittags) den Bischof zu ermutigen, selbst ein Telegramm an den Erzherzog zu schicken (Verkehrung ins Gegenteil!), da er noch Zeit gehabt hätte, ihn zu warnen?

Man kann diesen Traum eher als einen *telepathischen* denn als einen prophetischen ansehen, als wäre da eine unsichtbare empathische Kommunikation von Unbewusst zu Unbewusst zwischen Lanyi und dem Erzherzog vorhanden gewesen. Die beiden hatten sich gekannt und die Ängste vor einem Attentat waren nicht unbegründet, es hatte schon öffentliche Warnungen davor gegeben.

Hier gehen die Annahmen von Freud und Jung auseinander. Sigmund Freud bleibt in seinem Aufsatz *Traum und Telepathie* skeptisch und übernimmt das klassische Argument des nüchternen Aristoteles: Wie viele scheinbar telepathisch-prophetische Träume dieser Art haben wir gehabt und vergessen sie bald darauf, weil das darin Vorkommende sich doch nicht ereignet hat? Aber wenn die Traumvorhersage doch einmal zutrifft, erinnern wir uns ganz bestimmt daran. Das ist statistisch gesehen ja nichts anderes als ein Zufallsprinzip.

C. G. Jung hingegen war dem Esoterisch-Mysteriösen mehr zugewandt und befand, es gäbe auch ein Prinzip der „Synchronizität" (Zeitgleichheit), wonach sich Dinge nicht unbedingt immer in einer linearen kausalen Reihe ereignen, sondern über weite Entfernungen einander gleichzeitig beeinflussen können. Inzwischen hat Jung die Quantenphysiker auf seine Seite gezogen, aber dazu mehr später im Buch.

Kehren wir zur hebräischen Bibel zurück, um noch eine letzte Anmerkung dazu zu machen: Es gibt darin immer wieder Ermahnungen, nicht allzu viel Gewicht auf die Träume zu legen, sie könnten Trugbilder sein und einen zum Götzendienst auffordern – sie hätten dann viel mehr mit subjektiven Wunschvorstellungen zu tun als mit einer Offenbarung. Auch und gerade bei den Propheten gab es immer wieder diese kritischen Stimmen. Jeremias forderte das Volk Israel dazu auf, den Traumberichten keinen großen Wert beizumessen – es könnte dabei auf Gott vergessen und in allerlei Irrtümer verfallen.

\*\*\*

In der griechischen Antike war der Gott – oder Dämon? – des Träumens Ephialtes, was so viel heißt wie „der Aufspringer". Das mag uns auch an die schreckliche Figur aus Enkidus Todestraum bei Gilgamesch erinnern. In der antiken griechischen Kultur finden wir eine ähnliche Entwicklung vor wie in der hebräischen Bibel: Zunächst sind die berichteten Träume (so in Homers *Ilias*) direkte Interventionen von Gott (oder hier von verschiedenen Göttern), die vor allem Warnungen vor Gefahren oder Verheißungen für die Zukunft verkünden. Am Anfang beider Traditionen hat man Träume nur dann öffentlich berichtet, wenn sie – von höchster Autorität kommend – eine Aussage für die Allgemeinheit beinhalteten. Erst später setzt sich mehr die Beschäftigung mit dem eigentlich Rätselhaften, Widerspenstigen am Traum durch. Darin erkennen wir, wie das Individuelle, Persönliche des Traums und des Träumers zunehmend historisch hervortreten; mit der Einrichtung der Traumorakel und der Heilschlafbezirke wird nun auch rund um den Traum eine ganze medizinisch-therapeutische Industrie eingerichtet.

Das Buch, das diese Tradition für uns heute am vollständigsten zusammenfasst und noch bis ins 18. Jahrhundert gern verwendet wurde, das *Oneirocritica* von Artemidorus von Daldis (2. Jh. n. Chr.), unterscheidet fünf Arten von Träumen:

1) Symbolische Träume – wie diejenigen, die Joseph und Daniel zu deuten hatten
2) Tagesvisionen
3) Orakelträume mit göttlichen Enthüllungen
4) Fantasie- und Wunscherfüllungsträume
5) Alpträume

Artemidorus benutzte kein standardisiertes Lexikon der Traumsymbolik, er wollte lieber, wie später auch Freud, zunächst genauere persönliche Auskünfte über den Träumer einholen. Er verstand es, die persönlichen Umstände des Träumers neben der Symbolik des Traums zu berücksichtigen, so wollte er etwa Name und Beruf des Träumers wissen, welche Ereignisse diesem Traum vorangegangen waren und ob dieser Traum schon öfters geträumt wurde. Hier eine seiner klugen Bemerkungen: *Das Haarflechten ist nur Frauen und jenen Männern von Nutzen, die es auch sonst im Wachen zu tun pflegen, allen anderen Menschen zeigt es Verwicklungen in ihren finanziellen Verpflichtungen, hohe Darlehensschulden, bisweilen auch Gefängnis an.*

Auch der Inzesttraum ist für ihn von besonderem Interesse – den Traum vom Sexualverkehr mit seiner Mutter kommentiert er so: *Der Fall, wo man im Traum Sex mit seiner Mutter hat, ist komplex und vielseitig und erlaubt viele verschiedene Interpretationen. Tatsache ist, dass der bloße Akt des Verkehrs nicht ausreicht, um das dahinter Gemeinte zu zeigen. Die Art der Umarmungen und die Körperstellungen deuten auf unterschiedliche Ausgänge.*

Ich habe selbst einmal am ersten Tag eines Gruppenseminars erlebt, wie ein junger Mann davon berichtete, er habe in der Nacht davor im Traum ekstatischen Sex mit seiner Mutter gehabt, und zwar von hinten. Alle waren von diesem Traum etwas schockiert – in der Fachliteratur kann man Stellen finden, die hierbei auf die Gefahr einer nahenden Psychose hinweisen –, aber er war ein intelligenter, gut strukturierter junger Mann. Es schien uns also vielmehr so, dass der Triumph über die Mutter, sich ihrer zu bemächtigen, sie in dieser Weise zu besitzen (ohne freilich ihr Gesicht dabei ansehen zu müssen), auch etwas mit unserer Gruppenarbeit zu tun haben müsste. Der etwas manisch gefärbte Traum konnte auch einen allgemeinen Triumph darstellen, die Überwindung der Angst vor konventionellen Tabus, den Mut, sich über solche Einschränkungen hinwegzusetzen – etwas, das er sich auch für den Erfolg des Gruppenseminars gewünscht hat.

Die zwei größten Philosophen der griechischen Antike, Aristoteles und Platon, hatten sehr unterschiedliche Auffassungen vom Traum. Für Aristoteles, den nüchternen Beobachter und

Klassifizierungsbesessenen, ließen sich die verschiedensten Träume aus simplen äußerlichen oder körperlichen Reizreaktionen herleiten, er war – wie später Freud – nicht sonderlich geneigt, sich mit dem Übernatürlichen abzugeben. Platon hingegen konnte sich nicht so leicht der unheimlichen Kraft der Traumaussagen entziehen – schließlich hatte sein eigener Lehrer Sokrates nach seiner Verurteilung selbst einen berühmten Todestraum gehabt, in dem ihm eine weiß gekleidete Frau (vielleicht eine Art Engel?) erschienen war, um ihm zu sagen, seine Hinrichtung würde sich um einen Tag verzögern, was dann tatsächlich auch eintrat.

*\*\**

Im römischen Reich findet man ähnliche Gegensätze in den Traumauffassungen, etwa zwischen den nüchternen philosophischen Skeptikern wie Cicero und dem staatlich verwalteten Traumglauben von Kaiser Augustus.

Augustus könnte auch für unsere Titelfigur stehen – er war auch ein Mann, der sein Leben einem Traum verdankte! Als er bei der Schlacht zu Philippi krank im Zelt lag, kam sein Leibarzt zu ihm und erzählte ihm, er hätte in der Nacht von einem Anschlag auf des Kaisers Leben geträumt, und er bat ihn, sich rasch von der Schlacht zu entfernen. Als das Lager erobert wurde, zerschlugen die Feinde die kaiserliche Sänfte – aber er befand sich nicht mehr dort!

Als Folge dieses Erlebnisses – und vergessen wir auch nicht, dass sein Vorgänger Julius Cäsar gerettet worden wäre, hätte er nur auf den Traum seiner Frau Calpurnia gehört – ordnete Augustus an, dass jeder Bürger, der einen Traum gehabt hatte, der die Interessen des Staates berührte, die Pflicht hatte, seinen Traum öffentlich im Forum zu berichten. Suetonius beschreibt obendrein, wie Augustus es riskierte, sich in der Öffentlichkeit wegen eines Traums lächerlich zu machen. Nachdem der Kaiser geträumt hatte, dass er als Bettler durch die Straßen Roms wanderte, hat er diesen Traum gleich in die Tat umgesetzt, zum Befremden aller Passanten.

Klar ist hier zu erkennen, wie Augustus damit die Zukunftsprognose des Traums durch rasches Handeln abwenden wollte. Manche sehr reiche und mächtige Menschen – nicht, dass ich so viele in meiner Praxis gehabt hätte, aber einige schon! – träumen wiederholt davon, dass sie in der Gosse gelandet sind und Armut, ja Existenzverlust erleiden müssen. Der Wunscherfüllungsaspekt dabei liegt in der Entlastung, im Abgeben jeglicher Verantwortung – man muss nicht mehr über die Menschen regieren, wichtige Entscheidungen für andere abhängige Menschen treffen, man ist selbst abhängig und auf die Güte anderer angewiesen.

Dennoch hat man Angst davor, dass sich das alles real erfüllen könnte, und Augustus handelte daher auch magisch, indem er den Traum sehr schnell real werden ließ, auf eine Weise, die ihn nicht allzu viel gekostet hat. Im Gegenteil könnte man hier meinen, dass dieser Traum auch ein Stück Staatskunst anregt – ähnlich wie später Kalif Harun al-Raschid als Bettler verkleidet durch die Straßen Bagdads ging, um zu erfahren, was die wirklichen Sorgen und Nöte seiner Bevölkerung waren.

Aus all diesen antiken Kulturen steigen schließlich im Mittelalter nur drei monotheistische Strömungen siegreich empor: die jüdische, die christliche und die islamische, die jeweils unterschiedliche Haltungen zur Traumdeutung einnehmen.

Die islamische Traumdeutungskunst wurde im Mittelalter in ganz Europa bekannt, da sie als besonders kundig galt. Nicht nur hatte der Prophet Mohammed vieles vom Koran selbst im Traum diktiert bekommen, man hatte auch besseren Zugang als in Europa zu den alten persischen, indischen und ägyptischen Quellen. Ein Meister auf dem Gebiet war Ibn Sirin, dessen Traumbuch (um 820 n. Chr.) mehr als 300 Traumdeutungen enthält. Man holte genauere Auskünfte über Lebensweise und Vorgeschichte des Träumers ein, war aber vor allem an der Traumsymbolik interessiert; einfache Wunschträume, etwa wenn ein Hungernder vom Essen träumt, hat man weniger beachtet als jene Träume, die viel ferner der Wirklichkeit lagen und deren Symbolik zu enträtseln war.

Als Beispiel erwähnt Ibn Sirin den Traum eines Mannes, der geträumt hatte, einen Olivenbaum mit Olivenöl getränkt zu haben. Nach den Berichten des Träumers hatte er eine Frau geheiratet, die er als fremde Sklavin gekauft hatte. Aufgrund der Traumsymbolik kam der Meister zum Schluss, das sei ein Inzesttraum gewesen, der Mann habe wohl, ohne es zu wissen, die eigene Mutter geheiratet, was sich schlussendlich als die Wahrheit herausstellte.

Die jüdische talmudische Tradition kennt auch kuriose Beispiele. Da heißt es etwa, sollte man davon träumen, dass man

Sodomie mit einer Gans betreibt, so habe man eine Beförderung zum Schuldirektor zu erwarten. Das Rätselhafte dieser Traumauslegungen mag, wie so oft, an einem Wort- oder Sprachspiel im Original liegen. Und vielleicht wird der eine oder andere Leser seine eigenen spontanen Assoziationen dazu haben.

Überhaupt kommen im Talmud recht viele sexuelle Träume vor, die unterschiedliche Deutungsvarianten erfahren. Man verstand es auch hier, sich ausreichend über die Lebensdaten des Träumers zu informieren, und konnte die Träume sowohl von der Seite der Außenwelt wie von innen her deuten und sich viel über Wortassoziationen, Wortspiele usw. dazu zusammenreimen – eine Tradition, die von Freud später auf differenzierte Weise fortgeführt wurde.

Wenn man einen Traum deutet, sagte Rabbi Jonathan, dann enthüllt man dem Menschen nichts anderes als die Gedanken seines Herzens. Der zu Beginn dieses Kapitels zitierte Rabbi Chisda meinte, unangenehme Träume hätten mehr Bedeutung als die angenehmen, weil sie uns dazu zwingen würden, etwas an uns selbst zu ändern.

Diese Traumforscher waren sich ebenfalls bewusst (wie auch die heute tätigen Psychoanalytiker), dass der einzelne Traum nicht so viel Aussagekraft über den Charakter eines Menschen besitzt – er kann sich z. B. auf eine momentane Krise, die vorübergeht, beziehen – es sind vielmehr die *Traumserien* (s. Kapitel „Alpträume, Traumserien und Traumdiagnostik"), die uns einen tieferen Zugang zur Persönlichkeit erlauben. Erst in einer Abfolge von Träumen kann man gewisse Persönlichkeitszüge klarer erkennen – die typischen Ängste, Lustquellen oder Konfliktlösungsstrategien der Person.

Bei all dem erhielten sich die alten Talmudisten ihren Sinn für einen weisen, feinen Humor, der die Vieldeutigkeit der Traumsymbolik, wie Freud sie später verstanden hat, durchaus begriff. So hielt Rabbi Bizna fest, dass er den gleichen Traum zu zwei Dutzend verschiedenen Traumdeutern brachte: Jeder gab ihm dafür eine andere Deutung und, wie er verschmitzt bemerkt, jeder von ihnen hatte recht damit! Freud führte später seinen Begriff der *Verdichtung* ein, um zu erklären, wie gewisse Personen, Örtlichkeiten usw. im Traum eine Vielzahl von Bedeutungsebenen in sich vereinen können.

Das mittelalterliche Christentum hatte mit den Träumen weniger am Hut. Aber auch der Kirchenvater Augustinus nimmt Freud vorweg, wenn er davor warnt, den sittlichen Charakter eines Menschen nach seinen Träumen zu beurteilen. Denn wir haben, meinten beide, genügend moralische Instanz in uns, dass wir uns von Traumverlockungen und Versuchungen in unserem Wachleben nicht beirren lassen, das wache Gewissen wird uns in der Regel davor schützen.

Die spätere katholische Inquisition wollte das allerdings nicht gelten lassen. In einem Traktat wird ausführlich vor Ketzereien gewarnt, die im Traum begangen werden – sie seien verdächtig, da der Traum immer zu erkennen gebe, welche geheimen Gedanken der Träumer unterdrückt. Damit rückt schon die Traumpolizei auf den Plan, wenn es dann heißt, das tägliche Leben eines solchen Träumers sollte man genauer unter die Lupe nehmen!

Wir wollen diese kurze Übersicht nun mit zwei anderen Kirchenvätern beenden, da sie in gewissem Sinne die Positionen der beiden Traumforscher Freud und Jung – die wir im folgenden Kapitel beleuchten werden – vorwegnahmen.

Der eine war Gregor, Bischof von Nyssa in Kappadokien, der lehrte, der Traum sei ein natürliches Phänomen und bedürfe einer rein psychologischen Erklärung. Träume würden durch Erinnerungen an alltägliche Ereignisse angeregt und vorwiegend durch die Leidenschaften (oder Triebe) motiviert, stellten also in der Regel eine Form von Wunscherfüllung dar. Die Leidenschaften seien Ausdruck der „tierischen Natur" des Menschen, die stärkste von diesen sei das sexuelle Begehren. Damit kommt Gregor dem späteren Freud, wie wir sehen werden, sehr nahe.

Nicht so Synesius, der aus Kyrene in Libyen stammte: Sein Buch *De insomniis* behandelt die Wahrsagekraft von Träumen. Hier spricht er von der Empathie und dem Mitempfinden als einem alles verbindenden kosmischen Prinzip und sieht die Fantasietätigkeit als eine besondere Art von Wahrnehmung, die über eigene unsichtbare Organe verfügt. Mit seinem mystischen Überschwang gleicht Synesius eher dem großen Kontrahenten Freuds, dem Schweizer Psychiater Carl Gustav Jung, der den Traum ebenfalls als zentral für seine Theorie der menschlichen Seele betrachtete, aber auf andere Art als sein ehemaliger Mentor Freud. Jungs Autobiografie trägt auch den

Titel: *Erinnerungen, Träume, Gedanken.* Im Folgenden wollen wir den Einfluss dieser beiden bedeutenden Psychologen – der eine aus einer jüdischen, der andere aus einer protestantisch-christlichen Tradition kommend – auf die heutige Traumforschung und Traumdeutung näher beleuchten.

# Freud
## oder
# Jung?

*Träume sind treue Interpreten unserer Neigungen,*
*aber es bedarf einer Kunst, sie einzuordnen und sie*
*zu verstehen.*

MICHEL DE MONTAIGNE

\* \* \*

*Freud hat eine Verfassung in die Anarchie des*
*Traums eingeführt, aber es geht darin zu*
*wie in Österreich!*

KARL KRAUS

## FREUD

„Wissen sie nicht, dass wir ihnen die Pest bringen?", bemerkte Sigmund Freud zu seinen beiden Reisegefährten Carl Gustav Jung und Sándor Ferenczi. Auf Einladung der Clark University in Massachusetts, um dort die Psychoanalyse vorzustellen, waren sie im Herbst 1909 an Bord des Schiffes *George Washington* unterwegs über den Atlantik in die USA. Ob sich Freud mit der „Pest" auf seine allumfassende Sexualtheorie bezog? Oder auf die psychoanalytische Methode an sich, das ständige Schälen der Zwiebel der Selbst-Reflexion, wie er es in seiner Schrift *Die Endliche und die Unendliche Analyse* beschrieb, das im Prinzip niemals abgeschlossen ist?

Die Überfahrt dauerte lange und Freud und seine Kollegen erzählten einander ihre Träume. Zu dieser Zeit war Jung zu Freuds Lieblingsschüler avanciert und von ihm als eine Art „Kronprinz" angesehen, aber die Reise sollte der Anfang vom Ende ihrer kollegialen Beziehung werden. In Jungs Autobiografie erinnert dieser sich, wie Freud auf der Reise immer wieder mit dem Thema Vatermord beschäftigt war und den Verdacht hegte, dass Jungs Interesse an Moorleichen und Mumien ein verkappter Todeswunsch gegen ihn, seinen Lehrmeister, gewesen sei.

Wir werden auf die Bedeutung dieser Träume am Schluss dieses Kapitels zurückkommen, zuvor aber wollen wir die Grundzüge der Übereinstimmungen und der Differenzen beider Traumforscher skizzieren.

Freud betrachtete sein 1900 veröffentlichtes Buch *Die Traumdeutung* als sein eigentliches Hauptwerk, weil sich daraus fast alle seine späteren Theorien ableiten lassen. „Der Traum", schrieb er, „ist die *via regia* (der Königsweg) zum Unbewussten." Damit meinte er wohl nicht nur, dass wir über die Träume am unmittelbarsten zu den Inhalten unseres Unbewussten gelangen, sondern auch, dass wir anhand des Traums am besten demonstrieren können, dass wir überhaupt ein Unbewusstes haben!

Es gibt genügend Menschen, die das bestreiten, ich habe sie auch in meiner Praxis gesehen. Das sind oft recht erfolgreiche Personen, manchmal hochintelligent, meist ziemlich machtbewusst, die behaupten, alles Positive in ihrem Leben ihrem Verstand und ihren bewussten Entscheidungen zu verdanken. Bei ihren Misserfolgen und Leidenszuständen werden sie unsicher und beginnen darüber nachzudenken, was sie falsch gemacht haben und wie und warum, als ließe sich alles mit dem bewussten Verstand korrigieren, aber sie kommen dabei auf keinen grünen Zweig. Wie Albert Einstein einmal bemerkte: „Wir sollten darauf acht geben, den Intellekt nicht zu unserem Gott zu machen: er hat natürlich kräftige Muskeln, aber keine Persönlichkeit."

Diese Menschen halten nichts von Freuds Erkenntnis, dass die wichtigsten Entscheidungen im Leben (wie Partner- oder Berufswahl) von unbewussten Triebkräften und nicht von bewusstem Kalkül bestimmt werden. Die Macht ihres Unbewussten ist ihnen – eben unbewusst! Fragt man sie nach Träumen, kommt zuerst gar nichts – Träume sind ja nur Schäume! –, aber schließlich erzählen sie doch aus Verlegenheit einen Traum, auch wenn er aus vergangenen Kindheitstagen stammt. Gelingt es einem, aus dem Traum Konfliktpunkte im Leben des Träumers, verhüllte Wünsche, Ängste und Erinnerungen herauszuarbeiten, sind sie erstaunt darüber, dass ein Traum so viel an Bedeutung für sie gewinnen kann. Dann beginnen sie, ihre frühen Erfahrungen und die damit verschütteten Emotionen wichtiger zu nehmen, sie verstehen, dass sie ein Unbewusstes haben, und die Therapie kommt in Gang.

Freuds Selbstanalyse – im Briefwechsel mit seinem Freund Wilhelm Fließ dokumentiert – war zu einem großen Teil eine Analyse seiner Träume in der Zeit nach dem Tod seines Vaters. In der Einleitung zur *Traumdeutung* schreibt Freud über das Buch: „Es erwies sich mir als ein Stück meiner Selbstanalyse, als meine Reaktion auf den Tod meines Vaters, also auf das bedeutsamste Ereignis, den einschneidendsten Verlust im Leben eines Mannes."

Als Beispiel führt er später einen Traum an, den er in der Nacht vor dem Begräbnis seines Vaters hatte. Darin sieht er eine bedruckte Tafel, ein Plakat oder einen Anschlagzettel – *etwa wie die das Rauchverbot verkündenden Zettel in den Wartesälen der Eisenbahnen* –, auf dem zu lesen ist, entweder: *Man bittet, die Augen zuzudrücken* oder: *Man bittet, ein Auge zuzudrücken* – da ist eine Verschwommenheit, eine Doppeldeutigkeit vorhanden. Freud meint, neben einer pietätvollen rituellen Ermahnung, die Augen des Toten zuzudrücken (um die Totenruhe zu bestärken und natürlich auch, damit man nicht vom Toten auf unheimliche Weise angestarrt wird), wäre noch der Gedanke im Traum vorhanden, nur das *eine*

Auge zuzudrücken. Das sei eine Anspielung auf das sparsam-puritanische Begräbnis, das Freud ausgerichtet hatte und mit dem seine Familie nicht einverstanden war – die Familie soll hier im Traum „ein Auge zudrücken" und Nachsicht walten lassen.

Freud hatte den Traum zuvor seinem Freund Fließ in einem Brief geschildert, dort steht eine etwas andere Version mit einem zusätzlichen Detail – da befindet sich Freud, als er das Plakat im Traum erblickt, in einem Lokal, das ihn an den Friseurladen erinnert, den er täglich besucht. Das mag ein Spannungsfeld oder einen Kontrast andeuten, zwischen dem alltäglichen Leben einerseits und dem „bedeutsamsten Ereignis im Leben eines Mannes".

Ferner ist der Friseurladen, wie übrigens auch die Zahnarztpraxis, bis heute bei Patienten – auch wenn sie nicht mehr täglich hingehen – zum geläufigen Traumsymbol für die psychotherapeutische Behandlung geworden. Es sind Orte, wo man verschönert oder gesunder gemacht werden soll, aber es geht dort nicht ohne Verluste ab und man zahlt auch seinen Preis dafür. Träume von spontanem Haarausfall oder von ausgebrochenen Zähnen haben immer mit einer Verlustangst zu tun, mit einer Art von Schwächegefühl oder Impotenz.

Freuds erste Erkenntnis war, dass der Traum *immer* eine Wunscherfüllung darstellt. Diese Idee wurde von den Neurowissenschaften lange Zeit als absurd verschrien, in letzter Zeit hat sie aber gerade durch diese wieder Auftrieb erhalten (s. Kapitel „Traumforschung heute"). Freud sah die Traumbildung als durch drei Faktoren angeregt:

1) dem *Tagesrest*, einem Ereignis, vielleicht einem scheinbar unbedeutenden, am Tag oder an den Tagen vorher.
Dieses verknüpft sich mit
2) einem alten, verdrängten *Kindheitswunsch*, der damals
in einen Konflikt geraten war, frustriert wurde und daher im Unbewussten noch wirksam geblieben ist. Diese
zwei Faktoren werden mit einem dritten verwoben, dem
3) *aktuellen Konflikt*, den der Träumer gerade erlebt und
weswegen er sich den Traum gemerkt hat.

Ein möglichst volles Verständnis von einem Traum muss
immer diese drei Faktoren berücksichtigen. Beispiel (Aus-
schnitt aus einem eigenen Traum):

*Ich bin zu Gast, oder als Geisel, bei der Mafia in einem kleinen
Dorf, spartanisch, aber elegant. Ich weiß nicht, ob sie mich hier
gefangen halten, um mir Übles anzutun, oder ob ich hier gern gesehen bin, weil ich ihnen etwas Abwechslung biete. Der Mafiaboss
kommt öfter vorbei, um mich zu besuchen, wir führen freundliche
Gespräche, aber ich sehe ihn nie, ich höre nur seine Stimme. Ist er
wie Gott, unsichtbar? Oder ein kumpelhafter Krimineller? Eines
Tages (mein Aufenthalt dort scheint länger zu dauern) wird mir
ein Zettel gereicht, worauf steht, dass ich mich um zwei Uhr nachmittags an einem bestimmten Ort einfinden soll, beim Friseur,
dort werden mir die Haare geschnitten und der Bart abrasiert.
Das behagt mir nicht – ich wittere etwas Schlimmeres dahinter –
und ich beschließe zu flüchten. Die Flucht stellt sich aber als ganz
einfach und gar nicht beängstigend heraus, ich wandere einfach
hinunter zu den großen Toren des Dorfs, wo freundliche Wächter
stehen, die mich am Ausgang höflich verabschieden.*

Die *Tagesreste* sind leicht zu erkennen. Ich hatte den Traum in Sizilien, im Herkunftsland der Mafia. Ich hatte mir dort einen Bart wachsen lassen, zum ersten Mal wieder seit meiner Jugend. Aber er hatte mir nicht gefallen und ich wollte ihn wieder weghaben.

Der *infantile Wunschkonflikt* scheint viel mit meinem Vater und meiner Familie zu tun zu haben. Werde ich als Geisel gehalten oder bin ich gern gesehen? Und der Boss? Für das ganz kleine Kind ist der Vater immer ein wenig wie Gott, wenn auch nicht immer ein gütiger – der Vater kann ein sehr abwesender, unsichtbarer Gott sein oder einer, der einem Furcht einflößt oder, im besseren Fall, Ehrfurcht. Er kann einen verfolgen, strafen oder retten. Mein Vater hatte alle diese Aspekte für mich zu verschiedenen Zeiten in meiner Kindheit und Jugend verkörpert und vieles von ihm lebt heute in mir fort, da ich selbst Vater und Großvater bin. Es war auf jeden Fall angenehm, mich mit diesem Boss zu unterhalten und am Schluss noch zu entdecken, dass er mir doch nichts Böses wollte, da ich frei war, zu kommen und zu gehen, wie ich wollte.

Der *aktuelle Konflikt* – immer derjenige, den man am liebsten verschweigen möchte! –, der in diesem Traum aufkommt, hat viel mit beruflichen Auseinandersetzungen zu tun. Auch wenn manche Psychotherapeuten als individuelle Personen die vornehmsten und feinsten Charaktereigenschaften besitzen können, als professioneller Verband können sie ein Desaster sein. Da gibt es dann Fehden wie zwischen Banden, die ihre Territorien verteidigen, Rufmord und andere unsaubere

Praktiken, sodass man schließlich froh sein könnte, aus diesen Toren unangetastet wieder hinaus ins Freie zu treten.

Meine Kommentare hier sind eigentlich *Assoziationen* – oder wie Freud es prägnanter formuliert, *Einfälle* zu meinem Traum. Freud dachte, der manifeste, erzählte Traum wäre nur eine Oberfläche oder ein Restprodukt der sogenannten *Traumzensur*, darunter würde sich noch vieles verbergen, das Freud als den *latenten Traumgedanken* bezeichnete, wo erst die eigentlichen Bedeutungen des Traums freigegeben werden. Und um diesen latenten Traumgedanken zu erschließen, bedarf es der freien Assoziationen des Träumers, damit er die Traumzensur überlisten kann.

Die eigentlichen Mechanismen der *Traumarbeit* – also die Mechanismen, die im Traum wirksam werden, um verbotene, verpönte oder peinliche Wünsche und Konflikte doch darzustellen und sie an der Zensur vorbei zu schummeln – werden von Freud wie folgt aufgelistet:

1) Verdichtung

2) Verschiebung (inkl. Verkehrung ins Gegenteil)

3) Dramatisierung

4) Symbolisierung

5) Rücksicht auf Darstellbarkeit

6) Sekundäre Bearbeitung

Die zwei letzten Mechanismen müssen wir hier nicht besonders erläutern und mit dem vierten, der Symbolisierung, werden wir uns im folgenden Kapitel ausführlicher beschäftigen. Aber die ersten drei sind auch wesentlich für das Freud'sche Modell der Traumdeutung.

*Verdichtung* ist ein Prozess, bei dem verschiedene Elemente zu einem zusammengezogen oder verdichtet werden. So kann man im Traum Orte sehen, die eine Mischung aus zwei oder mehreren Orten sind, oder Personen begegnen, die aus unterschiedlichen Personen zusammengesetzt sind. Auch die Fabelwesen in den Träumen Enkidus und Daniels sind Verdichtungen. Das geschieht oft im manifesten erzählten Traum: *Ich sah eine Frau, die erinnerte mich an meine Schwester, sie hatte die gleichen Kleider an, aber sie sah auch aus wie meine Professorin an der Uni, sie hatte rote Haare ...* Eine weitere latente Verdichtung lässt sich zumeist über die persönlichen Einfälle herstellen: In meinem Traum ist der Mafiaboss eine Mischung aus dem Vater meiner Kindheit, Gott und zwei realer Personen, deren Identität ich hier besser verschweige ...

*Verschiebung* bedeutet, dass eine Eigenschaft, ein Gefühl oder eine Handlung im Traum auf etwas anderes verschoben wird. Eine Frau träumt, sie trifft ihre Schwester mit einer Freundin und sie plaudern miteinander. Auf einmal reißt die Freundin ihr, der Träumerin, die Bluse vom Körper, sodass ihre nackte Brust frei wird. (Die Schwester ist neidisch auf die Träumerin, weil diese ein Kind bekommen hat – die Freilegung der Brust –, aber weil sie mit der Schwester gut sein will, verschiebt sie im Traum den neidvollen Handlungsimpuls auf die Freundin.) Ein Mann träumt, er redet mit seinem Chef über eine Gehaltserhöhung. Das Gespräch verläuft neutral, aber ergebnislos. Beim Hinausgehen hält ihn ein Diener fest und schlägt ihm ins Gesicht. (Der Mann vollzieht eine doppelte Verschiebung im Traum: Er verschiebt das Gefühl dem

Chef gegenüber auf einen Diener und dann kommt noch eine Verkehrung ins Gegenteil vor, der Diener schlägt ihn und nicht umgekehrt. Der latente Traumgedanke: Ich habe eine Wut auf meinen Chef, möchte ihm ins Gesicht schlagen und wie einen Diener behandeln.)

*Dramatisierung* ist die Fähigkeit des Traums, Gedanken und flüchtige Erinnerungsstücke zu einer dramatischen Handlung zu verweben – sie werden damit lebendiger, packender, intensiver. Der bloße Gedankenkonflikt, der meinem Traum auch zugrunde liegt – soll ich hierbleiben und dazugehören, weil man mich hier zu schätzen scheint? Oder habe ich ethische Skrupel und fühle mich irgendwie bedroht? Passiert mir etwas Böses, wenn ich versuche, zu entkommen? –, diese abstrakten Gedanken bekommen im Traum eine Szenerie und eine Handlung mit Toren und Wächtern, mit Friseuren und verdächtigen Zetteln, und ich kann auf dieser Bühne meine Handlungsfähigkeit austesten. Wir haben viele solche oder ähnliche flüchtige Gedankenkonflikte am Tag, die wir wegwischen und wieder vergessen, weil uns etwas anderes gerade wichtiger erscheint. In der Nacht aber scheinen sich solche Gedanken zu versammeln und zu bündeln, bis sie eine theatralische Form gefunden haben, die einen beim Aufwachen genügend packt, dass sie in Erinnerung bleiben.

Für Freud war der Traum ein neurotisches Symptom, allerdings eines, das alle Menschen haben! Zumindest ist damit gemeint, dass der Traum wie eine Neurose gebaut ist, seine Essenz besteht aus einem Konflikt zwischen einem Triebimpuls und dessen Abwehr. Die kleinen Rituale des Zwangsneurotikers dienen dazu, seine Aggressivität in Schach zu halten – der Waschzwang oder Putzfimmel verbirgt einen geheimen Wunsch, alles zu besudeln. Die hysterische Lähmung der Beine – ein Symptom, das bei Freuds frühen Patientinnen öfters vorkam – drückt sowohl den Impuls aus, wegzulaufen, wie auch die Hemmung und die Angst davor. Der Mann, der Frauen begehrt, erobert und dann immer wieder verlässt, hat den Triebwunsch nach der Frau (ursprünglich – wie könnte es anders sein? – nach der Mutter der frühen Kindheit), aber auch Angst vor der Abhängigkeit, die sich bei ihm in einer längeren Bindung einschleichen würde.

Nach Freud ist auch der Witz wie ein neurotisches Symptom gebaut: Er drückt in der Regel einen aggressiven Gedanken aus, der mittels Verdichtung, Verschiebung oder Verkehrung ins Gegenteil als komisch und verknappt hervorkommt, um dem allzu Plumpen die Schärfe zu nehmen. Manche Träume können daher recht witzig sein und manche Witze bekommen durch die Dramatisierung etwas Traumartiges. Freud rühmt vor allem die jüdischen Witze und fragt sich, ob es sonst noch häufig vorkommt, dass sich ein Volk in solchem Ausmaß über sein eigenes Wesen lustig macht. (Das waren noch unschuldigere Zeiten, später wurde es dann weniger lustig, als die Selbstironie von Staats wegen gegen die Juden gerichtet wurde.) Hier ein Witz, der eine traumartige dramatische Inszenierung eines recht plumpen Gedankens vorführt: *Ein alter jüdischer Kaufmann liegt im Sterben, seine Kinder sind um ihn versammelt. „Rivka, bist du da?" – „Ja, Papa." – „Und Schlomo, bist du auch da?" „Ja, Papa." – „Und du, Jaakov, bist du auch da?" – „Ja, Papa." – „Um Gottes willen, wer steht denn dann im Geschäft?"*

Ähnlich wie in diesem Witz kann das Komische, Witzige auch im Traum etwas andeuten, das einem selbst peinlich ist (z. B. ein besonders scharfes Stück Selbstkritik), um es ins Komisch-Absurde zu ziehen, damit man es selbst nicht zu ernst nimmt. Wenn der Träumer seinen Traumbericht erzählt und meint, dies wäre ein absurder Traum oder dass dies oder jenes im Traum ein „absurdes Detail" gewesen sei, dann will der Träumer sich vom Inhalt des latenten Traumgedankens distanzieren, indem er sagt: „Das ist absurd, so etwas kann ich nicht ernsthaft denken, oder?"

Freud versteht sich als Analytiker, d. h. als einer, der etwas (die Seele, den Traum) zerteilt, auseinandernimmt, um die einzelnen Elemente aus dem Ganzen herauszulösen und ihre Eigenschaften und Zusammenhänge zu erforschen. Seine empfohlene Technik der Traumdeutung, die darauf abzielt, von den Bruchstücken des manifesten Traums zum latenten Traumgedanken zu gelangen, verläuft dementsprechend: Er fragt den Träumer nach seinen Einfällen zu den einzelnen Elementen des Traums. Ein Beispiel (von Freud):

„Ein Patient träumt in längerem Zusammenhange: *Um einen Tisch von besonderer Form sitzen mehrere Mitglieder seiner Familie usw.* Zu diesem Tisch fällt ihm ein, dass er ein solches Möbelstück bei einem Besuch bei einer bestimmten Familie gesehen hat. Dann setzen sich seine Gedanken fort: In dieser Familie hat es ein besonderes Verhältnis zwischen Vater und

Sohn gegeben, und bald setzt er hinzu, dass es eigentlich zwischen ihm und seinem Vater ebenso steht. Der Tisch ist also in den Traum aufgenommen, um diese Parallele zu bezeichnen." Etwas später setzt Freud hinzu, der Name dieser Familie sei sogar *Tischler* gewesen.

Wesentlich an diesem Beispiel scheint mir, dass das eher banale Ganze des Traumbildes – Familienmitglieder um einen Tisch – keine besondere Aussage enthält, aber das eine Element, der Tisch, den Schlüssel zu einem psychologischen Konflikt des Träumers mit seinem Vater darstellt, der nur auf diesem Umweg zu enträtseln war. Die hier angewandte Technik der freien Assoziation berechtigt Freud zu seiner Aussage: „Ich sage Ihnen nämlich, es ist doch sehr wohl möglich, dass der Träumer es doch weiß, was sein Traum bedeutet, *nur weiß er nicht, dass er es weiß, und glaubt darum, dass er es nicht weiß.*"

Der Traum, meint Freud, beinhalte auch eine *Regression*, d. h. er kann einen zu frühesten Kindheitseindrücken zurückführen, die einem gar nicht mehr bewusst sind. Als Beispiel führt er einen eigenen Traum an:

*Ich träumte einmal … von einer Person, die mir einen Dienst geleistet haben musste und die ich deutlich vor mir sah. Es war ein einäugiger Mann von kleiner Gestalt, dick, den Kopf tief in den Schultern steckend. Ich entnahm aus dem Zusammenhang, dass er ein Arzt war. Zum Glück konnte ich meine noch lebende Mutter befragen, wie der Arzt meines Geburtsortes, den ich mit drei Jahren verlassen, ausgesehen, und erfuhr von ihr, dass er einäugig war, kurz, dick, den Kopf tief in den Schultern steckend, lernte auch, bei welchem von mir vergessenen Unfall er mir Hilfe geleistet hatte. Diese Verfügung über das vergessene Material der ersten Kindheitsjahre ist also ein weiterer archaischer Zug des Traumes.*

Freuds berühmtester eigener Traum, der als erster in der *Traumdeutung* angeführt wird, ist „der Traum von Irmas Injektion". Er ist auch deswegen der meistgedeutete und kommentierte Traum der Geschichte geworden. Der lange und komplexe Traum handelt von einer Patientin, bei der die Therapie möglicherweise misslungen ist, darin kommen verschiedene ärztliche Kollegen von Freud vor, die ihre Meinungen dazu abgeben. Freud selbst deutet den latenten Traumgedanken so, dass der Traum den Wunsch ausdrückt – den er hier nicht mit einem infantilen Wunschkonflikt in Verbindung bringt –, nicht er, sondern seine Kollegen trügen die Schuld an der erfolglosen Behandlung.

Wie wir im Nachhinein wissen, war guter Anlass dazu gegeben, da Freud tatsächlich eine gewisse Mitschuld an der schlechten ärztlichen Behandlung einer anderen Patientin trug: Er hatte sie zwecks einer Nasenoperation zu seinem Freund Fließ in Berlin geschickt, der hatte aber bei der Operation ein langes Stück Gaze nicht entfernt. Später begann die Nase zu eitern. Freud tat die weiteren Beschwerden der Patientin als hysterisch ab und die Patientin wäre beinahe daran gestorben.

Hier beeindruckt wieder die Nähe des Traums zu einem ganz bestimmten Witz. Freud bemerkt, dass er mehrfache

Gründe im Traum andeutet, weshalb er selbst am therapeutischen Misserfolg nicht schuld sei, und dass diese Gründe in sich widersprüchlich wären. Das erinnert an einen Witz aus seiner Abhandlung *Der Witz und seine Beziehung zum Unbewussten*:

*A hat von B einen kupfernen Kessel entlehnt und wird nach der Rückgabe von B verklagt, weil der Kessel nun ein großes Loch zeigt, das ihn unverwendbar macht. Seine Verteidigung lautet: „Erstens habe ich von B überhaupt keinen Kessel entlehnt; zweitens hatte der Kessel bereits ein Loch, als ich ihn von B übernahm; drittens habe ich den Kessel ganz zurückgegeben."*

„Jede einzelne Einrede ist für sich gut" schreibt Freud dazu, „zusammengenommen aber schließen sie einander aus."

Freuds eigene Träume, so wie er sie in seinem Buch erzählt, scheinen nicht sonderlich von der Sexualität geprägt zu sein. Dazu muss man anmerken, dass für Freud die *Libido*, die ursprüngliche sexuelle Triebkraft, nicht mit dem genitalen sexuellen Verkehr gleichzusetzen ist (es gibt allerdings eine Stelle im Irma-Traum, wo Freud der Patientin in den Mund schaut und dort einen großen weißen Fleck findet, und auch die Injektion mit einer Spritze lässt eine sexuelle Deutung zu).

Die genitale Sexualität der Erwachsenen entsteht laut Freud über viele frühkindliche Vorstufen des Begehrens (oral, anal, phallisch usw.), wesentlich dabei bleibt das Begehren an sich: Nicht nur sei der Traum immer eine Wunscherfüllung, der Mensch selbst wäre psychologisch gesehen eigentlich wie eine „Wunschmaschine" konstruiert.

Die Wünsche können aber von verschiedenen Instanzen der Seele ausgehen, es gibt nicht nur den Triebwunsch aus dem *Es*, das schlichte Begehren nach einem Objekt, es gibt auch den Wunsch des Gewissens aus dem *Über-Ich*, d. h. den Wunsch, eben etwas *nicht* zu tun oder zu denken, weil es verboten ist, wie letztlich auch noch jene Wünsche, die aus dem *Ich* kommen, nach Erfolg, Ruhm, Größe usw. Möglich, dass alle drei Aspekte im Irma-Traum ineinander verwoben sind, daher auch das bleibende Interesse an diesem ersten „Traummuster" der Freud'schen Psychoanalyse.

Freud führt sogar einige „Gegenwunsch-Träume" an; dies waren Träume seiner Patienten oder Kollegen, die mit seiner Traumtheorie vertraut waren, und sie standen im offenen Gegensatz zu seinen grundsätzlichen Behauptungen. Freud erklärt sie auch als Wunscherfüllungsträume – der verborgene Wunsch seiner Kritiker war nämlich, ihm mit solchen Träumen nachzuweisen, dass seine Ansichten völlig falsch waren!

Freuds persönliches Interesse bezog sich eindeutig auf die komplexen Träume des REM-Schlafs und nicht auf jene Beispiele, die wir als NREM-Träume angeführt haben, wenn er schreibt: „Ein Traum ohne Verdichtung, Verschiebung, Dramatisierung und vor allem Wunscherfüllung, verdient es gewiss kaum noch, als Traum bezeichnet zu werden."

## JUNG

„Theorien sind des Teufels", meinte C. G. Jung einmal, und später, dass sich die Traumbildung weder aus Ängsten noch aus Wünschen heraus verstehen ließe. „Träume können unausweichliche Wahrheiten enthalten, philosophische Urteile, Illusionen, wilde Fantasien, Erinnerungen, Pläne, Vorausahnungen, irrationale Erfahrungen, sogar telepathische Visionen und der Himmel weiß was noch … Ich habe keine Theorie der Träume."

Das ist – wie auch bei manchen Aussagen Freuds – nur die halbe Wahrheit, denn Jung hat markante und wichtige theoretische Konzepte in die Traumforschung eingebracht. Einige davon sah er zunächst eher als Erweiterung und Korrektur von Freuds Ansichten, der Meister selbst bezeichnete diese allerdings naserümpfend als „Verwässerungen" seiner Theorien.

Denn Freud blieb bei seiner Libido-Theorie: Die Triebe kämen aus dem Körperlichen, wo sie nach einer längeren Entwicklung in die genitale Sexualität münden, nicht zuletzt um die Fortpflanzung der Art zu sichern. Jungs Libido war aber eine kosmische, geistige, die das Universum durchzog und alle Symbolik und Imagination der Völker vereinte. Freud beschwor seinen Schüler in einem Brief, das „Bollwerk" der Sexualtheorie nicht zu verlassen, denn es sei der einzige Schutz der Psychoanalyse gegen eine Schlammflut von esoterischen, okkulten Einflüssen. Aber damit vertiefte er nur den Bruch zwischen ihnen beiden, der sich bereits abgezeichnet hatte.

Es war wohl das komplexe persönliche Verhältnis zwischen ihnen, das letztlich dazu geführt hat, dass Freuds Ansichten mit der Zeit immer enger, strenger und dogmatischer wurden, während Jungs Schriften zunehmend in alle möglichen Richtungen ausströmten, in die Alchemie, die christliche Messe, die tibetische Mystik und andere exotische Gefilde. Psychologisch kann man dieses persönliche Verhältnis zwischen den beiden als einen ausgeprägten Vater-Sohn-Konflikt sehen oder als eine ursprünglich wechselseitige Idealisierung, die später in Scherben zerbrach.

In seinen Lebenserinnerungen schreibt Jung, dass er auch in den Jahren der Freundschaft eine gewisse Bitterkeit an Freuds Charakter erlebt hat. Wie groß war dann diese Bitterkeit, als der Bruch vollzogen war! Da konnte Freud an seinen amerikanischen Kollegen James Putnam schreiben: „So lange Jung wie ein Blinder gelebt hatte, so wie ich, fand ich ihn sympathisch. Dann kam seine ethische religiöse Krise, mit höherer Moralität, Wiedergeburt, Bergson und zur gleichen Zeit mit Lügen, Brutalität und anti-semitischer Herablassung mir gegenüber. Es ist nicht die erste und wird auch nicht die letzte Erfahrung sein, die meinen Abscheu vor scheinheiligen Konvertiten verstärkt."

Jung wuchs als Kind eines protestantischen Pastors in der Schweiz auf und beschreibt diese Kindheit in düsteren und dann wieder in verklärenden Farben. In der pietistischen Enge dieses Haushalts suchte er nach Wissen und nach Visionen – sein Interesse für die Moorleichen, für die Erforschung alter Grabstätten, aber auch für seine eigenen Träume und spirituellen Erlebnisse stammte aus dieser Zeit. In seinem damaligen, schier endlos erscheinenden Grübeln über Gott – als höchste Macht wie auch als strafende Instanz – sehen wir Anzeichen einer religiösen Kindheitsneurose, an der Grenze zu einer Psychose, bei der die Visionen leicht in Wahnvorstellungen übergehen konnten. „Ich entdeckte zu der Zeit, dass ich zwei Personen war", schrieb er darüber.

Das mag auch erklären, wieso Jung später als Psychiater – der Vater hatte ihn ermahnt: „Werde alles, was du willst, nur niemals Theologe!" – so oft einen genialen und empathischen Zugang zu seinen Patienten fand, auf einem Gebiet, auf dem die klassische Freud'sche Psychoanalyse meist recht hilflos war. Jungs Gespür für diese Grenzbereiche lässt sich an einem Pat04ententraum zeigen, den er aufgezeichnet und kommentiert hat:

*„Er träumte, dass er mit der Bahn fuhr. Der Zug hielt für zwei Stunden in einer ihm unbekannten Stadt an, die er erforschen wollte. Er ging ins Zentrum und fand dort ein mittelalterliches Gebäude – vermutlich das Rathaus – und ging hinein. Dort wanderte er lange Gänge entlang, wo er schöne Räume sah, mit alten Gemälden und feinen Tapisserien, kostbare Gegenstände standen herum. Plötzlich sah er, dass es finsterer geworden war, die Sonne war untergegangen. Da dachte er, Ich muss zum Bahnhof zurück. Dann entdeckte er, dass er sich verirrt hatte und den Ausgang nicht mehr fand. Aufgeschreckt, fiel ihm ein, dass er noch keine einzige andere Person in diesem Gebäude gesehen hatte. Er fühlte sich unsicher, ging schneller in der Hoffnung, auf jemanden zu treffen. Dann kam er zu einer großen Tür und dachte mit Erleichterung, das ist der Ausgang. Er öffnete die Tür und befand sich in einem riesigen Raum, so groß und finster, dass er die gegenüberliegende Wand nicht sehen konnte. Er rannte durchs Zimmer in der Hoffnung, einen Ausgang auf der anderen Seite zu finden. Dann sah er in der Mitte des Raumes etwas Weißes. Wie er näher kam, bemerkte er, dass es ein*

*idiotisches Kind war, etwa zwei Jahre alt. Es saß auf einem Topf*
*und hatte sich mit Fäkalien beschmiert. In dem Augenblick er-*
*wachte er mit einem panischen Schrei.*

Ich wusste nun alles, was ich wissen musste – hier war eine
latente Psychose! Ich muss sagen, dass ich geschwitzt habe,
wie ich versuchte, ihn wieder aus diesem Traum herauszuführen. Ich musste ihm den Traum als relativ harmlos deuten und
die gefährlichen Details überspringen …"

Kloträume sind nicht immer Anzeichen einer verborgenen
Psychose – die Gründe für Jungs besondere Einschätzung hier
werden uns später noch klarer werden –, aber sie sind immer
enorm schambesetzt. In der Regel sind die Klos im Traum verschmutzt oder funktionieren nicht. Manche Patienten erzählen
solche Träume am Anfang einer Therapie oder in einer besonders kritischen späteren Phase davon als Zeichen dafür, dass
sie gerade viel Peinliches auszuscheiden und abzuladen haben.

Ich war einmal zu Gast bei einem hohen indischen Funktionär einer internationalen Tierschutzorganisation. Er hatte mich mit anderen Gästen zu einem Souper im Delhi Golf
Club eingeladen – einem erlesenen Ort ganz im kolonialen
Stil –, wir saßen im großen Kreis um einen Tisch herum und
bekamen von livrierten Dienern ein Bankett serviert. Auf einmal fragte er mich, ob ich als Psychotherapeut mich auf Träume verstünde, denn er wäre in letzter Zeit von einem Wiederholungstraum sehr geplagt worden. Mir schwante nichts
Gutes – in solchen Fällen ist es meist besser, nach dem Motto
„Dienst ist Dienst und Schnaps ist Schnaps" zu verfahren –,

aber als großzügiger Gastgeber ließ er mir keine Wahl. Also fragte ich nach seinem Traum.

Er würde immer wieder davon träumen, sagte er mit lauter Stimme, sodass alle Gäste beim Essen zuhören mussten, dass er dringend aufs Klo müsse, aber wenn er im Traum endlich auf dem Klo säße, wäre alles übergelaufen und mit Fäkalien verschmutzt. Daraufhin würde er immer wieder andere Klos aufsuchen, um seine Notdurft zu verrichten, aber sie wären immer aus dem gleichen Grund unbenutzbar. „Nun, was sagen Sie zu meinem Traum?", drang er auf mich ein.

Sagen konnte ich ihm dort nicht, dass dies gerade beim Essen eine sehr provokant-unappetitliche Erzählung sei (was sicherlich auch mit einem besonderen Charakterzug von ihm verbunden war!). Stattdessen schwitzte ich, ein wenig wie C. G. Jung, und sagte ihm, solche Kloträume hätten immer mit Schamgefühlen, mit etwas Peinlichem zu tun. Daraufhin strahlte er über mein Können und erzählte, sein Vater sei Polizeichef gewesen, sein älterer Bruder sei hoher Offizier beim Militär, er selbst wäre physisch untauglich für eine solche Karriere gewesen und musste daher Zuflucht bei einem zivilen Posten suchen. Dafür habe er sich immer, bis heute, geschämt. Wir versicherten ihm alsbald, seine Tätigkeit sei eine besonders verantwortungsvolle, im Dienste der Natur und ihres Überlebens auf diesem Planeten – und der Abend und der Geschmack des Essens waren gerettet!

Jung sagte auch, dass nicht wir träumen, sondern dass „wir geträumt werden" – ohne zunächst anzugeben, was das genau ist, das uns träumt. Träume seien nicht wie Neurosen konstruiert, sie gingen nicht allein auf persönliche Konflikte des Träumers, sondern auf ganz allgemeine Bereiche der Menschheitsgeschichte zurück. Der Traum sei weniger ein psychologisches Phänomen, sondern vielmehr „wie ein Naturereignis".

Was das ist, das „uns träumt", hat Jung später – infolge eines Traums, den er auf der Schiffsreise mit Freud und Ferenczi hatte, von dem noch die Rede sein wird – das „kollektive Unbewusste" genannt, ein allgemeines, der gesamten Menschheit zugängliches Reservoir an „Archetypen" und universalen Symbolen. Diese Archetypen kämen in den Träumen und Mythen aller Völker vor, so z. B. der „Schatten", der „Alte Weise", die „Schlange", der „Animus", die „Anima" usw.

Die Persönlichkeit, die man der Außenwelt zeigt, nannte Jung die „Persona", so wie man gesehen wird und sich selbst meist betrachtet. Der „Schatten" ist die Kehrseite dieser „Persona": Manchmal erscheint er im Traum als Verfolger, als dunkle Macht, oder – wie in dem zitierten Traum des besonders „normal" erscheinenden Patienten – als das idiotische Kind, das sich mit Fäkalien beschmiert (später erzählte dieser Patient übrigens einen weiteren Traum, in dem er von einem Verrückten verfolgt wurde, und beendete bald darauf die Therapie, da sie zu einer allzu großen Belastung für beide Beteiligten geworden war).

Der „Alte Weise" ist eine Gestalt, die über ein mysteriöses höheres Wissen verfügt, wie die religiösen Lehrer in verschiedenen Kulturen (vergleiche den kubanischen Voodoo-Priester in meinem „Zigarrentraum"!). Die „Schlange" steht u. a. für den sich schlängelnden Zickzackkurs der spirituellen Entwicklung (wo Freud darin meist einen Penis erblickt hätte!). „Anima" ist der nach außen projizierte, idealisierte weibliche Aspekt des Mannes und erscheint dem Mann im Traum als eine begehrte Frau. „Animus" ist das Gegenstück bei der Frau, eine idealisierte männliche Seite von sich selbst, die ihr im Traum als begehrter Mann erscheint.

Freud hat den Vorwurf gegenüber Jung erhoben, er würde die Bedeutung des körperlich-psychischen Sexuallebens der Menschen ins Mystische erheben und es damit zu etwas Abstraktem und Erhabenem machen, also von niedrigem Schmutz befreien. Allerdings habe ich selbst, trotz meiner näheren Affinität zu Freud (die ich später noch kommentieren will), Jungs Sichtweise hier öfters als hilfreich erlebt.

In einer Reihe von Träumen, die mir sowohl männliche wie weibliche Patienten erzählt haben, die von einer expliziten sexuellen Begegnung handelten, hatte ich öfters den Eindruck, es ginge diesen Patienten gar nicht um eine besondere sexuelle Lust oder Erregung, sondern mehr darum, sich dieser abgespaltenen Seite ihres Selbst im Traum zu nähern oder sich mit ihr zu vereinen. Für die Frauen bedeutete diese Kopulation im Traum, dass sie das Männliche (das sie gemäß üblicher Zuschreibungen als etwas Aktives und Durchsetzungsfähiges empfanden) an sich selbst mehr fühlen wollten, für die Männer, dass sie mit ihrer weiblichen Seite (mit Zuschreibungen wie Sensibilität, Geduld etc.) besser in Berührung kamen.

Die Jung'schen Archetypen entstammen seinem „kollektiven Unbewussten", dem er immer mehr auf die Spur kam. Hier herrscht nicht das Gesetz der Kausalität, von Ursache und Wirkung, für Freud das oberste Gebot, sondern „Synchronizität" – eine Gleichzeitigkeit von Ereignissen, die sich gegenseitig beeinflussen können. Die moderne Quantenphysik scheint in mancher Hinsicht diese Annahmen von Jung zu unterstützen, allerdings konnte Jung dadurch im Gegensatz zu Freud die sogenannten „telepathischen" Träume kritiklos als Wahrträume ansehen.

Denn Jung sieht im Traum die Entfaltung des Geschehens auf ein Ziel hin ausgerichtet, d. h. der Traum will den Träumer wohin führen. Im berühmten Traum, den er Freud auf der Schiffsreise nach Amerika erzählte (und dabei sich von ihm gründlich missverstanden fühlte), ist diese „Führung" durch den Traum besonders auffällig, denn er führte Jung zu seiner Idee des kollektiven Unbewussten.

*Ich war in einem Haus, das ich nicht kannte, das zwei Stockwerke hatte. Es war „mein Haus". Ich befand mich im oberen Stock in einer Art von Salon mit schönen alten Möbeln im Stil des Rokoko. An den Wänden hingen kostbare alte Gemälde. Ich wunderte mich darüber, dass dies mein Haus sei, und dachte, „Nicht schlecht!" Dann fiel mir ein, dass ich nicht wusste, wie es im unteren Stock aussah. Ich ging die Treppe hinunter ins Erdgeschoß, wo alles mir viel älter erschien, dieser Teil des Hauses musste aus dem 15. oder 16. Jh. stammen. Die Möbel waren mittelalterlich, die Böden aus rotem Backstein. Es war überall recht finster. Ich ging von einem Zimmer zum anderen und dachte, „Jetzt muss ich das ganze Haus erforschen." Ich fand eine schwere Tür und öffnete sie. Da entdeckte ich eine steinerne Treppe, die in den Keller führte. Ich ging weiter hinunter und befand mich nun in einem anscheinend ganz alten Raum mit Gewölbe. Ich untersuchte die Mauer ... und wusste, dass sie aus römischer Zeit kam. Mein Interesse wuchs ... der Boden war mit großen Steinen belegt, auf einem war ein Ring, an dem ich zog, und wieder kamen enge steinerne Stufen zum Vorschein. Auch hier ging ich hinunter und trat in eine Höhle ein, die im Felsen eingeschnitten war. Dicker Staub lag am Boden mit verstreuten Gebeinen und zerbrochenen Töpfen wie die Überreste einer primitiven Kultur. Ich entdeckte noch zwei menschliche Schädel, offenkundig sehr alt und halb aufgelöst. Dann wachte ich auf.*

Jung schreibt dazu in seinen Erinnerungen, ihm sei klar gewesen, dass er im Traum die Wiege und den Urgrund der Menschheit aufgespürt hätte. Freud aber interessierte sich nur für die zwei Schädel im Keller und von wem sie sein könnten. Irritiert und um ihn ruhigzustellen, sagte Jung, er denke dabei an seine Frau und seine Schwägerin, was (angeblich!) gar nicht gestimmt hatte.

Wo Jung das Universale und Allgemeine im menschlichen Unbewussten fand, wollte Freud lieber am Persönlichen festhalten. Ich vermute, dass Freud angenommen haben mag – im Einklang mit seiner eigenen Theorie –, die tiefen Ebenen in Jungs Traum hätten mehr mit einer Regression zu seiner individuellen Kindheit als zum Urgrund der Menschheit zu tun gehabt (das 15. oder 16. Jahrhundert als Alterszahlen aus seiner Jugendzeit?). Dann wären die Schädel am Ende des

Traums vielleicht von seinen beiden Eltern gewesen, denen Jungs Todeswünsche als Kleinkind damals gegolten hatten, so wie er jetzt auf dem Schiff vielleicht Todeswünsche gegen Freud und seinen getreuen Gefährten Ferenczi hegen könnte (der infantile Wunsch verknüpft sich mit dem aktuellen Konflikt!). Das ist aber nur meine Spekulation.

Erst bei der Niederschrift ist mir eingefallen, dass Jungs Traum, besonders am Anfang, aber auch in seiner gesamten Struktur, große Ähnlichkeiten mit dem Traum seines Patienten mit der latenten Psychose aufweist. Beide durchwandern ein Haus, das ihnen zunächst besonders vornehm erscheint, und machen dabei erstaunliche Entdeckungen. Der Patient ist in einem fremden Haus, in dem er sich verirrt, während Jung sich in *seinem* Haus befindet und es erforscht. Der Patient entdeckt zum Schluss seinen schrecklichen Schatten, das idiotische, beschmierte Kind, während Jung in seinem Traum zum Schluss auf eine „Grundidee" kommt, die ihm zum Leitbild wird – die Entdeckung des kollektiven Unbewussten.

Wie es Freud gelungen war, in der Selbstanalyse seiner Träume aus seiner persönlichen Neurose zu einem allgemeinen Verständnis der Neurosen vorzustoßen, war es für Jung durch seine Träume möglich, die psychotischen Anteile seiner Person anzunehmen und sie auf höchst kreative und fruchtbare Weise zu bewältigen und zu integrieren.

Auf die Symbolik des Hauses im Traum kommen wir im nächsten Kapitel zurück. Hier soll nur kurz vermerkt sein: Viele Patienten, die eine Psychotherapie beginnen, erzählen am Anfang solche Haus- und Wohnungsträume. Meist befinden sie sich zwar in der eigenen Wohnung und bemerken dann zusätzliche, bislang nicht bekannte Türen und Stiegen, hinter denen es noch unerschlossene Räume gibt. Wenn sie darauf im Traum eher beängstigt und verunsichert reagieren oder doch neugierig und interessiert, sind das gewisse Anzeichen für den Verlauf der kommenden Psychotherapie.

Einen zweiten berühmten Traum – den „Zollinspektor-Traum" – hatte Jung nach dem endgültigen Bruch mit Freud. Er träumt von einem alten, pedantischen und reizbaren uniformierten Zollinspektor der k. u. k. Monarchie, der an der Grenze zwischen Österreich und der Schweiz (!) seinen Dienst versieht. Es sind auch andere Leute dort und jemand informiert Jung, dass der Mann nicht wirklich da wäre, er sei bloß der Geist eines Zollinspektors, der Jahre zuvor gestorben war. „Er ist einer von denen, die nicht richtig sterben konnten." In der zweiten Hälfte des Traums begegnet Jung einem mittelalterlichen Ritter in voller Montur mit einer weißen Tunika, worauf ein großes rotes Kreuz (!) prangt. Er fragt sich im Traum, was das bedeutet, und eine Stimme ohne bildhafte Gestalt sagt ihm, der Ritter sei eine regelmäßige Erscheinung, er käme hier immer zwischen zwölf und ein Uhr mittags vorbei, das macht er seit Jahrhunderten und alle wüssten darüber Bescheid.

Jung identifizierte den Zollinspektor natürlich gleich mit Freud (und nicht, wie sonst, als Anteil seines eigenen Selbst oder gar als Archetyp!), meinte aber, er wollte Freud mit dem Traum nicht töten, sondern nur abwerten, weil die frühere

Idealisierung zu stark gewesen war. Der Ritter war für ihn ein Gralsritter und gab ihm Anlass zu einem ausschweifenden Exkurs über die Gralssuche und die Legende von König Artus, aber er war wohl zweifellos ein verklärtes Idealbild seines Selbst!

Jung hielt auch nichts von einer „Traumzensur" im Sinne Freuds (Zollinspektoren waren auch für die Zensur zuständig) – als müsste der Traum immer verschlüsselt arbeiten, um peinliche Inhalte zu verschleiern. Für Jung waren Träume primäre, kreative Ausflüsse und Ausdrucksweisen unseres innersten Selbst, das sich durch die Traumtätigkeit mit den kollektiven Symbolen und Bildern der Menschheitsgeschichte verbindet.

Dies erlaubte es ihm – und seinen Jüngern bis heute –, einen besonderen Zugang zu gewissen Personen, vor allem zu Kindern, alten Menschen und Psychotikern, zu finden. Die im Prinzip einfach strukturierte, zugleich aber auch magisch-fantasievolle Welt des Kindes lässt sich gut in Jungs empathische Fabel- und Legendenwelt einfügen, sie ist dort oft gut aufgehoben.

Für viele ältere Menschen kommt eine klassische Analyse nach Freud aus zwei Gründen nicht in Frage: Sie haben schon zu viel persönliche Vergangenheit erlebt, die man nicht mehr richtig durcharbeiten könnte, und sie haben auch nicht mehr so viel Zukunft, um wesentliche Änderungen ihrer Persönlichkeitsstruktur in ihrer Umwelt durchzusetzen. Die Technik Jungs erlaubt es ihnen mehr, Rückschau zu halten und einen Sinn für ihr bisheriges Leben zu finden, d. h. die Elemente davon nicht auseinanderzunehmen, sondern zu einer anderen Ganzheitlichkeit zusammenzufügen.

Schließlich haben wir schon skizziert, wie die bizarre, fragmentierte Bilderwelt des Psychotikers mithilfe des besonderen Gespürs für Symbolik in Jungs Lehre und mit seiner Empathie für diese Zustände zu einer zumindest teilweise gelungenen Integration finden kann.

Mein eigener Hader mit Jung hat zwei Quellen. Die eine ist seine ruhmlose Rolle zur Zeit des Nationalsozialismus. Er begann als glühender Anhänger der neuen Bewegung, okkupierte schnell eine offizielle Position, die einem vertriebenen jüdischen Analytiker gehört hatte, und schrieb, ganz im Sinne des Regimes, Arbeiten zur Psychologie des Wotan-Archetyps, über die Erhabenheit einer arisch-nordischen Tiefenpsychologie gegenüber den niedrigeren semitischen Anschauungen usw. Nach dem Krieg schien das alles wie vergessen, in seiner eigenen Lebensrückschau finden die zwölf Jahre des Naziregimes keine Erwähnung. Nur an einer Stelle schreibt er: „Zum Schluss ist der Mensch ein Ereignis, welches sich selbst nicht beurteilen kann, das muss, zum Guten oder zum Schlechten, den anderen überlassen bleiben."

Ich bin mir aber bewusst, dass das Argument gegen den Mann ein anderes ist als gegen seine Anschauungen. Nicht jeder Mensch, der einen großen Gedanken oder besondere Ideale hatte, lebte auch wirklich immer nach seinen Prinzipien. Auch ein schlechter Charakter kann geniale Einsichten haben. Im Alter hat Jung – vielleicht viel mehr als Freud – dem Archetypen eines abgeklärten gütigen „alten Weisen" entsprochen, aber in jüngeren Jahren war er sicher der unangenehmere Zeitgenosse von beiden.

Zur zweiten Quelle meines Haders mit Jung: Meine Auseinandersetzung mit Jungs Ideen begann sehr früh, lange bevor ich wusste, dass ich Psychoanalytiker werden wollte, und zwar auf kuriose Weise. Ich war ein junger Mann Ende 20 und es hatte mich im Sommer auf die Insel Kreta verschlagen. Dort traf ich auf einen Amerikaner in meinem Alter, mit dem ich mich gut verstand. Er erzählte mir, er würde hier auf der Insel eine Analyse machen. Es gab dort eine Therapeutin aus Amerika, die sich der Jung'schen Lehre verschrieben hatte und ihn behandelte.

„Worin besteht die Behandlung?", fragte ich. Es ginge viel um die Analyse seiner Träume, meinte er. Immer an Träumen interessiert (meine eigenen habe ich seit meiner Jugendzeit aufgeschrieben und ich besitze viele volle Notizbücher davon), bat ich ihn, mir ein Beispiel zu geben.

„Ich träumte", sagte er, „dass ich am Meer war und dort gefischt habe. Ich hatte eine Angel und warf sie weit hinaus ins Meer, wo ich einen sehr großen Fisch an den Haken bekam. Ich rang damit, den Fisch sicher, aber rasch ans Land zu ziehen, damit ich ihn nicht wieder verliere, und während ich dabei war, wachte ich auf."

Ein schöner Traum, dachte ich, er erinnerte mich auch an Hemingways Erzählung *Der alte Mann und das Meer*. Aber das Buch kannte mein neuer Freund nicht. Ich fragte ihn, was seine Therapeutin zum Traum gesagt hatte.

Er antwortete mir: „Das Meer steht für das seelische Unbewusste. Der Fisch ist das ‚psychische Produkt‘, also etwas, das
ich aus diesem Unbewussten hervorziehe und zu mir hinzie-
hen möchte. Somit ist der Traum eine sinnvolle symbolische
Abbildung meines therapeutischen Prozesses. Ich habe genau
die Arbeit der Traumdeutung in meiner Psychotherapie mit
diesem Traum symbolisch, also in bildhafter Form, dargestellt."

Ich war beeindruckt. Die Deutung gefiel mir, auch besonders diese Vorstellung, man könne die therapeutische Arbeit
der Traumdeutung so einfach in einem Traum symbolisch
verpacken.

Einige Tage später trafen wir uns wieder, diesmal sprachen
wir über unsere Familienverhältnisse, Herkunft usw. Da sagte
er mir, sein Vater würde ein Fisch-Restaurant in Sausalito, an
der Küste bei San Francisco, betreiben. *Ein Fisch-Restaurant?*
Ob sein Vater auch selbst fischen ginge, fragte ich. Das bejahte
er, auch hatte er seinen Vater oft dabei begleitet, sie hätten gemeinsam gefischt und gewettet, wer den größeren Fisch fangen würde.

„Und deine Therapeutin?", fragte ich. „Hat sie das im Zusammenhang mit deinem Traum gesehen?" Nein, das sei ihr
dabei nicht in den Sinn gekommen. Aber es schien ihm dann
doch zu denken zu geben.

Ein Einzelfall mag sonst nicht viel aussagen, aber diese kleine
Geschichte war für mich als Traumforscher schicksalsträchtig.
Ich wusste weiterhin, dass die Deutung der Jungianerin in sich
richtig und stimmig war, aber sie war nur die halbe Wahrheit

gewesen, hinter der sich anderes verbarg – sowohl angenehme Erinnerungen an Gemeinsamkeiten mit dem Vater wie eine kaum verhüllte Rivalität mit ihm. So beeindruckend die Welt der universalen psychischen Symbole sein mag, manchmal ist das rein Persönliche, Lebensgeschichtliche im Traum doch näher am Konflikt. Darüber mehr im folgenden Kapitel.

# Traumsymbolik und Sexualität

*Die Symbolik ist vielleicht das merkwürdigste Kapitel der Traumlehre.*

SIGMUND FREUD

\* \* \*

*Ein Symbol bleibt eine immerwährende Herausforderung an unsere Gedanken und Gefühle.*

C. G. JUNG

Manchmal ist ein Fisch im Traum nur ein Fisch. Manchmal auch nicht. Bei Durchsicht meiner Traumnotizen fand ich einen eigenen Traum, den ich schon zwei Jahre vor meiner Begegnung mit dem Amerikaner geträumt hatte.

*Ich sitze auf einem hohen schroffen Felsen und schaue weit hinunter zum Meer unter mir. Auf einmal springt ein fliegender Fisch ganz hoch aus dem Wasser hinauf, mir entgegen, und schwebt in der Luft etwas unter mir, sodass wir einander länger in die Augen schauen können. Dann fällt er ins Wasser zurück.*

Ich bin nie mit meinem Vater fischen gegangen, er war nicht der Typ dafür. Eher erinnere ich mich an ein paarmal – ich war etwa 13 –, als ich allein in einem Bächlein im Salzkammergut mit meiner Angel Forellen gefangen habe. Das scheint mir nicht so viel mit dem Traum zu tun zu haben, außer dass ich damals recht stolz auf mich war, aber es mit niemandem teilen konnte. Meine einsame Stellung in der Traumszenerie, auf diesem hohen, schroffen Felsen, in der Verbindung mit dem Aufspringen des Fisches berührt mich bis heute. So war ich ja damals oft: auf andere hinunterschauend, hochmütig, aber auch hochfahrend wie der Fisch, oft schroff mit anderen (wenn eher aus Unbeholfenheit …).

Die englische Psychoanalytikerin Ella Freeman Sharpe schreibt in ihrem Buch *Traumanalyse*: „Ich fand in den Assoziationen eines Patienten immer wieder die Wahl des Fischteichs als seine Methode der Symbolisierung. Die Fische selbst, das Fangen der Fische usw. wurde alles in den Dienst der Symbolisierung gestellt. Die Fische stellten je nach Begebenheit Fäzes, Kinder oder den Penis dar. Der Patient ist von früher Kindheit bis zur Adoleszenz auf einem Landgut mit einem großen Fischteich aufgewachsen."

Mit diesen Beispielen will ich auf die Vielseitigkeit der Symbolik an sich, aber auch auf ihre persönliche, lebensgeschichtliche Bedeutung hinweisen. Freuds Ansicht war, der Träumer sollte zunächst seine eigenen Einfälle zu den einzelnen Traumelementen einbringen, bevor eine „allgemeinere" Ebene der Symboldeutung angesprochen wird. Auch Jung mit seiner Methode der „Amplifikation" ließ dem Träumer viel Raum für seine eigenen Beiträge zum Verständnis der Traumsymbolik. Erst dann kam von ihm die Deutung ihrer archetypischen Ebenen, wo sie ins kollektive Unbewusste der menschlichen Kulturentwicklung hineinreichten.

Der Fisch ist also, wenn Sie davon träumen sollten, zunächst Ihr persönlicher Fisch, aus dem Sie machen können, was Sie wollen. Wenn Sie aber mit Ihrem Latein am Ende sind, dann lohnt es sich, sich mit diesen „allgemeinen" Ebenen der Symboldeutung näher zu beschäftigen.

Wir bleiben noch bei Freud und Jung, weil sie sich auf recht konträre Weise dem *seelischen* Problem der Traumsymbolik nähern. Wo Jung viel mehr vom *Geistigen* kommt – er schöpft aus dem großen Fundus aller Weltreligionen, aus Mythen, Märchen, Magie und Alchemie –, kommt Freud vom *Körperlichen.* Für Freud bleibt der menschliche Körper die ursprüngliche Quelle aller Symbolik.

Das Erste, was wir im Leben erfahren, ist der Körper – der eigene Körper, seine Beschaffenheit mit seinen Gliedern und Organen und mit den Gefühlen, die aus ihm kommen, und auch der Körper der Mutter, wie er geformt ist, und die Gefühle, die er in uns erweckt.

Der Körper lässt sich erforschen, er produziert Lust und Unlust und bleibt uns im gesamten Wachstums- und Alterungsprozess, in seiner Stärke und in seiner Hinfälligkeit, eine ständige Herausforderung. Der heutige Körperkult (ich gehe selbst regelmäßig ins Fitnesscenter) betont, manchmal zum Exzess gesteigert, diesen zentralen Aspekt unseres Erlebens.

### Die Landschaften des Körpers

Landschaften im Traum – die „Szenerie" sozusagen – bedeuten also in erster Linie immer das, was dem Träumer unmittelbar dazu einfällt („mir völlig unbekannt", „da war ich einmal, wo war das nur?", „eine Mischung aus Nepal und Südtirol?"). Darüber hinaus können Traumlandschaften aber auch ganz frühkindliche Erinnerungen an den Körper wachrufen. Dann deuten die breiten, sanften Hügellandschaften auf den mütterlichen Körper, auf ihre Brüste und auf ihren Bauch. Der steile Berg kann an die frühe Wahrnehmung einer Erektion des Penis erinnern, aber auch für eine Brust stehen, die sehr spitz oder eisig kalt oder glitschig erscheint. Träume, in denen man von einem hohen Berghang herunterschlittert, können gegenwärtige Ängste, den Halt zu verlieren oder irgendwie abzustürzen oder abzurutschen, mit ganz frühen Ängsten des Säuglings verbinden, keinen festen Halt an der mütterlichen Brust gefunden zu haben.

Gewässer im Traum stammen auch von den frühesten Wahrnehmungen oder Vorstellungen von Körperflüssigkeiten: Große Teiche, Seen oder das Meer können etwas Angenehmes und Anziehendes haben, wie wenn man sich weit zurück in das vorgeburtliche schützende Fruchtwasser des Mutterleibes begeben könnte, aber sie können einem im Traum auch unheimlich und bedrohlich erscheinen.

Schwierige Fahrten auf Flüssen können mit Vorstellungen vom Geburtskanal verbunden sein, d. h. sowohl mit der Hoffnung auf eine neue „Wiedergeburt" aus einer aktuellen beengten Lebenssituation als auch manchmal mit Spuren von realen Erlebnissen bei der eigentlichen ersten Geburt vermischt sein.

Ein Patient träumte öfters von solchen gefährlichen Flussfahrten, wo er immer wieder an Hindernisse kam und sich entsetzlich anstrengen musste, „um da heil herauszukommen". In seinem realen Leben wie auch in der Therapie tat er sich schwer, voranzukommen. Wir beobachteten gemeinsam die kleinen Veränderungen in dieser Traumserie (s. Kapitel „Alpträume, Traumserien und Traumdiagnostik"), aber sie halfen uns nicht viel weiter.

Ich schlug dem Patienten vor, seine Mutter über die näheren Umstände seiner Geburt zu befragen. Sie erzählte ihm, sie habe vor ihm schon ein Kind verloren und seine Geburt sei ganz furchtbar lang und schwierig gewesen, beinahe wären sie beide daran gestorben. Sie hatte ihm das bislang nicht erzählen wollen, aus Angst, ihn damit zu verstören.

Dieses Gespräch hat etwas an ihm verändert. Nun fand er einen verständnisvolleren und zugleich weniger schuldhaften Umgang mit seiner Mutter, aber auch im weiteren Therapieverlauf konnte er sich besser entspannen und musste sich nicht mehr so anstrengen. Er verließ die frustrierenden Wasserwege seiner Traumlandschaft, um festeren Boden, auch in seiner Arbeitswelt, zu gewinnen. Es war nicht der erste Fall in meiner Praxis, bei dem ein Traum oder eine Traumserie ein lang gehütetes Familiengeheimnis aufgedeckt hat.

## Traumhäuser

Häusern im Traum sind wir schon begegnet, z. B. bei C. G. Jungs Patienten und auch bei seinem eigenen Traum. Jung selbst hat im Haus das Symbol des „Selbst" gesehen – das Haus ist, wie man sich selbst bildhaft und symbolisch im Traum darstellt. So wären die oberen Stockwerke näher dem wachen Bewusstsein und der Gegenwart, die unteren zeigen mehr auf tiefer liegende unbewusste Aspekte des Selbst, bis man am Urgrund zum kollektiven Unbewussten stößt.

Für Freud war das selbstredend alles viel körperlicher. Das Haus, das ist mein Ich als Körper. So sind die oberen Regionen der Kopf, der Bereich des Verstandes – wenn einer sich immer ganz oben im Haus träumt, hat er oft Vorstellungen von seiner geistigen Überlegenheit über andere –, die unteren Bereiche gehören der Sexualität und den niederen Funktionen des Ausscheidens, die immer mit dem Ausdruck oder mit der Zurückhaltung von Aggression verbunden sind („ich scheiß auf dich, auf alles" oder „ich lasse nichts heraus und halte meine Wut zurück").

Freud soll einmal zu Jung gesagt haben (unter Verwendung dieser Metapher), dass er, Jung, sich gern in den oberen Stockwerken des Hauses aufhalten würde, wo er sich mit erlauchten Gästen über Mystik und Alchemie unterhalte, während er selbst, Freud, im Keller tätig sei, wo niemand gern hingeht, weil dort die niederen Triebe des Menschen am Werk sind: So sei er, Freud, der wahre Revolutionär von ihnen beiden.

Besondere Traumhäuser können auch Theater oder Kinos sein. Wenn man sich im Traum als Zuschauer im Kino oder im Theater befindet, bedeutet das sowohl eine gewisse emotionale Distanzierung von dem, was im Inneren vorgeht, als auch ein Interesse daran – man könnte das Schauspiel oder den Film betrachten, so wie man seine Träume sieht und analysiert. Aber es kommt in solchen Träumen fast immer zu Störungen oder Ablenkungen in der Handlung und man bekommt die eigentliche Vorstellung gar nicht zu sehen, die Handlung findet nicht auf der Bühne oder auf der Leinwand statt, sondern im Zuschauerraum.

Häuser haben Ein- und Ausgänge wie der Körper auch, Vorder- und Hintertür (Genital und After), Fenster, die wie Augen sind, oder einen Balkon – der in der Regel wie im Wiener Jargon den Busen darstellt (entweder man jubelt und tafelt auf dem Balkon oder man ist in Gefahr, hinunterzustürzen). Die Erforschung eines Hauses oder einer Wohnung im Traum kann sowohl lustvoll als auch irgendwie verboten sein. Diese Entdeckungsreisen im Traum, die meist vor einem neuen Unterfangen wie einer Psychotherapie geträumt werden, erinnern auch zurück an die ersten neugierigen und lustvollen Erforschungen unseres kindlichen Körpers, die auch nicht selten verboten waren.

Manche Patienten beobachten schon in den ersten Stunden ganz genau, wie die Praxis des Therapeuten eingerichtet ist (während viele andere zunächst mehr mit sich selbst und mit ihren inneren Gefühlen und Erlebnissen beschäftigt sind). Diese Patienten bemerken Bilder an der Wand, streichen mit der Hand über die Tapete oder berühren die Möbel – sie haben oft eine besondere Beziehung zum Körperlichen, zu ihrem eigenen Körper, wie hier auch zum Körperlichen des Therapeuten.

Eine Frau träumte nach wenigen Sitzungen: *Ich war in Ihrer Praxis, aber es war umgestellt, die Tür war auf der anderen Seite, es war wie spiegelverkehrt. Ich sah eine zweite Tür, die es in Wirklichkeit gar nicht gibt, die vielleicht in Ihre Privaträume führen würde. Ich war allein hier und überlegte mir, hineinzuschauen – aber dann dachte ich, Sie könnten jederzeit hereinkommen, das ist ja verboten!*

Die Träumerin musste in diesem Traum sowohl ihre erotischen Fantasien zum Ausdruck bringen als auch ihre Hemmung, näher darauf einzugehen, da solche Kontakte in der Therapie ohnehin verboten sind. Das „Spiegelverkehrte" im Traum deutet aber auch darauf hin, dass sie das Umgekehrte wünschte, dass *ich* näher in *ihre* privaten Sphären eindringen soll – und ob *mir* das hier erlaubt sein wird?

Ältere Menschen, so wie ich einer bin, träumen öfters von älteren Häusern. So wie diese Häuser im Traum oft beschaffen sind, deuten sie etwas vom eigenen „baufälligen" körperlichen Zustand an (manchmal mit einer Umkehrung plus Wunscherfüllung, dann sind es besonders prächtige, großartige Traumhäuser!).

Vor einigen Jahren war ich in einer gesundheitlichen Krise und spürte meine körperliche Hinfälligkeit besonders stark. In meinen damaligen Träumen kamen immer wieder bedrückende Häuser vor, die schäbig und verwahrlost waren, mit blockierten Stiegen und toten Gängen, bevölkert von unliebsamen und ungepflegten Eindringlingen, die sich überall breitgemacht hatten. Nach einer längeren Serie solcher Träume verschwanden sie wieder, aber im vergangenen Jahr, am anderen Ende der Welt (Australien), hatte ich wieder einen Haustraum ganz anderer Art:

*Ich bin in meinem Haus, wo auch verschiedene Menschen in verschiedenen Stockwerken eingezogen sind. Sie sind nicht wie die Figuren aus den früheren Träumen, sondern frische junge und aktive Menschen um Mitte 30, sie könnten die Freunde meiner Kinder sein. Im Traum denke ich, dass ich sie zum Ausziehen bewegen sollte, auch meiner Frau zuliebe. Aber es gelingt mir nicht, sie wollen bleiben und ich muss den Plan aufgeben. Ich gehe etwas niedergeschlagen vom Haus weg, als mir plötzlich der erleichternde Gedanke kommt: Ich besitze gar kein Haus mehr!* (Was auch der Realität entspricht!) *Ich bin ja gar nicht mehr dafür verantwortlich!*

Aus diesem Traum bin ich recht zufrieden aufgewacht. Seitdem habe ich öfters Träume von Versammlungen von Menschen, die im Freien auf Wiesen und unter Bäumen stattfinden, oder auch Träume vom Unterwegssein, allein oder mit anderen – aber bislang keine Häuserträume mehr!

### Verkehrsmittel für unterwegs

Träumen Sie von einem Auto oder von einer Bahnfahrt, könnte es ein ganz bestimmtes Auto sein, das Sie aus der

Realität kennen – z. B. das Familienauto aus der Kindheit –, oder die Bahnfahrt kann Sie an eine bestimmte Zugreise erinnern, mitsamt den damaligen Gefühlen, Hoffnungen oder Enttäuschungen. Fahrräder im Traum können an Erlebnisse anknüpfen, die man als Kind hatte, als man Fahrrad fahren gelernt hat – ein wichtiger Entwicklungsschritt (Schwimmen und Fahrradfahren vergisst man ja später nicht, entweder man kann es schon oder noch nicht). Flugzeuge – obwohl in Wirklichkeit statistisch eines der sichersten Verkehrsmittel – kommen in Träumen viel öfter als gefährliche, absturzgefährdete Transportmittel vor.

Die Symbolik des Fahrzeugs ist sehr reichhaltig. Im Buddhismus gibt es zwei sogenannte „Fahrzeuge" zur Erleuchtung, *Hinayana* oder das „kleine Fahrzeug", wo nur die persönliche Erleuchtung und Befreiung angestrebt wird, und *Mahayana* oder das „große Fahrzeug", das die eigene Erlösung mit der Erlösung aller Lebewesen verbinden will. In einer therapeutischen Behandlung steht die Wahl des Fahrzeugs im Traum symbolisch für die Therapie selbst, da sie auch eine Art Fortbewegungsmittel ist, ein Hilfsmittel, um weiterzukommen im Leben, allein oder mit anderen.

Das Auto sagt schon im Namen aus, worum es hier immer geht: um Autonomie und Selbstständigkeit. Das eigene Auto haben bedeutet, sich selbstständig fortbewegen zu können. Die Träume machen es einem dabei nicht immer so einfach: Man sitzt als Fahrgast hinten oder als Beifahrer vorne und ist mehr oder weniger angewiesen auf den Fahrer. Oder man fährt selbst, aber die Bremsen oder die Lenkung sind defekt oder das Auto wird einem überhaupt im Traum gestohlen usw. Vielleicht haben wir auch glücklichere Träume über angenehme Autofahrten, an die wir uns weniger erinnern, weil wir gerade mit solchen Problemen der Selbstständigkeit weniger beschäftigt sind.

Ein Mann mit viel Sensibilität für andere, aber zu wenig Sinn für seine eigene Autonomie im Leben steckte in vielen Verpflichtungen, aus denen er nicht herauskam. Die Wurzeln dieser Probleme lagen weit zurück in seiner Kindheit. Er träumte: *Ich fahre mit meinem Auto Ihre Gasse hinunter. Neben mir sitzt ein Fahrlehrer, es ist wie eine Fahrstunde. Vor Ihrem Haus ist eine Parklücke, er bringt mir die Feinheiten des Rückwärtseinparkens bei. Es stellt sich heraus, ich kann das besonders gut, ich bin ganz stolz auf mich und der Fahrlehrer ist es auch. Aber dann heißt es, ich soll jetzt üben, vorwärts zu fahren. Das verblüfft mich etwas …*

Der Mann, ein besonders gewiefter Deuter seiner eigenen Träume, verstand, dass wir in der bisherigen Therapie sehr gut und sensibel mit dem „Rückwärtsfahren", in seine Kindheit zurück, weitergekommen waren, aber dass er seinen eigenen Gedanken „Ich sollte auch nach vorwärts kommen" in mich als Fahrlehrer in seinem Traum hineinverlegt hatte. In der Psychoanalyse geht es nicht nur darum, sich an früher zurück zu erinnern, es geht auch darum, sich nach vorne zu bewegen, Hemmungen zu überwinden und seinem Leben eine neue Richtung zu geben!

Mit dem Auto kommt man flotter voran, vor allem im offenen Cabriolet, aber das Auto hat auch etwas Isolierendes, man ist in gewissem Sinne in einer Schutzhülle gefangen – vielleicht liegt darin auch etwas *Autistisches*, indem man gar zu sehr auf sich selbst bezogen ist und andere nicht besonders wahrnimmt.

Von meinem eigenen Lieblingsfahrzeug, dem Motorrad, träume ich nie, vielleicht weil ich viel damit in der Realität herumfahre. Für manche Träumer, die kein Motorrad besitzen, könnte es im Traum ein gutes Symbol für Potenzängste und Potenzwünsche sein, einen kräftigen Motor zwischen den Beinen zu haben; für mich – ich beharre darauf – ist es nur ein Verkehrsmittel!

Das Fahrrad betrachte ich in der Regel als gutes Traumsymbol, speziell in der psychotherapeutischen Behandlung. Denn auf dem Fahrrad ist man offener und nicht so abgeschirmt wie im Auto, außerdem muss man zum Vorwärtskommen selbst etwas leisten und in die Pedale treten – der Fortschritt kommt nicht von selbst.

Eine Frau, die in der Jugend viel Gewalt und Missbrauch erleben musste, träumte lange Zeit nur von einsamen Wanderungen und Verirrungen zu Fuß durch unwirtliche Gegenden, wo sie von wilden Tieren oder menschlichen Verfolgern bedroht wurde. Eines Tages erzählte sie einen Traum, in dem sie auf ein Fahrrad stieß, das im Gebüsch versteckt lag. Sie bestieg es und radelte etwas unsicher davon, aber immerhin mit dem Gefühl, etwas Hilfreiches gefunden zu haben. Es war ein recht altes Fahrrad im Traum gewesen, so wie die Psychoanalyse oft in Verruf steht, eine antiquierte Form von Psychotherapie zu sein, aber ab diesem Zeitpunkt schien sie mehr Vertrauen dazu gefasst zu haben.

Ein anderes Verkehrsmittel im Traum, für das ich eine Vorliebe habe, ist der Bus. Der Bus hat etwas Freieres als der Zug, denn er fährt nicht auf Schienen und kann im Prinzip überall haltmachen. Man ist unter Leuten, fährt gemeinsam wohin, auch wenn nicht alle das gleiche Ziel haben. Leute, die aus- oder zusteigen, verändern die Situation, man kann für sich sein oder mit anderen kommunizieren.

Ein Mann, der inzwischen selbst ein begabter Therapeut und Traumdeuter geworden ist, erzählte am Ende seiner langen Psychotherapie folgenden schönen Abschlusstraum: *Ich reise mit anderen Menschen im Bus, die Atmosphäre ist gesellig, aber nicht aufdringlich. Ich habe einen Rucksack bei mir. Wir fahren durch eine schöne grüne Natur und auf einmal weiß ich, dass ich hier bald aussteigen muss. Dann hält der Bus am Straßenrand. Ich weiß ziemlich genau, wie ich den Weg von hier weiter zu Fuß gehen muss, und steige mit meinem Rucksack aus.*

Bahnhöfe und Eisenbahnen sind oft im Traum mit dem Zeitpunkt der Abfahrt verbunden, man könnte ja zu spät oder viel zu früh hinkommen. Aus diesem Grund sah Freud hier immer ein Todessymbol: die Abfahrt in den Tod. Er war selbst oft von abergläubischen Fantasien über seinen frühen Tod geplagt – er erreichte dann schließlich stolze 84! – und in seiner Jugend kam er in der Realität oft bis zu vier Stunden zu früh zum Bahnhof aus Angst, den Zug zu versäumen.

Diese Deutung Freuds – von Bahnhöfen und abfahrenden Zügen als Todessymbole im Traum – erscheint uns im Nachhinein, nachdem im Zweiten Weltkrieg überall in Europa die Züge mit Deportationen in die Vernichtungslager der Nazis gerollt sind, als prophetisch. So kommen bei meinen Patienten heute noch solche schrecklichen Assoziationen zu ihren Zugträumen vor, besonders wenn sie jüdischer Herkunft sind.

Eine Zeithistorikerin, die zu dieser Geschichtsperiode viel gearbeitet hat, träumte wiederholt von verwirrenden Zugreisen, wobei sie auf einem verlassenen Bahnhof stand und wartete, nicht wissend, in welche Richtung sie den Zug nehmen sollte, aber die Züge kamen nicht oder rasten ohne Aufenthalt durch den Bahnhof. Sie fühlte eine unendliche Einsamkeit und Verlorenheit dabei. Die heftigen Gefühle entstammten ihrer lieblosen Kindheit, als ihre Eltern zu sehr mit ihren eigenen Zielen beschäftigt waren, um sich um sie zu kümmern, und vermischten sich mit ihren aktuellen beruflichen Konflikten, da sie sich gewissermaßen auf einem „Abstellgleis" befand.

Ein Geschäftsmann träumte hingegen mit Vorliebe von Aufenthalten auf Flughäfen. Ich persönlich hasse Flughäfen, seelenlose, öde Umgebungen, wo ich mich oft etwas verloren fühle. Aber er liebte Flughäfen und fühlte sich in seinen Träumen darin wie zu Hause. Er reiste viel und gern in der Welt herum und führte ein kompliziertes Ehe- und Familienleben, sodass er sich oft am sichersten – am meisten „bei sich" – unterwegs fühlte. Außerdem war er ungarischer Abstammung, was uns beide an den Witz erinnern musste: *Ein Ungar hat sein Geschäft in New York und seine Wohnung und Familie in Budapest – wo fühlt er sich jetzt zu Hause? Antwort: Im Flugzeug!*

Der Mann hatte übrigens kaum jemals Träume von gefährdeten Flugreisen oder Abstürzen, wie viele andere meiner Patienten. Träume von Flugzeugdesastern sind relativ häufig und selten mit realen Tagesereignissen verknüpft. Für Freud war das Flugzeug immer ein phallisches, sexuelles Symbol, wie ein Penis mit Flügeln, der sich in die Luft erhebt – ein wenig zu einfach und körperlich, möchte man sagen, allerdings bedeutet der Absturz dann etwas Harmloseres als den Tod, nämlich nur Impotenz oder Erektionsverlust.

Freuds Schüler Alfred Adler machte darauf aufmerksam, dass das Hochgefühl des Fliegens weniger mit Sex als mit Macht zu tun hat. Man will hoch hinaus, ist ein „Überflieger", aber Hochmut kommt vor dem Fall. So bedeuten für Adler solche Absturzträume eher den Zusammenbruch von leicht manischen Fantasien über die eigene Macht und Größe und der Absturz stellt die Angst vor einer möglichen Depression dar.

### Traummaschinen

Wir träumen öfters von Maschinen, weil sie eine wichtige praktische Rolle in unserem Leben einnehmen, aber auch weil sie auf geistige *Funktionen* hinweisen, die mit den menschlichen Sinnesorganen verbunden sind. So hat die Kamera mit dem Sinnesorgan Auge und mit der Funktion des Sehens zu tun, aber auch mit dem Festhalten des Gesehenen. Wenn eine Kamera im Traum kaputt ist, oder wenn sie verloren oder vergessen wird, können wir im Traum damit zum Ausdruck bringen, wir würden nicht richtig auf die Dinge schauen oder uns merken können, was wir sehen.

Ein junger Mann konnte sich zu Beginn der Therapie nur selten an Träume erinnern, nur an Bruchstücke, in denen es darum ging, dass sein Videorekorder nicht funktionierte oder er ihn nicht mehr finden konnte. In der Realität war er auch viel damit beschäftigt, Aufnahmen von Sendungen vorzuprogrammieren, und verbrachte viel Zeit vor dem Bildschirm. Wie viele Menschen, die sich nicht (oder noch nicht) gut an ihre Träume erinnern können, erzählte er mir lieber die Inhalte von Filmen oder Serien, die er gesehen hatte – ein etwas dürftiger Ersatz für die Originalität der eigenen Traumproduktion.

Mithilfe einer Deutung seiner Traumbruchstücke (dass der nicht funktionierende Videorekorder für seine Unfähigkeit stand, sich seine Träume zu merken) und einer Reflexion über seine triste Lebenssituation gelang es ihm, seinen Fernsehkonsum zu reduzieren und seine Traumproduktion zu steigern. Jetzt schien der innere Videorekorder wieder zu funktionieren und er erzählte mir lange, farbige Träume mit komplexen Handlungen. Auch sein äußeres Leben begann sich dramatisch zu ändern, er fand zu neuen sozialen Beziehungen, überlegte einen Berufswechsel und gründete eine Familie.

Das Funktionieren eines Telefons im Traum verbindet uns mehr mit der Stimme des anderen und betrifft unsere Fähigkeit, andere mit unseren Worten zu erreichen oder ihnen zuhören zu können – oder überhaupt zu wollen! Für den vorhin erwähnten Patienten mit den Flughafenträumen war das Handy ein ganz wichtiges Gerät. Er brauchte es, sowohl geschäftlich wie privat, ständig im Kontakt mit anderen zu sein, nicht zuletzt wegen der traurigen Trennungen von seiner Mutter in der frühen Kindheit. In der Realität machte er sich ständig Sorgen, ob er das eine oder das andere Handy (er besaß drei Stück davon) verloren oder verlegt haben könnte.

Auffälliger Weise träumte er aber fast nie davon, vielleicht weil es – wie mein Motorrad für mich – als Alltagsgerät bereits zu aufgeladen mit praktischen Assoziationen für ihn war, um als symbolischer Behälter gut verwendbar zu sein. Andere Menschen, für die das Handy in der Realität nicht so wichtig ist, träumen oft, das Gerät verloren zu haben oder dass es kaputt gegangen sei. Für sie ist es im Traum zu einem Symbol für ihre gesamte Kommunikationsfähigkeit geworden, ihre Möglichkeiten, mit anderen in emotionalem Kontakt zu bleiben.

Das Gerät, das in den heutigen Träumen am häufigsten vorkommt, ist wohl der Computer. Er scheint so viele geistige Funktionen für uns darzustellen – das Ordnen, Schreiben, Speichern, Berechnen usw. –, dass er im Traum stellvertretend für eine Vielzahl unserer intellektuellen Fähigkeiten – unseres *Denkapparats* – stehen könnte. Wir träumen öfters auch futuristisch von Computern, die bislang ungewohnte Dinge machen können, wie Denkoperationen, die uns noch nicht gelingen.

Zu einem Zeitpunkt, als mein Leben in Umbruch geraten war und ich sowohl mit schwierigen praktischen Entscheidungen als auch mit emotionalen Konflikten belastet war, hatte ich folgenden Traum: *Ein Traum in zwei Teilen, vom Sitzen vor dem Computer: Im ersten Teil bewege ich den Cursor hinunter zum unteren Rand des Bildschirms, um meinen Kalender zu aktivieren, aber es gelingt mir nicht. Der Kalender mit all seinen Daten und Terminen scheint aus dem Computer verschwunden zu sein. Im zweiten Teil folgt der Cursor ganz eigenständig bestimmten Laufbahnen über den Bildschirm und glüht dabei in unterschiedlichen Farben – an den Farbveränderungen kann man die Gefühle und Stimmungen erkennen!*

Wie es scheint, habe ich in diesen Traumcomputer sowohl mein Versagen, eine Übersicht über meine Termine zu bewahren, hineinverlegt als auch meinen Wunsch, mir über meine inneren Gefühle und Stimmungen klarer zu werden. Prinzipiell finde ich Träume vom Computer meist traurig und befremdend, denn wie soll eine Maschine das menschliche Gehirn – geschweige denn die menschliche Seele – ersetzen können?

Hier aber ein eigener Traum von einem Gerät, der mir beim Aufwachen ein angenehmes und auch lehrreiches Gefühl hinterließ: *Ich träume, ich habe eine Patientin – ich kenne sie nicht, aber sie ist mir sympathisch –, die mir erzählt, sie habe bei sich zu Hause eine „Vervielfältigungsmaschine". Ich sehe vor mir die altmodischen „Gestetner"-Geräte, bei denen man den Text zuerst auf Matrizen eintippen musste. Die Frau will mir aber vor allem eines klarmachen: Dieses Gerät ist keine Druckpresse und keine Kopiermaschine. Denn sie arbeitet nicht mit „Druck" und sie „kopiert" auch nichts – sie „vervielfältigt" eben …*

Hier verweben sich viele Deutungsebenen für mich. Die Frau ist u. a. meine Jung'sche „Anima", eine idealisierte weibliche Seite von mir, mit der ich in Kontakt kommen möchte. Das Weibliche gebiert Kinder und kann sich vervielfältigen, ohne zu kopieren oder Druck auszuüben (das Wort „Matrize" kommt vom Wort für Mutter; „Gestetner" verknüpft die Idee von etwas Stetigem mit einem Gestehen oder etwas Eingestehen). Diese Fähigkeiten möchte ich für mein eigenes kreatives Denken besitzen. Aber die Frau im Traum ist auch eine Patientin und will mir etwas über die psychotherapeutische Arbeit an sich sagen: Sie soll nicht mit Druck erfolgen, sie soll auch nicht eine Kopie von irgendetwas sein, sondern zu einer Bereicherung führen, zu einer Vervielfältigung und Veröffentlichung des eigenen Potenzials.

### Tiere in Träumen

Über 60 Prozent der Kinderträume handeln von Tieren. Manchmal sind es bedrohliche wilde Tiere – ein Bär, ein Wildschwein, ein Tiger oder ein Krokodil –, in der Mehrzahl sind es aber domestizierte Tiere, mit denen Kinder im Alltag vertrauter sind. Einen Grund dafür sehen manche Evolutionsforscher darin, dass Menschen sich von der Urzeit an, auch mittels ihrer Träume, für den Umgang mit Tieren „programmieren" mussten. Die Tiere spielten eine zentrale Rolle im Leben des Urmenschen so wie auch in seinen Höhlenzeichnungen. Ob man die Tiere jagen, domestizieren oder vor ihnen fliehen möchte – das musste gelernt werden! Vielleicht am besten durch eine „magische Identifizierung" mit dem Tier? In den Höhlenmalereien von damals wie in den Träumen von heute wird das Tier dargestellt und damit auch zunächst einmal *vorgestellt*. Man kann sich darin einfühlen und versuchen, auf diese „magische" Weise das Tier in einem selbst zu verstehen und zu beherrschen.

Ein kurioses Beispiel: Mein kleiner zweijähriger Sohn wachte aus einem Angsttraum auf und konnte nur sagen: „Der Hahn! Der Hahn!" – mehr war aus ihm nicht herauszukriegen, als dass er im Traum einen erschreckenden Hahn gesehen hatte. Heute, fast 40 Jahre später, ist er in der Tat selbst ein „stolzer Hahn" geworden, erfolgreich im Beruf und ein guter Vater seiner Kinder. Wenn wir uns gelegentlich im Disput in einen „Hahnenkampf" verrennen, geht er oft siegreich daraus hervor!

Bei Erwachsenen sind Tierträume weniger häufig und handeln meistens von Pferden, Hunden oder Katzen. Wenn bedrohliche wilde Tiere in den Träumen öfters vorkommen, ist das ein Anzeichen von einer möglichen frühen Traumatisierung in der Kindheit. Das Bedrohliche von damals – Gewalt, Missbrauch usw. – lässt sich zunächst nur in der Gestalt lebensbedrohlicher Tiere darstellen. Im Verlauf einer Psychotherapie, wenn die Hintergründe klarer hervortreten, lassen solche Tierträume allmählich nach und Situationen mit anderen Menschen aus der Kindheit werden häufiger.

Es gibt aber auch ausgefallene Tiere, die einem im Traum erscheinen können. Ein Mann erzählte mir folgenden Traum: *Ich komme in meine Wohnung und da liegt, auf dem Sofa ausgestreckt, ein riesiges Känguru! Das Tier kümmert sich um nichts, nimmt so viel Platz ein, es ärgert mich!*

Ihm wollte zuerst zum Tier nichts einfallen, am ehesten erinnerte er sich noch an sein Gefühl dabei: Abscheu, Ärger, aber auch eine gewisse Skurrilität bei dieser unerwarteten Entdeckung. Schließlich kam er nicht umhin, das Beuteltier als ein Abbild seiner Mutter anzunehmen. Sie würde auch öfter in seine Wohnung kommen und sich so breitmachen, so selbstgefällig. Dazu kamen ihm viele Assoziationen. Doch beließen wir es nicht dabei, denn auf einer anderen Ebene (der „Subjektstufe", wie Jung sie nennt) war das Känguru ein Teil von ihm selbst. Er meinte dazu, in sich selbst etwas Untätiges und Selbstgenügsames zu haben, das er immer wieder mit Betriebsamkeit zu bekämpfen versucht, das aber auch tief in seinem Wesen liegt. Allerdings spüre er auch in sich die Fähigkeit, „große Sprünge" zu machen. Als er im Leben aktiver wurde, hatte er in der Tat Träume, in denen er selbst, halb laufend, halb tänzelnd, ganz weit springen konnte!

Und dann könnte es auch noch eine „telepathische" Stufe in diesem Traum geben. Was dieser Mann gar nicht wissen konnte, war, dass ich gerade nach zweiwöchiger Pause aus Australien zurückgekehrt war! Bei einem früheren Besuch in Australien hatte ich viele Kängurus gesehen, aber auf dieser Reise, die auch mit Arbeit verbunden gewesen war, hatte ich zu meiner Enttäuschung gar keine gesehen! Und jetzt bringt er mir ein Traumkänguru – wie freundlich!

Statistisch gesehen wohl ein Zufall, aber es erinnerte mich an einen ähnlichen Fall, mehr als 30 Jahre zuvor. Damals sah ich einen Patienten regelmäßig, der mit mir in besonders gereizter, rivalisierender und ungestümer Manier umging (in der ersten Sitzung ging er zu meinem Schreibtisch und begann meine Papiere durchzuschauen, bevor ich ihn davon abhielt). Ich war spät am Abend vorher noch an einem längeren Vortrag über den „Wolfsmann" gesessen, eine Fallgeschichte von Freud, bei der die Träume seines Patienten von Wölfen eine wichtige Rolle spielen. Der Patient kam am nächsten Morgen und erzählte mir gleich auf eine sehr ruppige Art, er hätte in der Nacht immer wieder von Wölfen geträumt und wisse gar nicht, warum, aber die Tiere seien sehr bedrohlich gewesen.

Solche besonders empathischen oder gar „telepathischen" Träume können aus zwei gegensätzlichen Motiven gespeist sein, wie in den beiden Beispielen. Der Känguru-Träumer macht mir damit eine Art Geschenk und ist auch sonst in seinen Umgangsformen mit mir rücksichtsvoll und freundlich gestimmt. Hier dient also die besondere Empathie im Traum einer *Annäherung* an mich. Beim zweiten Patienten mit den unheimlichen Wölfen hatte ich vielmehr das Gefühl, seine telepathische Empathie im Traum wurde zur *Kontrolle* über mich verwendet. Sie hatte etwas Invasives, Eindringendes, so wie er meinen Schreibtisch hatte perlustrieren wollen. Ich glaube, er hatte große Angst vor mir (wie er sie in Wirklichkeit vor seinem größeren Bruder hatte), die ich ihm nicht nehmen konnte, denn er brach die Therapie bald ab.

Einer meiner Lehrer, der inzwischen verstorbene Psychoanalytiker Donald Meltzer, meinte, es könne ein Fortschritt im Traumleben festgestellt werden, wenn im Traum die Geräte – die, wie wir gesehen haben, eher basale geistige Funktionen wie Wahrnehmen und Erinnern darstellen – durch Tiere ersetzt werden. Diese haben organisches Leben, Gefühle, sie können Lust und Schmerz empfinden, Angst haben und Angst machen. Sie zeigen mehr an von unserer emotionalen, triebhaften Natur als die Maschinen.

Ein Mann, der sich sehr gut auf Computer verstand und, neben seinem Beruf, daheim viel Zeit mit der Verbesserung seiner Computersysteme verbrachte, träumte diesen Traum:

*Ich bin in einem Computergeschäft und rede mit dem Inhaber – ich sage ihm, ich will ein Update! Der Mann sagt, ich soll hinübergehen, dort, wo alle Geräte stehen, viel technisches Zeug. Dann sehe ich ein Holzbrett mit Löchern darin, aus einem Loch kriecht eine kleine Schlange hervor, ich bin bemüht, sie ins Loch zurückzustopfen. Aus einem anderen Loch kommen dann zwei ganz kleine Nilpferde heraus. Das ist eher befremdend – wieso Nilpferde?*

Mit seinem Wunsch nach einem Upgrade scheint der Mann Meltzers Theorie zu bestätigen. Das Technische interessiert ihn nun weniger als die Tiere, die wie verdrängte Aspekte seines emotionalen Lebens erscheinen. Er ist schon lange mit einer Frau zusammen, mit der er keinen Sex mehr hat, aber er kann sich schwer von ihr trennen.

Die kleine Schlange, die sich emporstreckt, kann, frei nach Freud, für seinen Sexualtrieb stehen, den er zurückstopfen will. Aber auch C. G. Jungs Vorstellung von der Schlange als Symbol der Wandlung (sie häutet sich!) und der Weiterentwicklung des Lebens in seiner Zickzackbewegung würde gut passen, denn der Mann hat noch zu viel Angst vor irgendeiner Veränderung in seinem Leben.

Zu den zwei Nilpferden will ihm zunächst gar nichts einfallen, aber dann schließlich: „Das bin ich mit meiner Freundin, wir liegen auch nur im Sumpf miteinander herum und bewegen uns gar nicht weiter im Leben, so als hätten wir es noch zu bequem dafür …" Der Mann ist ein guter Träumer, der auch viel mit seinen Träumen anfangen kann – was nicht zuletzt ein Grund dafür ist, dass er heute von dieser Frau getrennt ist und mit einer anderen zusammen, die erotisch und geistig viel besser zu ihm passt.

Der Hund – ältester und treuester Freund des Menschen – erscheint in Träumen nicht immer als freundlicher Gefährte, sondern oft als gefährliches und aggressives Wesen. Das kann auch mit Kindheitserlebnissen mit Hunden zusammenhängen, die der Träumer zuweilen völlig verdrängt hatte. Aber vielleicht hatte der schwedische Dramatiker August Strindberg recht, als er meinte, Hundebesitzer seien friedliche, höfliche Menschen, die ihre gesamte eigene Aggressivität in ihren Hund verlegt hätten!

Große schwarze Hunde machen meist Angst im Traum, was uns auch daran erinnert, dass Winston Churchill seine wiederkehrenden Depressionen als „schwarzen Hund" bezeichnete. Der altägyptische Hundegott Anubis, meist pechschwarz dargestellt, galt als der Wächter des Todes.

Lustige kleine Hunde im Traum können, wie auch im realen Leben, einen Ersatz für Kinder darstellen, denn sie haben meist die spielerische Freude und Anhänglichkeit der Kinder, aber ohne die große Verantwortung, die man als Eltern für sie tragen muss.

Ein alleinstehender Mann besitzt einen ganz kleinen Hund, den er besonders gern mag. Zu Beginn seiner Psychotherapie hatte er öfters Träume von seinem Auto, es wurde ihm gestohlen oder er konnte es nicht mehr finden. Er hatte in seinen sozialen Beziehungen Angst, seine Autonomie zu verlieren und dass er andere zu sehr über ihn bestimmen ließ. Mit der Zeit war dies kein großes Problem mehr für ihn, aber jetzt begann er in seiner neu gewonnenen Selbstständigkeit öfters eine gewisse Vereinsamung zu spüren und auch einen Wunsch nach mehr Anhänglichkeit in Beziehungen. Darüber hinaus schien er etwas anderes zu vermissen – eine gewisse kindliche Spielfreudigkeit in seinem Wesen, die neugierig macht und sich nicht immer genau an die Regel halten will. In dieser Zeit begann er davon zu träumen, dass er nicht sein Auto, sondern seinen kleinen Hund verloren hatte.

Katzenträume sind anders als Hundeträume, weil auch das Wesen dieser Tiere sehr anders ist. Hunde sind viel mehr an ihre Besitzer gebunden und geneigt, deren Befehlen und Wünschen zu folgen. Katzen sind eigenständiger und machen mehr, was sie wollen. Sie können sehr anhänglich sein, kuscheln, schnurren usw., und all das gehört auch zur erotischen Symbolik des Tiers (im Amerikanischen wird die Katze oft „Pussy" genannt: dieselbe Bezeichnung wie für das weibliche Genital). Aber Katzen behalten dabei ihre Freiheit, sie kommen nur dann, wenn sie es wollen, und sie können manchmal auch recht trickreich und verschlagen sein.

Es gibt unzählige Varianten von Katzenträumen: Die Katze kann tot, abgemagert oder verloren gegangen sein, oder sonst im Traum für plötzliche Überraschungen sorgen.

Einmal diskutierte ich die Katzenträume (es ist das einzige Tier, von dem ich als Erwachsener öfters träume) in einem Traumseminar in Berlin und holte mir Schelte von einer Katzenliebhaberin. Sie war nicht nur mit meinen sexuellen Assoziationen zum Tier unzufrieden, sondern auch damit, dass ich den Katzen eine gewisse Verschlagenheit, neben ihrer ganzen Kuscheligkeit, unterstellt hatte.

Einige Wochen später hatte ich folgenden Traum: *Ich sehe, in einem antiken griechischen Amphitheater, eine große, in sich ruhende rothaarige Katze, die sich nicht bewegt. Auf einer Stufe oberhalb von ihr (!) sitzt ein Kater, von der gleichen Farbe, aber etwas kleiner als sie, und ich bemerke, dass sein Schwanz ganz gerade nach oben steht. Das amüsiert mich im Traum, aber dann denke ich, vielleicht war ich zu schnell und habe nicht richtig hingeschaut. Denn oft, wenn der Schwanz einer Katze steil nach oben steht, ist er an der Spitze ein wenig geringelt und biegt sich in Form eines Fragezeichens. Also beschließe ich im Traum, noch einmal genauer hinzuschauen, ob da nicht doch ein Fragezeichen ist. Aber nein – ich kann mich in Ruhe vergewissern, der Schwanz des Katers steht ganz gerade und steil nach oben!*

Es ist hier nicht schwer zu sehen, wie mehrere Themen in diesem Traum zusammenkommen. Zum einen will ich die Diskussion mit der Seminarteilnehmerin wiederaufnehmen – sie hatte bei mir ein Fragezeichen hinterlassen – und recht behalten, diesmal mit Beweisen! Zum anderen gesellt sich dazu das alterstypische Thema des Mannes: die Frage nach seiner Potenz. Der junge Kater steht im Dienst der Wunscherfüllung im Traum und will mir bedeuten, dass bei mir alles noch gut funktioniert …

### Möbel, Kleider und andere Requisiten

Oft und von Autoren verschiedener Prägung wurde der Traum mit einer Theaterinszenierung verglichen. Zur Entfaltung der dramatischen Handlung gehören u. a. eine Szenerie oder ein Bühnenbild mit Landschaften, Häusern usw., aber auch Requisiten wie Möbel, Kleider, Accessoires und sonstige Gegenstände. Die Auswahl solcher Requisiten kann durch unterschiedliche Faktoren bestimmt sein, z. B. a) persönliche Einfälle dazu ("das war der Schrank bei meiner Familie zu Hause, in dem die Kleider meines Vaters hingen und sein Geld versteckt war"), b) eine "tiefe" oder symbolische Bedeutung (Schränke, Kästen und Truhen bedeuten auch den mütterlichen oder weiblichen Körper, weil sie große Behälter sind), und c) Wortspiele oder andere Querverbindungen.

Freud zitierte ein Beispiel dazu. Ein Patient von ihm träumte, *sein Bruder stecke in einem Kasten.* In seinen Einfällen dazu ersetzte der Patient das Wort *Kasten* mit *Schrank* und bemerkte, sein Bruder würde sich zu sehr "einschränken". In diesem Fall wird das bildhaft gewordene Wortspiel auch durch die tiefere Symbolik unterstützt – die Selbsteinschränkung ist auch eine Art von Schutz, ein Rückzug in den mütterlichen Körper.

Freud gibt uns keine weiteren Details zu diesem Patienten und zur Beziehung zu seinem Bruder, aber möglich ist auch, dass der Patient den Bruder im Traum dafür verwendet, um etwas über sich selbst zu sagen; dann stünde der Bruder im Traum für einen selbsteinschränkenden Teil von ihm selbst, den er besser bei einem anderen wahrnehmen kann als bei sich. Nicht zu vergessen dabei – was Freud hier nicht anspricht – ist, dass der Patient selbst, durch den Akt seiner Traumbildung, seinen Bruder symbolisch einschränkt: Ist das ein Wunsch, eine Rachefantasie bzw. Umkehrung der realen Verhältnisse?

Dieses Möbelstück im Traum gibt also Anlass zu den unterschiedlichsten Deutungen der verdrängten Sorgen und Wünsche, die der Träumer in Bezug auf seinen Bruder hegt. So wie bei den talmudischen Traumdeutern könnten sie alle recht behalten, denn sie ergänzen einander, auch wo sie widersprüchlich erscheinen. Im Wachleben gelingt es uns oft nur schwer, uns die komplexen Gefühle, die wir für unsere Geschwister haben, bewusst zu machen oder gar in Worte zu fassen (da liegen oft Fürsorglichkeit und Rivalität zu dicht beieinander) – im bildhaften Traumtheater gelingt das besser, denn hier haben wir die vielfältigen Möglichkeiten zur Verdichtung, Verschiebung, Symbolisierung, Dramatisierung etc. zur Verfügung.

Die Sexualsymbolik von Möbeln und anderen Requisiten unterliegt kulturellen Wandlungen. Zu Freuds Zeiten hat man noch darauf geachtet, die Tischbeine mit Stoffen zu drapieren, weil sie sonst an Frauenbeine erinnern könnten. Früher haben Männer wie Frauen viel öfter Hüte getragen als heute, zumindest in der westlichen Kultur (Hüte im Traum hatten für Freud eine männlich-phallische Symbolik). Dementsprechend erscheinen sie mir in den heutigen Träumen meiner Patienten viel weniger eine Rolle zu spielen als zu Freuds Zeiten.

Geblieben sind aber Schirme, Messer, Kerzen, Bleistifte – alles längliche Gegenstände, die auf den Penis zurückweisen, aber in sehr unterschiedlicher symbolischer Verkleidung: Der Schirm ist ein beschützender Phallus, das Messer ein gefährlicher, verletzender, die Kerze gibt die Macht, Licht in eine Sache zu bringen, Schreibgeräte haben mehr von einem zeugenden Phallus, sie sondern Flüssigkeit ab und gebären damit auch Worte.

Handtaschen, kleine Schmuckkästchen, Körbe, Geldbeutel usw. im Traum waren für Freud Symbole der Weiblichkeit, insbesondere des weiblichen Genitals. Oft kommen diese Gegenstände in den Träumen von Frauen vor, wie z. B. wenn sie im Traum ihre Taschen offen herumliegen lassen. Sie fühlen sich ungeschützt, als hätten sie ihr Intimstes preisgegeben, zugleich kann sich darin ein Wunsch danach verbergen. Viele Ängste, die wir im Traum so wie im Leben empfinden – wenn sie nicht durch reale Erlebnisse unterstützt wurden –, sind eigentlich Ängste vor unseren geheimen Wünschen, die wir uns auch im Traum nur verhüllt und symbolisch eingestehen wollen.

Noch zwei Bemerkungen zur Fähigkeit zur Symbolisierung, die in allen Kulturen verankert ist und für manche Philosophen wie Susanne Langer sogar am Anfang aller Kulturbildung steht.

1) Die Symbolisierungsfähigkeit ist bei manchen Personen gestört, verarmt oder unterentwickelt geblieben. Dann neigen sie dazu, „konkretistisch" zu denken, d. h. jeder Gegenstand ist konkret das, was er ist, und sonst nichts. Damit geht das vielschichtige emotionale Potenzial des Symbols verloren. Es ist, als ob der eigene Körper noch ganz im Mittelpunkt des Erlebens stünde und nichts anderes als sich selbst darstellen könnte.

Eine Patientin sagte mir einmal: „Ich hatte die Fantasie, Ihr Bild zu malen." Ich erinnerte sie an den Ausspruch des

englischen Revolutionärs Oliver Cromwell bei seiner Macht-
übernahme, als er von einem Hofmaler gebeten wurde, für ein
Porträt zu sitzen. Er sagte: „Aber achten Sie darauf, dass Sie
mich genau malen, auch mit den Warzen im Gesicht!"

Am nächsten Tag hatte die Frau geträumt, *ihr eigener Kör-
pes sei von vielen grauslichen Warzen übersät gewesen.* Hier
versagte ihre Fähigkeit, symbolisch zu denken. Sie konnte die
Warzen nicht als emotionales Symbol für meine Makel und
Fehler in der Therapie sehen, sondern bezog sie – ganz direkt
und konkret – auf ihren eigenen Körper.

Ein Grund dafür, uns näher mit unseren Träumen zu befassen, ist, dass sich gerade hier die Fähigkeit, Symbole zu verstehen und selbst zu erzeugen, am deutlichsten ausbildet. Der
Gewinn dabei – wenn die Symbolbildung reichhaltiger und
vielschichtiger geworden ist – liegt nicht so sehr in den praktischen und technischen Bereichen des Lebens (obwohl nicht
einmal das stimmt, wenn wir an den „Nähmaschinentraum"
des Elias Howe denken), sondern in einer neuen Flexibilität
des Umgangs mit den vielfältigen emotionalen Hintergrün-
den zwischenmenschlicher Beziehungen.

2) Es gibt bekannte überlieferte Symbole, die in gewissem
Sinne „tote" Symbole sind. Sie sind so oft in Gebrauch gewesen, dass man sich mühelos an ihnen anhängen kann, weil sie
jeder versteht – das Kruzifix, die rote Fahne, die Friedenstaube
usw. Aber die Fähigkeit zu einer persönlichen, originär-eige-
nen Symbolbildung ist eine besondere Eigenschaft; sie mag bei
manchen Menschen angeboren sein, aber sie lässt sich auch
gut durch die Erforschung der eigenen Traumarbeit ausbilden.

Ein beruflich sehr erfolgreicher, aber ausgebrannter Mann erzählte zu Beginn seiner Therapie sehr einfache Träume von Verwüstung und Zerstörung, die er nur ganz konkret verstanden haben wollte. Mit der Zeit verfiel er in eine schwere Depression und begann dagegen Medikamente zu nehmen. Allerdings setzte er das Medikament immer an den zwei Tagen ab, an denen er in die Therapie kam. Er sagte dazu: „Sonst nehme ich die Tablette in der Früh und es ist, wie wenn ich mir einen warmen Mantel anziehen würde, der mich tagsüber schützt. Aber wenn ich in die Therapie komme, ist, wie wenn ich den Mantel ausziehen und vor mir, zu Ihnen hin, ausbreiten würde, wie einen roten Teppich."

Der rote Teppich, den man ausrollt, um einen Ehrengast zu empfangen, ist ein überliefertes Symbol, das aber auch einen körperlichen Ursprung verrät: die ausgebreitete rote Zunge des Säuglings, die sich zur Brust hinstreckt. Aber in diese überlieferte Symbolik des roten Teppichs hatte der Patient etwas Persönliches, Originäres hineinverwoben – seine tägliche Tablette, die eine so wandlungsfähige Symbolik besitzt und letztlich in ein freudiges Erwarten mündet.

### Was träumen Männer, was träumen Frauen?

Ein Bericht aus dem Jahr 1966 untersuchte die Inhalte von 500 Träumen von männlichen und 500 Träumen von weiblichen Studenten. Daraus ergaben sich ziemlich ausgeprägte Unterschiede, sodass die Experten aus einem einzigen Traumbericht mit sehr hoher Treffsicherheit auf die Geschlechtszugehörigkeit des Träumers schließen konnten.

Frauenträume spielten sich viel mehr in Innenräumen ab, bei Männern war die Szenerie viel öfter im Freien. Bei den Frauen waren die Orte im Traum meist bekannt, ihre Träume beinhalteten auch mehr Personen, eher bekannte als fremde. Sie hatten deutlich weniger sexuelle Inhalte als die Männerträume, aber wenn Sex vorkam, dann meistens mit einer bekannten Person. Frauen bemerkten auch die Kleider in ihren Träumen mehr.

Bei den Männern überwogen die aktiven Träume mit deutlich mehr aggressiven Inhalten. Sie träumten mehr von anderen Männern als von Frauen, dabei spielten berufliche Identifizierungen eine große Rolle. Die Träume der Männer drückten mehr Angst aus, zu versagen, sich nicht durchzusetzen oder einer Herausforderung nicht gewachsen zu sein. Sex, oft mit fremden Frauen, kam aber öfters vor.

Aber inwieweit sind solche Unterschiede kulturell geformt? Bei einer neuerlichen Studie im Jahr 1983 hatte es Veränderungen im Sinne einer Angleichung gegeben. Wo früher Frauen mehr von sozialen Interaktionen und Männer von Aggressionen geträumt hatten, waren jetzt die Zahlen ausgeglichener. Einige Unterschiede sind geblieben: Frauenträume sind in der Regel intensiver, Männerträume beinhalten mehr fremde Personen und mehr übergroße oder krumme Gegenstände!

Hatte Freud am Ende recht damit, dass immer die Sexualität an der Wurzel unserer Traumtätigkeit liegt? Patrick McNamara, Direktor des Labors für Evolutionäre Verhaltensneurologie in Boston, will das bejahen. Zu seinen eigenen Untersuchungen hat er auch die Datenbank von über 20.000 Träumen an der Universität von Kalifornien in Santa Cruz hinzugezogen. Er fand, dass Männer viel mehr von Abenteuern, Kämpfen, Gewalt und von Waffen träumten, während Frauen mehr von Gesprächen mit anderen Frauen träumten, bei denen es oft um Ausgeschlossensein oder um Verbündete ging. McNamara sieht das ganz darwinistisch als Traumübungen zur Steigerung der Reproduktionsfähigkeit. Männer müssen sich darin üben, Rivalen aggressiv zu konfrontieren und zu besiegen, Frauen hingegen nutzen ganz andere Hilfsmittel, um ihre Chancen im Wettkampf um die Männer zu steigern und ihre Konkurrentinnen auszuschalten.

Die Biologie kommt McNamara bei dieser These zu Hilfe. Denn während der REM-Phasen gibt es eine deutliche Steigerung der Produktion von Sexualhormonen. Prolactin, das die Milchproduktion bei Frauen anregt und bei Männern die Hoden stimuliert, setzt am stärksten bei den REM-Phasen ein, und auch mehr Oxytozine, die mit Vertrauen und Bindungsfähigkeit in der Sexualität assoziiert sind, machen sich bemerkbar.

McNamaras Theorie behauptet, dass die sexuellen Strategien in Bezug auf Paarung und Partnerschaft, die wir im Leben einnehmen, auch in unseren Träumen gespiegelt oder sogar schon dort vorgeformt werden. Dazu zitiert er die moderne Bindungsforschung, die grob drei Kategorien von Beziehungsstrategien unterscheidet:

1) Sie können mit einem Partner glücklich zusammen sein, dann haben sie eine *sichere Bindung*.

2) Sie können ohne Beziehung sein, aber sich eine wünschen, oder in einer unglücklichen Beziehung sein, dann sind Sie ängstlich oder *besorgt*.

3) Sie können Beziehungen ablehnen, entwerten und *vermeiden*.

Im Vergleich zeigte sich, dass die zweite Gruppe der Ängstlich-Besorgten sich viel besser an Träume erinnerte als jene mit der sicheren Bindung; sie hatte auch viel mehr Träume, in denen Rivalen und Konkurrenten vorkamen. Aber die beiden ersten Gruppen erinnerten sich an deutlich mehr Träume als die dritte Gruppe, die den intimen Beziehungen lieber aus dem Weg ging.

Sexualität im Traum drückt sich auf eine ganz andere Weise aus, wenn wir von Veränderungen am eigenen Körper träumen. Da geht es oft um Konflikte mit der eigenen Geschlechtsidentität.

Eine begabte, noch recht junge Frau, die humorvoll und sensibel, aber auch durchsetzungsfähig war, hatte folgenden Traum: *Ich bin ein Hermaphrodit. Ich liege im Bett mit einer Frau und will mit ihr schlafen. Ich habe einen kleinen Penis, aber er ist nicht richtig brauchbar – er ist zu klein, zu spitz und irgendwie ineffektiv, aber irgendwie auch witzig. Trotzdem stört er mich, beim Kuscheln ist er mir im Weg. Ich denke im Traum, so kann ich auch mit keinem Mann schlafen, denn entweder will er gar keinen Penis bei mir haben, oder einen richtigen!*

Dieser „witzige", aber doch auch traurige Traum hat mich sehr beeindruckt. Die junge Frau wusste von sich, dass sie in ihrer ironischen Art oft sehr „spitz" sein konnte, und dass sie das an ihr selbst störte. Es stand ihrem Wunsch nach Kuscheln im Weg und zeigte auch ihre Unsicherheit über ihre eigene Weiblichkeit. Im Nachhinein konnte ich diesen Traum als einen Wendepunkt in ihrer Therapie sehen; mit der Zeit gelang es ihr, zu einer viel befriedigenderen Integration und Differenzierung ihrer „männlichen" und „weiblichen" Aspekte zu kommen.

Der Psychoanalytiker Martin Bergmann – übrigens viele Jahre lang der Analytiker von Woody Allen – hat ein schönes Buch geschrieben: *Die Anatomie der Liebe,* in dem er u. a. die Frage stellt: „Was ist die *psychologische* Befriedigung beim Geschlechtsakt?" Eine gute Frage, weil die physiologische Befriedigung zunächst so viel sichtbarer im Vordergrund steht!

Zumindest für den heterosexuellen Verkehr findet er folgende Antwort: Wir sind alle psychisch und sogar bis zu einem gewissen Grad auch physisch *bisexuell.* Auch die Geschlechtsorgane sind nicht so eindeutig, denn die Erektion der Brustwarzen und der Klitoris der Frau wirkt eher männlich, die männlichen Hoden wiederum bilden ein Paar wie die weiblichen Brüste und sondern auch Flüssigkeit ab, nicht Milch, sondern Sperma (das Hormon Prolactin reguliert sowohl die Milchproduktion als auch die Hodenfunktion).

Insofern sind wir alle ein wenig – wie die Frau im Traum – Hermaphroditen. Aber die psychische und emotionale Bisexualität ist auch ein psychologischer Faktor, der uns im Alltag oft belasten kann. In manchen Lebenssituationen täten wir gut daran, „männliche" Eigenschaften wie Konfrontationslust und

Durchsetzungsfähigkeit zu zeigen, in anderen wären „weiblichere" Züge – zuhören können, abwarten, versorgen oder nähren – viel besser angebracht. Dieses Hin und Her in unserem psychologischen Alltag – „wann soll ich so sein, und wann ganz anders?" – findet Erlösung im Sexualakt. Da kann der Mann auf einmal alle seine „weiblichen" Seiten ablegen, besser gesagt in die Frau hineinverlegen: So kann er sie als „ganz Frau" und sich selbst als „ganz Mann" erleben, und umgekehrt geht es der Frau genauso. Das ist eine enorme *psychologische* Erleichterung für unseren gestressten Alltag, in dem die Erfordernisse des Berufslebens und der Intimbeziehung sich oft durchkreuzen, sodass wir nicht mehr wissen, ob wir mehr Mann oder mehr Frau sind – guter Sex ist daher auch gute Therapie!

Ich denke, die Frau hatte das in ihrem schönen Hermaphroditen-Traum richtig erahnt, daher konnte er ihr auch einen besonderen Anstoß für ihre spätere geschlechtliche Entwicklung geben.

In diesem Kapitel haben wir anhand von Theorien und Beispielen einen besonderen Aspekt der Traumsymbolik unterstrichen – sie ist sowohl höchst persönlich und individuell als auch kollektiv und kulturell. Daher lernen wir aus dem Studium der Träume nicht nur viel über uns selbst als Individuen, sondern auch über die sozialen Einflüsse, die uns alle als Töchter und Söhne, als Männer und Frauen und als Mütter und Väter geprägt haben.

Freud mag mich mit seinen Hypothesen mehr ansprechen als Jung, aber Letzterer hatte sicher auch recht damit, dass wir in unseren Träumen nicht nur uns selbst auf eine besondere Weise begegnen, sondern auch Zugang zu Ebenen der allgemeinen Menschheitsentwicklung erlangen, die uns sonst verschlossen bleiben würden.

Viele Konflikte, in die wir im Leben hineingeraten können, sind ganz allgemeinmenschliche, manche sind kulturspezifische – „so etwas passiert bei uns, aber nicht woanders" – und immer sind sie alle ganz persönlich und individuell.

Wenn wir uns im folgenden Kapitel mit den „typischen" Träumen befassen, werden wir noch weiter explorieren, wie gewisse allgemeintypische Träume aus ganz ursprünglichen körperlichen Erfahrungen der frühen Kindheit zu verstehen sind. Aber die Gefühlszustände, die sie abbilden, leben in uns weiter und verknüpfen sich im Traum mit den alltäglichen Konflikten in unserem privaten und beruflichen Leben so, dass es für uns noch viel aus ihnen zu lernen gibt.

# „Typische" Träume

*Bei der Deutung der typischen Träume versagen in der Regel die Einfälle des Träumers, die uns sonst zum Verständnis des Traumes geleitet haben, oder sie werden unklar oder unzureichend, so dass wir unsere Aufgabe mit ihrer Hilfe nicht lösen können.*

SIGMUND FREUD

Wovon träumen wir Menschen am häufigsten und warum? Und wie lassen sich diese charakteristischen Träume verstehen? Die Träume, die Freud als „typische" in seiner *Traumdeutung* erwähnt, müssen jene gewesen sein, die er öfters selbst geträumt und dann auch mehrmals bei seinen Patienten wiedergefunden hatte, denn es standen ihm keine breiten statistischen Angaben zur Verfügung. Aber das hat sich inzwischen geändert und seine damaligen Kategorien korrespondieren erstaunlich gut mit den Ergebnissen, die wir seitdem aus zwei größeren Untersuchungen erhalten haben.

In einer ersten Untersuchung (1958) von Anthropologen wurden junge Studenten in den USA und in Japan zu ihren Träumen befragt; die typischen Träume waren in beiden Ländern sehr ähnlich und handelten von: *Fallen (83 %) / Verfolgt oder attackiert werden (77 %) / Wiederholte Versuche, etwas zu tun (71 %) / Studium (71 %) / Sex (71 %) / Zu spät kommen (66 %) / Tod einer geliebten Person (57 %)/ Unpassend gekleidet oder nackt sein (45 %).*

In der anderen, späteren Untersuchung (1982) befragte eine große New Yorker Tageszeitung seine Leser zu ihren Träumen. Hier waren die wichtigsten Themen: *Fallen (71 %) / Tod einer geliebten Person (51 %) / Verfolgt oder attackiert werden (56 %) / Sex (54 %) / Etwas Großartiges vollbringen (52 %) / Fliegen oder schweben (42 %) / Prüfungen ablegen müssen (31 %) / Zu spät kommen (28 %) / Nackt sein in der Öffentlichkeit (15 %).*

Auffallend dabei sind nicht nur die Konstanten: Fallträume oder der Tod geliebter Personen bleiben bei beiden Untersuchungen annähernd gleich, aber die jungen Studenten schienen mehr von Sex, vom Nacktsein und vom Zuspätkommen zu träumen als die durchschnittlich ältere Gruppe der Zeitungsleser (die aber dafür mehr Flug- und Schwebeträume hatte).

Wir sollten uns bei diesen Statistiken bewusst bleiben, dass sie nur die *erinnerten* Träume betreffen. Sozialpsychologische Experimente haben nachgewiesen, dass wir uns lieber dramatische, drastische Szenen merken und weitererzählen als die nur angenehmen oder freundlichen. Wenn Sie davon träumen würden, dass Sie eine angenehme Bootsfahrt mit Freunden unternehmen, würde dieser Traum weniger Eindruck auf Sie machen, als wenn Sie von einer Hinrichtung oder einer Feuersbrunst träumten. Die Sensationslust der Massenmedien trägt diesem Umstand ebenfalls Rechnung.

Aber noch etwas gibt es zu bedenken: Die Psychologin und emeritierte Professorin der Neurowissenschaften Rosalind Cartwright – oft als „Königin der Träume" bezeichnet – hat in vielen Studien im Schlaflabor Schlafende bei jeder REM-Phase in einer Nacht aufgeweckt und damit festgestellt, dass alle Träume in einer Nacht in einer Sequenz miteinander verbunden sind. Der erste Traum führt die Themen ein, die meist mit emotionalen Reaktionen auf das Tagesgeschehen verbunden sind. In den nächsten beiden REM-Phasen verknüpfen die Träume diese Themen mit früheren Erinnerungen, die eine ähnliche Handlung oder ein ähnliches Gefühlsklima hatten. Die Träume aus den letzten Phasen vermischen und vergleichen frühe und rezente Erinnerungen und können das Thema auch in die Zukunft ausbreiten. Das sind dann nicht „prophetische" Aussagen, sondern potenzielle Möglichkeiten – oder

Unmöglichkeiten – für einen Ausgang, der immerhin die emotionale Spannung abbauen kann. Die meisten Themen lassen sich so bewältigen, aber wenn etwas zu Bedrohliches aufkommt, können in der letzten Phase der Nacht andere Träume kommen, die nur um das Thema der Selbsterhaltung kreisen.

Wenn wir uns also an einen Traum erinnern, schreibt der amerikanische Neurologe und Schlafforscher William Moorcroft dazu, ist es für gewöhnlich nur an den *letzten Traum einer Nacht*, wobei wir vorher bereits sechs oder sieben Träume geträumt und schon vergessen haben. Diesen einen erinnerten Traum verstehen zu wollen ist, wie wenn wir einen Roman verstehen möchten, von dem wir nur das letzte Kapitel gelesen haben!

Freud verglich die Analyse mit dem „edlen Schachspiel" – es gebe beim Schach typische Eröffnungssituationen und typische Endspiele, aber alles, was dazwischen ist, unterliegt einer unendlichen Vielfalt von möglichen Kombinationen.

Auch von den Hollywoodfilmen heißt es, es gebe nur sieben „klassische" Handlungen („Junger Mann kommt vom Land in die Stadt und macht Karriere", „Sensible Frau leidet unter einem brutalen Ehemann und findet zum Schluss ihre wahre Liebe" usw.). Daran mögen wir auch denken, wenn wir die Statistiken von „typischen" Träumen betrachten. Dennoch – was haben sie uns inhaltlich zu sagen?

### Nackt in der Öffentlichkeit

Freud weist auf einen Unterschied bei den Nackträumen hin: Manchmal träumt man davon, dass man nackt oder unpassend gekleidet in der Öffentlichkeit auftritt und andere merken es und verspotten oder beschämen einen dafür. Im typischen, viel geläufigeren Nackttraum scheinen die anderen Menschen in der Umgebung gar keine Notiz davon zu nehmen, es ist ihnen völlig gleichgültig – nur das Peinliche daran bleibt im Traum deutlich spürbar, auch wenn es von den anderen Personen unbemerkt bleibt.

Die Scham wird hier also nicht wie eine reale soziale Angst vor anderen erlebt, sondern wie etwas, das nur mit einem selbst zu tun hat – es ist das Gefühl, etwas von sich gezeigt oder verraten, sich entblößt zu haben, wie es einem sonst nicht entspricht. Man blamiert sich vor sich selbst.

Aber, fragt Freud hier wieder nicht zu Unrecht, wo ist der Wunsch dabei? Er erinnert uns an die Lust der Kleinkinder, sich zu entblößen, ihre Körper stolz und unbefangen herzuzeigen. Es ist ein spontaner *exhibitionistischer* Wunsch des Kindes, der später im Erwachsenenleben niemals ganz verschwindet, sondern nur unterschiedlich verarbeitet wird.

Manche Menschen, vor allem wenn sie Talent dazu haben, tun das, indem sie diesen Wunsch in ihr Berufsleben integrieren und dadurch „sublimieren" (d. h. den Trieb nicht ganz direkt und „nackt" ausleben, sondern verhüllt und zu einer Arbeit umgestaltet). Das ist eine besondere Eigenschaft von Schauspielern, Artisten und jenen Menschen, die von Berufs wegen gern und oft in der Öffentlichkeit stehen. Wo diese Neigung beim Erwachsenen allzu ausgeprägt bleibt, ohne andere Begabungen dabei zu Hilfe zu rufen, wird der Trieb immer nackter, wie bei den Stripteasetänzerinnen oder gar bei man-

chen ganz eingeengten Perversen – und eben, mit viel Scham-
gefühl verbunden, bei den Nacktträumen.

Andere Menschen mussten durch ihre Erziehung in ihrer
Zeigelust besonders gehemmt bleiben. Sie zeigen sich nicht
gern her, schauen, dass sie immer gut an ihre Umgebung an-
gepasst bleiben und nur wenig von sich verraten. Zuweilen
verwandeln sie sogar den exhibitionistischen Wunsch in sein
Gegenteil, entwickeln *voyeuristische* Züge und schauen lieber
den Entblößungen anderer zu (auf unterschiedliche Weise
sublimiert bei Theaterkritikern, Fotografen oder auch bei
Psychoanalytikern!)

Gelegentliche Nacktträume haben fast alle Menschen, denn
Möglichkeiten, sich zu blamieren, sind in jeder Kultur vielfäl-
tig vorhanden. Einzelne Träume dieser Art haben wir wohl
am ehesten dann, wenn wir in den Tagen davor tatsächlich
ein peinliches Erlebnis hatten, wenn wir das Gefühl hatten,
uns selbst zu „verraten" oder zu sehr entblößt zu haben. Diese
Erfahrung verbindet sich dann im Traum mit den frühkind-
lichen Ereignissen und mit den Wünschen und den späteren
Schamgefühlen darüber.

Andere Forscher wie C. G. Jung weisen darauf hin, dass wir
im Alltag alle eine „Persona" vor uns her tragen, eine Art soziale Maske oder ein Bild von uns, das wir den anderen in
der Öffentlichkeit zeigen möchten – wenn das besonders stark
ist, spricht der britische Analytiker Donald Winnicott sogar
von einem „falschen Selbst". In den Nacktträumen geht es
auch darum, diese Konvention zu brechen, uns den Leuten zu
zeigen, so wie wir wirklich sind, aber auch um unsere Angst

vor Beschämung dabei. Daher kommen solche Träume öfters in einer psychotherapeutischen Behandlung vor, oder in bestimmten intimen Beziehungen, wenn man spürt, dass mehr Offenheit von einem gefordert wird.

Kommen Träume dieser Art immer wieder, können sie auf einen neurotischen Charakterkomplex hinweisen, der sich im normalen Leben immer wieder störend auswirkt.

Eine intelligente, aber äußerst gehemmte Frau träumte sehr oft davon, dass sie nackt oder sehr spärlich gekleidet in der Öffentlichkeit stand. Auch hier bemerkten andere in ihrem Traum gar nichts davon, ihr war es dennoch entsetzlich peinlich. Ihre Einfälle dazu kreisten um ein reales beschämendes Erlebnis als Volksschulkind, als sie schlaftrunken in die Schule ging, ohne sich richtig umgezogen zu haben, sodass sie in der Pyjamahose dort stand. Ihre kleine Schwester hatte sie damals vor allen verspottet und bloßgestellt.

Wir verstanden das als eine sogenannte *Deckerinnerung*. Damit bezeichnen wir Kindheitserinnerungen, die uns als besondere Einzelfälle in Erinnerung geblieben sind, aber tatsächlich viel mehr damit *zudecken*, nämlich eine Fülle von früheren und auch späteren Ereignissen, die ähnlich gelagert waren und uns in der Regel besonders stark geprägt haben.

Der Frau kamen dann zunehmend Einfälle zu anderen demütigenden und kränkenden Erlebnissen in der Familie. Speziell ihr Vater hatte sich besonders oft über sie lustig gemacht, auch über ihre körperlichen Merkmale als Kind. Obwohl sie jetzt eine attraktive, ehrgeizige Frau war, erlebte sie diese Angst vor Beschämung als besondere Beeinträchtigung. Mit der Zeit wurde sie in der Therapie offener und konnte mehr von sich zeigen; die Nacktträume verschwanden und wurden ersetzt durch Träume, in denen ihre Aggressionen, auch ihre eigenen Tendenzen, andere zu entwerten, deutlicher abgebildet waren. Sie begann damit, sich in ihrem Beruf wie im Privatleben mehr zuzutrauen und sich besser durchzusetzen.

Während dieser Niederschrift habe ich meine eigenen alten Traumaufzeichnungen durchgesehen, in denen ich einige Nacktträume registriert hatte, aber einer davon hat mich jetzt in gewissem Sinne wirklich „umgeworfen". Vor 30 Jahren träumte ich nämlich Folgendes:

*Ich bin in China* (wo ich damals noch nie gewesen war) *und will in einem großen Fluss baden. Ich ziehe mich aus und springe mit den anderen in den Fluss, aber dann finde ich mich auf einmal auf der Straße und immer noch splitternackt. Die Leute bemerken das und rufen mir zu: „He! Das tut man hier nicht – in China darf man nicht einfach so nackt auf der Straße spazieren!"*

*Daraufhin gehe ich zurück zum Fluss und ziehe mich wieder an. Ich überlege länger, welches Hemd ich anziehen soll, um den Fluss nicht zu sehr zu verschmutzen. Dann steige ich voll bekleidet ins Wasser und schwimme herum. Wieder rufen mir Leute zu: „He! Hier baden wir doch alle nackt!" Ich steige wieder aus dem Wasser und denke mir, die Chinesen nehmen das alles so genau, bekleidet auf der Straße, nackt im Wasser, wieso bin ich so blöd und bringe das durcheinander? Es ist doch alles verkehrt, was ich hier mache. Dann blicke ich auf den Fluss und*

*sehe, er ist kein großer Fluss, sondern bloß ein Schwimmbecken,*
*und zwar ein ziemlich kleines!*

Ich erzähle diesen Traum nicht wegen einer Deutung – er liegt weit zurück, in einer Zeit, als ich selbst noch gar nicht so lange in Österreich war und vieles mir hierzulande ungewohnt erschien, er bezog sich gewiss auch auf Konflikte mit Regeln und Erwartungen, die ich damals noch schlecht verstand und noch schlechter erfüllen konnte. Nein, ich erzähle den Traum wegen seiner nachträglichen Wirkung auf mich. Ich las den Traum gestern wieder zum ersten Mal nach so langer Zeit – ich hatte ihn inzwischen ganz vergessen – am Vormittag, in einem Haus, in dem ich zu Gast bin, um dieses Buch in Ruhe schreiben zu können. Zum Haus gehört ein kleiner Swimmingpool und während des Nachmittags hantierte ich mit einem Gartenschlauch, stolperte und fiel – voll bekleidet! – in den Pool. Niemand war da, um es zu bemerken, sonst hätten sie es sicher als sehr lustig empfunden. Ich fand es auch witzig und bedauerte, kein Publikum gehabt zu haben. – Manche Träume wollen sich nachträglich auf die seltsamste Weise verwirklichen!

## Prüfungsträume

Hatten Sie einmal einen solchen Traum? Sie sind in der Zeit zurückversetzt und müssen in der Schule eine Prüfung ablegen, die Sie in der Realität längst bestanden haben. Aber hier in Ihrem Traum müssen Sie es wieder machen und sind diesmal ganz schlecht vorbereitet: Sie wissen so wenig, dass Sie ziemlich sicher durchfallen werden. Dann wachen Sie auf.

Warum träumt man so etwas? Vereinzelte Träume dieser Art haben wir fast immer dann, wenn uns eine neuerliche Prüfung bevorsteht. Es muss nicht eine schulische oder akademische, es kann auch eine aktuelle Lebensprüfung sein, bei der man etwas Schwieriges zu bewältigen hat und unsicher ist, ob man bestehen kann. Im Traum erinnern wir uns dann an eine frühere Situation, bei der wir uns ähnlich gefühlt haben, aber wir eigentlich wissen, dass sie am Ende gut ausging. So soll es diesmal auch sein. Freud meinte, der Aspekt der Wunscherfüllung im Traum liegt eigentlich im Aufwachen und Sich-wieder-bewusst-Werden, dass man es damals geschafft hat, so wird man es auch diesmal schaffen.

Es gibt aber auch Prüfungen im Traum, denen man im realen Leben noch nie ausgesetzt war: *Ich soll auf die Bühne gehen, um eine Rolle in einem Theaterstück zu spielen, aber ich kann das nicht, ich weiß auch den Text nicht. – Ich soll vor einem wissenschaftlichen Gremium antreten, um einen Vortrag über etwas zu halten, wovon ich eigentliche keine Ahnung habe. – Ich soll ein Orchester dirigieren und kann das gar nicht.*

Erstaunlicherweise gehen solche Situationen im Traum oft recht gut aus; obwohl es einem selbst peinlich ist, scheint niemand sonst die eigene Unfähigkeit zu bemerken – oder es gibt einen Schnitt oder Szenenwechsel im Traum, sodass man sich aus der Affäre ziehen kann. Diese „Schnitttechnik" der Traumgestaltung ist inzwischen gut erforscht worden, wir berichten später davon (s. Kapitel „Traumforschung heute").

Hier gilt es, die besondere Symbolik der Aufgabe zu verstehen. Ein Orchester zu dirigieren kann heißen, eine Arbeitsgruppe oder eine große Familie im realen Leben zusammenzuhalten und zu führen, aber auch ein Orchester von inneren Stimmen bei einem selbst, die nicht leicht miteinander im Einklang zu bringen sind. Beim Vortrag besteht die Angst darin, mehr Wissen in einer Sache vorzugeben, als man eigentlich besitzt; auf der Bühne sein stellt die Frage nach den sozialen Rollen, die wir zu spielen haben, und ob wir uns ihnen gewachsen fühlen.

Wiederkehrende Träume dieser Art über einen längeren Zeitraum deuten auf ernsthafte Überforderungen im Leben. Sie mögen nicht immer an den äußeren Gegebenheiten liegen – manchmal sind die viel zu hohen Erwartungen schuld, die man an sich selbst hat. Hier können die Träume besonders hilfreich sein. Ich habe mit so manchen Patienten über solche neurotischen Probleme, die vor allem das Selbstwertgefühl betreffen, gesprochen, aber wenn ein solcher Prüfungstraum öfters aufkommt, wird es dadurch *erlebbar* gemacht, das Traumbild und das innere Gefühl decken sich auf eine Weise, die dem Träumer einen ganz unmittelbaren Anstoß dazu geben kann, etwas an seinem Leben einzusehen und zu verändern.

### Träume vom Tod eines geliebten Menschen

Dass Menschen so oft vom Tod ihrer geliebten Menschen und nahen Verwandten träumen, wundert nicht, zumal solche Ereignisse uns allen im Leben widerfahren werden. Warum sollten wir also nicht im Traum lernen, uns darauf einzustellen? Aber auch hier unterscheidet Freud zwei Arten solcher Träume. In manchen empfindet man tiefen Schmerz und echte Traurigkeit und kann sogar weinend dabei aufwachen. In anderen aber empfinden wir eine seltsame Gefühllosigkeit, über die wir uns selbst beim Aufwachen wundern.

Die zweite Gruppe findet Freud unbedenklich und eher untypisch: Die Gefühllosigkeit weist darauf hin, dass hier kein Todeswunsch vorhanden ist, sondern etwas anderes, mittels Verschiebung, dahinter gemeint ist. Als Beispiel zitiert er den Traum einer Frau, in dem ihr Neffe tot vor ihr aufgebahrt liegt, sie aber empfindet keine Trauer dabei. Des Rätsels Lösung liegt darin, dass die Frau eine besondere Person wiedersehen möchte, die sie zum letzten Mal beim Begräbnis eines anderen Neffen gesehen hatte. Die Wunscherfüllung im Traum drängt nach einer Wiederholung dieser Begegnung und nicht des Todesfalls.

Anders bei den schmerzhaften und traurigen Todesträumen. Hier bedeutet der Inhalt das, was er aussagt: den Wunsch, dass diese Person stirbt, obwohl wir sie so gern haben. Die Trauer ist ein Beweis dafür: Man hat sie im Traum getötet und jetzt muss man trauern.

Aber warum denn? Als wir ganz kleine Kinder waren, hatten wir uns öfter über ein Geschwister, eine Großmutter oder einen engste Freundin geärgert und uns gedacht: Ich möchte, dass sie tot ist! Das bedeutet für das Kleinkind nichts anderes, als dass wir momentan wünschen, dass sie nicht mehr existiert und uns nicht weiter stört. Das sind keine Mordgedanken im engeren Sinn – so weit müssen die Fantasien des Kindes gar nicht gehen –, aber dieser „Todeswunsch" kann durch die Erinnerungs- und Vergleichsarbeit des Träumens wieder ganz bildhaft auftauchen, um uns auf beunruhigende Weise auf unsere ambivalenten Gefühle dieser geliebten Person gegenüber hinzuweisen, die aus unserer frühen Kindheit stammen.

Die Toten können im Traum wieder lebendig werden als Trost, als Schrecken oder als Hinweis auf noch unerledigte Trauerarbeit. Eine Frau, die ihren Vater ganz plötzlich und schockartig verloren hatte – er starb vor ihren Augen ganz unerwartet an einem Herzinfarkt –, träumte immer wieder davon, dass er wiederkam und vorhanden war, aber er konnte nicht mit ihr sprechen und sie konnte ihn nicht erreichen. Diese Träume hielten fast ein Jahr lang an, bis sie langsam verschwanden.

Eine andere Frau träumte wiederholt von ihrem toten Großvater. In den Träumen sah sie ihn aufgebahrt vor ihr liegen, aber dann begann er sich wieder lebendig zu zeigen, setzte sich auf und erhob sich. Das erfüllte sie immer mit einem unheimlichen Schrecken. Später stellte sich heraus, dass dieser Großvater sie als Kind jahrelang sexuell gequält und terrorisiert hatte. Es war ein lang gehütetes Familiengeheimnis gewesen, aber die Wiederholungsträume brachten sie schließlich dazu, davon zu sprechen.

### Fallen und fliegen im Traum
Diese typischen Traumarten haben beide deutliche Wurzeln in körperlichen Erlebnissen in der frühen Kindheit. Schon der Säugling kann das Gefühl des Fallen-gelassen-Werdens oder die Angst davor unmittelbar körperlich erleben, wenn er nicht richtig gehalten wird. Bei einem Mann, der immer

wieder davon träumte, dass er über eine Brüstung in einen Abgrund fallen würde, fanden wir heraus, dass seine psychotische Mutter ihn als Kleinkind aus dem Fenster im dritten Stock gehalten und gedroht hatte, ihn fallen zu lassen, wenn er nicht gehorchte.

Auch ohne solche Extremerfahrungen haben wir fast alle irgendwann in der Kindheit gewisse Ängste vor dem Fallen gehabt, denn kein Kind wird immer und durchgehend gut und fest gehalten – und wenn ja, wird es darunter später vielleicht noch mehr zu leiden haben! Aber solche Ängste kommen erst wieder in den Träumen zum Vorschein, wenn die aktuelle Lebenssituation danach ruft. Dann ist irgendeine Absturzgefahr gegeben. Vielleicht wollen wir zu hoch hinaus und haben uns gerade zu viel zugemutet oder wir fürchten, dass wir aus der Gunst von jemandem fallen könnten. Oft ist es einfach eine etwas überhöhte Meinung von uns selbst, die plötzlich abzustürzen droht.

Wiederkehrende Träume dieser Art sind ein ernsthaftes Zeichen für Depressionen, denn wenn jemand immer wieder im Traum das Gefühl hat abzustürzen, wird er das im Leben auch so empfinden, aber nicht mit so einprägsamen Bildern und Gefühlen im Wachleben darstellen können.

Eine junge Frau, die am Anfang meines Berufslebens zu mir kam, hatte einen Wiederholungstraum: *Sie hängt an einem Seil von einem Abhang herunter, über einem tiefen Abgrund, wo vielleicht in der Tiefe noch ein dunkles, unheimliches Gewässer liegt.*

Ihr wollte nichts zu diesem Traum einfallen und in meiner damaligen Unkenntnis von latenten Psychosen versuchte ich,

leicht verzweifelt, mit ihr an diesen Träumen weiterzuarbei-
ten. Dabei hätte sie etwas anderes viel mehr gebraucht, das ich
damals nicht sehen konnte, obwohl es im Traum offenkundig
war – einen echten Halt und eine emotionale Unterstützung
auch für die alltäglichen Dinge in ihrem sehr unglücklichen
Leben. Kurz darauf rutschte sie in eine Psychose und musste in die erste von einigen psychiatrischen Kliniken in ihrem
Leben eingeliefert werden. Aber später hat sie sich stabilisiert
und sie nimmt heute noch, so viele Jahre später, gelegentlich
Kontakt zu mir auf – vielleicht weil es damals außer mir niemanden gab, dem sie davon erzählen konnte, und auch das
war ein gewisser Halt im Leben gewesen.

Träume vom Fliegen haben wir bereits erwähnt – auch
im Zusammenhang mit den Fallträumen, denn „Hochmut
kommt vor dem Fall". Für Freud konnte die Wurzel der freu-
digen Empfindung des Fliegens in Kindheitserlebnissen liegen, als wir als Kleinkinder von Erwachsenen hochgehalten
oder in die Höhe geworfen und wieder aufgefangen wurden.

In meiner Erfahrung haben diese Träume, in denen man
besonders frei und locker über der Erde schwebt oder wie
eine Hexe durch die Gegend fliegen kann, ihre Ursachen in
der „kompensatorischen Funktion" des Traums, wie C. G.
Jung sie beschrieben hat. Eigentlich sind wir im Wachleben
meist ziemlich „am Boden", d. h. wir fühlen uns niedergeschlagen oder festgefahren, wenn wir Flugträume haben. Die
Flugträume entstehen so als Ausgleich zu unseren unange-
nehmen Gefühlen und Erfahrungen am Tag, mit ihrer Hilfe
können wir uns über die reale Misere erheben; wir sind nicht

mehr ohnmächtig, sondern im Traum auf einmal besonders mächtig.

Ich will hier noch von einem eigenen Flugtraum berichten, der nicht nur diesen emotionalen Aspekt verdeutlicht, sondern auch die wichtige Frage der „Orientierungsfunktion" des Träumens hereinbringt (s. Kapitel „Wozu träumen wir?"): *Ich fliege in einem Flugzeug hoch über Westafrika* (wo ich damals noch nie gewesen war). *Ich kann auf die Landschaft unten hinunterschauen und sie genauestens studieren. Dann bin ich plötzlich unten am Boden und muss mich durch einen wirren unübersichtlichen Dschungel durchkämpfen. Dann bin ich aber plötzlich wieder oben im Flugzeug und sehe alles genau, klar und erkenntlich unter mir. Dieses Hin und Her, Hinauf und Hinunter, wiederholt sich mehrmals im Traum.*

### Zahnverlust

Auch dieser typische Traum geht auf reale Kindheitserlebnisse zurück, denn wir haben alle einmal unsere (ersten) Zähne verloren. Die Erfahrung hat uns nachträglich gelehrt, dass die zweiten Zähne nachwachsen, aber das ignoriert der Traum. Denn er muss sich auch auf eine kritische Situation in der Gegenwart beziehen, wo wir befürchten, geschwächt oder impotent zu sein, unseren aggressiven „Biss" verloren zu haben. Der Traum führt uns das ganz direkt und bildhaft vor.

Im manchen Fällen kann man die Zähne, die aus dem Mund kommen, mit Worten gleichsetzen, die dasselbe tun. Dann fehlen uns schlicht die Worte, um etwas anzusprechen.

Der Wunscherfüllungsaspekt in diesen Träumen könnte ähnlich sein wie bei den Prüfungsträumen: Er liegt im Aufwachen aus dem Traum. Wenn wir wieder zu uns kommen und entdecken, dass wir alle unsere Zähne noch haben, ist das eine Erleichterung, aber auch eine notwendige Bestätigung – „Du dachtest in der Nacht, du bist völlig zahnlos und kannst dich nicht durchbeißen im Leben, aber schau her, du hast doch alle Zähne beieinander, da hindert dich nichts!"

### Hemmungsträume

Sie träumen, Sie kommen nicht vom Fleck. Ihre Beine sind schwer und wollen sich nicht fortbewegen, die Füße kleben am Boden oder es bläst Ihnen ein starker Wind entgegen; jedenfalls kommen Sie nicht voran.

Die Hemmung gegen das Vorankommen, die der Traum auf beeindruckende Weise so unmittelbar körperlich abbildet, ist meist ein innerer seelischer Widerstand und nicht auf äußere Umstände zurückzuführen. Irgendetwas in Ihnen sträubt sich gegen ein Weitermachen oder eine Weiterentwicklung. Einzelne Träume dieser Art sind oft auffallend schwer zu deuten. Das mag daran liegen, dass sie kaum Details von einer Szene oder von Personen liefern, die zu weiteren Assoziationen führen könnten; sie bestehen überwiegend aus einem Körpergefühl, das einen hemmt, oder aus einem Naturereignis, wogegen man im Traum machtlos bleibt.

Wer solche Träume öfters oder in Serie hat, könnte sich fragen, ob hier nicht ein tiefer liegendes Problem steckt, das nach einer Änderung der Lebenshaltung ruft. Es gibt Menschen, die wirklich schwer im Leben vorwärts kommen, weil sie sich oft mit Nebensächlichkeiten von ihren Aufgaben ablenken und sich selbst immer wieder im Weg stehen – sie neigen besonders zu solchen Träumen.

Aber auch jene Menschen, die wissen, dass sie etwas an ihrer Lebenslage ändern müssten, aber sich zu sehr davor fürchten – weil sie dabei Gewohntes verlieren würden –, haben öfters solche Hemmungsträume. Denn jede neue Entwicklung im Leben bedeutet auch einen gewissen Verlust an Bisherigem; der schwerste Hemmschuh, den wir uns im Leben freiwillig anziehen, bleibt die Macht der Gewohnheit.

### Gejagt und verfolgt werden

Diese typischen Angstträume hat fast jeder irgendeinmal gehabt. Einen Grund dafür sehen die Evolutionstheoretiker darin, dass Stammeskämpfe mit Verfolgungen ein Normalfall in der menschlichen Frühgeschichte waren und solche Träume sich auch hier als eine Art von „Einübung" in den optimalen Umgang mit diesen Gefahren entwickelt haben.

Wesentlich erscheint mir hier auch das Ausmaß des Angstgefühls im Traum zu sein. Bei manchen solchen Träumen herrscht keine besondere Todesangst vor und man wacht auf mit dem Gefühl eines glimpflichen Ausgangs, bei dem es einem halbwegs gelang, sich aus der Affäre zu ziehen.

Auslöser für solche Träume können aktuelle Erlebnisse sein, die einen stark unter Druck setzen. Aber sie kommen in der Regel dann, wenn die eigenen Aggressionen des Träumers blockiert sind; dann werden diese Gefühle abgespalten, hinausgelagert und in die Gruppe der Verfolger hineinverlegt. Wir reden hier vom Mechanismus der *Projektion*. Daher lassen sich solche Träume oft besser als eine „Verkehrung ins Gegenteil" verstehen: Ich werde nicht wirklich von anderen gejagt, das sind vielmehr meine eigenen Wutgefühle, die mich hier im Traum verfolgen.

Eine Frau, die öfter solche Verfolgungsträume erlebt hat, die für sie schwer verständlich waren, träumt nun: *Ich sitze hinten in einem Taxi. Eine Gruppe delinquenter Jugendlicher verfolgt uns in einem Auto, sie sind mit Schlagstöcken usw. bewaffnet und rücken uns immer näher. Ich beginne, Angst um mein Leben zu haben, und schreie den Taxifahrer an, er soll noch schneller fahren, aber er erscheint irgendwie gelähmt und passiv, er murmelt nur etwas von „Umdrehen", aber ich sage ihm, wir können jetzt nicht umkehren, denn die sind doch ganz dicht hinter uns her.*

Diese durchsetzungsfähige und kompetente Frau arbeitet in einem Büro mit Männern zusammen, die sie als einen „Klüngel" erlebt, der ihre Arbeit nicht anerkennt und sie nicht hochkommen lassen will. Niemand ist zu ihr direkt feindselig und sie weiß, dass sie ihre innere Wut darüber im Büro nicht äußern kann, denn das würde sie noch mehr ins Abseits stellen.

Als Jugendliche war sie recht wild und unkonventionell. Sie hat viele Menschen mit ihrer offenen, manchmal recht rüden Art vor den Kopf gestoßen. Inzwischen ist sie umsichtig und diplomatisch geworden. Aber im Traum tauchen ihre jugendlichen Aggressionen wieder auf, diesmal auf die anderen *projiziert*, die sie verfolgen.

Ich bin für sie der Taxifahrer im Traum, der sie schneller aus der misslichen Lage bringen soll; aber das Wort „umkehren" gibt ihr zu denken. Die wilden Jugendlichen sind eigentlich abgespaltene Teile von ihr selbst, würde sie die Szene umdrehen, würde sie gern auf die anderen losgehen wollen. Auch die Lähmung und Passivität des Taxifahrers gehören eigentlich ihr selbst. Ich war in Realität gar nicht so passiv in ihrer Therapie, sondern habe sie aktiv darin unterstützt, Ausschau nach besseren Arbeitsbedingungen zu halten. Ihre eigene Passivität lähmte sie dabei zu sehr.

Nach meiner klinischen Erfahrung kommen solche Verfolgungsträume häufig dann, wenn wir uns von einer unliebsamen Beziehung oder Arbeitssituation trennen sollten, aber nicht können. Wir erleben dann immer die anderen als schuldig, überheblich, aggressiv und entwertend, haben aber den Kontakt zu unseren eigenen Aggressionen – die aber für die Trennungsarbeit dringend vonnöten wären! – verloren, weil wir sie allzu sehr in die anderen verlagert haben.

Wesentlich problematischer sind solche Verfolgungsträume, wenn die Todesängste dabei unerträglich werden und die Träume öfter oder sogar regelmäßig wiederkommen. Sie werden dann zu echten Alpträumen – die wir im folgenden Kapitel näher behandeln werden.

### Träume in der ersten Schwangerschaft
Am Beginn der ersten Schwangerschaft treten typische Träume auf, die sich besonders auf diese beziehen. So kann die Schwangere diverse Arten von Fruchtbarkeitsträumen ha-

ben, von kleinen Tieren (die den Fötus darstellen), von Fehlgeburten oder sogar davon, dass der Fötus eindringend und gefährlich sei. Ambivalente Gefühle gegen das Baby sind in der ersten Schwangerschaft besonders stark, weil das eigene Leben dadurch eine völlig neue und unbekannte Wendung bekommen wird.

Im zweiten Trimester kreisen die typischen Traumthemen darum, ob die Frau eine gute Mutter werden kann und was alles noch passieren könnte. Es kommen jetzt auch Träume über den Kindesvater vor, vor allem wenn es Probleme in der Beziehung gibt, und vermehrt Träume über die eigene Mutter und über Vergleiche mit ihr. Babys ersetzen nun die kleinen Tiere im Traum und oft sind die Babys abnormal oder verunstaltet (eine Angst, die im Unbewussten jeder schwangeren Frau lauert).

Im dritten Trimester gegen Ende der Schwangerschaft kommen die meisten Träume, weil sich aufgrund der körperlichen Veränderungen auch der Schlaf verschlechtert. Es gibt weiterhin Träume über die eigene Mutter, auch über die Veränderungen am eigenen Körper und über besondere Aufmerksamkeiten, die ihr nun zuteilwerden. Zum Schluss treten oft Träume vom Geburtsvorgang auf, der als lang und schwierig dargestellt wird.

Die Untersuchungen, die hier gemacht wurden, zeigen die Nützlichkeit solcher Angstträume in der seelischen Verarbeitung einer ersten Schwangerschaft. Denn die Frauen, die solche Träume berichteten, hatten in der Regel leichtere Geburten und waren bessere Mütter als jene Schwangeren, die nichts davon träumten. Die Verleugnung solcher Ängste ist kein gesundes Zeichen. Bleiben die Mütter unsensibel für die realen Gefahren und für ihre inneren Ängste, werden sie sich später schwerer tun, auf die Ängste ihres Babys passend zu reagieren.

Die Träume von werdenden Vätern wurden auch untersucht. Am Anfang stellen sie Konflikte zwischen einer nährenden, beschützenden Männerrolle und einer sexuell-aggressiven Männlichkeit dar. Im ersten Trimester häufen sich Träume mit offenem sexuellem Inhalt, im zweiten Trimester werden sie allmählich durch Identitätsträume ersetzt. Es vermehren sich dann die Träume vom eigenen Vater und von der Kindheitsfamilie. Oft träumen die Männer, dass sie ausgeschlossen oder gar unerwünscht sind, manchmal träumen sie auch, dass sie selbst schwanger sind. Im letzten Trimester treten mehr Träume über die Mutter des Kindes auf und auch über das kommende Kind – zu einem sehr hohen Prozentsatz handelt es sich hierbei um einen Sohn!

Als meine Frau mit unserem ersten Kind schwanger war (es wurde ein Sohn, aber das wussten wir damals noch nicht), träumte ich kurz vor der Geburt: *Mein Sohn ist auf der Welt, er ist schon älter, vielleicht eineinhalb oder zwei Jahre alt. Ich stehe vor einer hohen Mauer und sehe, dass er ganz oben auf der Mauer spielt und die Gefahr nicht erkennt. Ich denke, er wird hinunterfallen, wenn er auf meiner Seite der Mauer herunterfällt, kann ich ihn auffangen, wenn er auf die andere Seite fällt, kann ich gar nichts tun, dann bin ich machtlos. Da fällt mir im Traum ein, dass ich ihm den Namen einer Person gegeben habe, die in der Bibel eine große Katastrophe überlebt.*

*So wird er sicher auf meiner Seite herunterfallen. Ich wache erleichtert auf.*

In der Folge haben wir ihn wirklich mit drittem Namen so benannt und sein eigener Sohn trägt inzwischen denselben Namen als seinen ersten Vornamen!

Der bereits erwähnte Analytiker Donald Meltzer, der meinte, der Fortschritt im Traumleben mache sich dann bemerkbar, wenn Tiere allmählich die Geräte im Traum ersetzen, befand auch, dass Träume, in denen sowohl Erwachsene wie Kinder vorkommen, besonders bedeutsam sind. Denn hier begegnen sich die erwachsenen und die kindlichen Anteile der Persönlichkeit und finden einen Umgang miteinander.

Anfangs kann dieser Umgang sehr problematisch erscheinen: Man träumt von der Entdeckung eines Babys, das man abgestellt und vernachlässigt hat, oder von ungestümen Kindern, die keine Ruhe geben und die man bestrafen will, oder die von anderen Personen im Traum bestraft werden usw. Der Konflikt in diesen Träumen zeigt sich zumeist darin, dass entweder die Kinder, also auch die spielerisch-provokanten Anteile des Selbst, die Erwachsenen beherrschen bzw. mit ihren Forderungen überschwemmen oder, umgekehrt, die erwachsenen Anteile des Selbst unterdrücken oder vernachlässigen die kindlichen Aspekte. Wie hier den Ausgleich finden? Da können Träume oft kreative Lösungen bringen.

Der erste Traum, der in diesem Buch erzählt wurde, war ein solcher Traum: Ein Kind erscheint dem Erwachsenen im Traum mit der Bitte – oder Forderung –, verantwortlich zu handeln. Patricks Vater kann sich mit diesem Kind im Traum identifizieren, ändert daraufhin seine Haltung und rettet somit seinem Sohn das Leben (das er ihm zuvor nicht gönnen wollte).

### Wovon Kinder träumen

Kinder haben noch viel in ihrem wachen Alltag zu bewältigen und merken sich ihre Träume selten, außer sie waren besonders beängstigend oder bizarr. Daher muss man, wenn man gründlicher wissen will, was Kinder träumen, sie sehr oft zu diesem Zweck aufwecken! Der amerikanische Psychologe und bekannteste Erforscher der Kinderträume David Foulkes hat das jahrelang mit Kindern im Alter von drei bis zwölf Jahren getan. In seinen Studien kam er zur Ansicht, die Träume würden die jeweils altersspezifische geistige Entwicklung besonders gut reflektieren und zur Darstellung bringen.

Die ganz kleinen, drei- bis fünfjährigen, Kinder erzählen nur Traumbilder, noch keine Handlungen. Sie sehen in ihrem Innenleben sozusagen Fotos, aber noch keine Filme. Am häufigsten kommen Tiere darin vor, und zwar weder die exotischen wilden Tiere noch die domestizierten Tiere, die sie gut kennen, wie Hunde oder Katzen. Die meisten ihrer Träume handeln von Kälbern, Hühnern oder anderen Vögeln. Die Tiere werden höchstens in Verbindung mit ihren körperlichen Empfindungen beschrieben: Das Tier war „hungrig" oder „es wollte schlafen". Die Traumtiere enthalten eindeutig Projektionen der eigenen Gefühle, sie stehen für Anteile des Selbst („tierische" Instinkte?).

Auffällig ist, dass Foulkes bei dieser Kleinkindergruppe kaum auf Angstträume stieß. Die Versuche fanden in einem

Schlaflabor statt, wo ringsum Personal vorhanden war; daraus konnte er schließen, dass die eigentlichen Ängste bei Kinderträumen nicht „aus dem Traum heraus" kommen, sondern aus der Situation des Aufwachens, wenn sich das Kind plötzlich herausgerissen und allein fühlt und sich in der Dunkelheit nicht zurechtfindet.

Die Erwachsenen würden überdies oft glauben, Kleinkinder hätten viele Angstträume, weil sie sich selbst besser daran erinnern – sowohl an die Träume ihrer Kinder als auch an ihre eigenen Angstträume aus früher Kindheit. Hier gilt wieder, dass wir eher das Sensationelle als das Gewöhnliche im Gedächtnis behalten – etwas, wogegen die großen Romanschriftsteller und -schriftstellerinnen, im Gegensatz zu den Zeitungsmachern, immer angekämpft haben!

Ältere Kinder träumen weniger von Tieren. Ab fünf Jahren kommen mehr soziale Interaktionen mit anderen vor und die Träume beginnen, Handlungen zu entwickeln. Der „Film" beginnt zu laufen. Ab sieben Jahren berichten Kinder, dass sie selbst in ihren Träumen vorkommen. Die Entwicklung der Raumvorstellung – die Fähigkeit, sich geografisch orten zu können, Räume miteinander zu vergleichen usw. – scheint in diesem Alter ein Hauptfaktor für die Reichhaltigkeit der Traumproduktion zu sein. Das trifft sich mit einer zunehmend anerkannten wissenschaftlichen These, dass geografische Ortungsfunktionen – die Fähigkeit, sich innere Bilder oder Filme vom Terrain, von Landschaften zu machen – evolutionsbiologisch für die Entwicklung der Traumtätigkeit verantwortlich waren (s. Kapitel „Wozu träumen wir?").

Die angenehmsten Träume scheinen Kinder zwischen elf und 13 Jahren zu haben und sie kommen selbst darin viel öfter vor. Foulkes bemerkt, dass ihre Handlungen im Traum jetzt viel sozialer werden und dass wesentlich mehr förderliche als hinderliche Situationen in den Träumen vorkommen. Allerdings könnte man das auch kritischer sehen. Gerade in diesem Alter treten die Kinder in die Wirren der Vorpubertät ein, so könnten diese Träume auch einer „kompensatorischen" Funktion – einer schlichten Wunscherfüllung – dienen.

Dass diese Kompensation nicht auf Dauer glücken kann, zeigt der auffallende Bruch, der in diesen Studien nach dem 13. oder 14. Lebensjahr bei fast allen Kindern stattfindet. Er scheint wie eine Art von Rückschritt im Traumleben, denn die bewegten Handlungen verschwinden wieder zugunsten der „Einzelfotos", es gibt eine Zeitlang kaum mehr Menschen oder soziale Interaktionen, als könnte die Traumarbeit etwas Neues noch nicht recht verarbeiten.

Foulkes erklärt dieses Phänomen aus der kognitiven Entwicklung des Heranwachsenden. In diesem Alter beginnen Jugendliche ihre Handlungen durch die Augen anderer zu betrachten. Die Interaktionen im Traum müssten nun viel komplexer werde, denn man wird jetzt gleichzeitig immer mehr zum Handelnden wie auch zum sich dabei Beobachtenden. Die Frage, wie man sich im Traum „positioniert", wird immer kritischer. Das ist auch wörtlich zu nehmen. Jugendliche mit stärkerer Raumorientierung meistern diese Phase der Traumentwicklung besser und schneller als andere.

Ich kann mich an gar keine Träume aus meiner frühesten Kindheit erinnern, was auch daran liegen mag, dass meine Eltern mit mir von London nach Berlin zogen, als ich zwei Jahre alt war, und mit vier Jahren wieder nach London zurück. Danach war ich damit beschäftigt, meine ursprüngliche Sprache – ein Baby-Berlinerisch – zu vergessen und mir das Englische als neue Muttersprache anzueignen. Das war für die Kodierung und Erinnerung meines Traumlebens sicher nicht günstig, vielleicht wurden sie mir deshalb später im Leben so wichtig.

Ich kann mich aber lebhaft an Angstträume im Alter von etwa neun oder zehn Jahren erinnern. Es war zum Zeitpunkt des Kalten Krieges, als die allgemeine Angst vor einem möglichen Atomkrieg auch einem Kind nicht verborgen bleiben konnte – in den Zeitungen standen Anweisungen zum Bau eines Atombunkers usw. Ich träumte: *Feindliche Flugzeuge fliegen über unser Haus, die einen von Westen aus den USA, die anderen aus der Sowjetunion im Osten – wenn sie sich treffen, wird die Hölle ausbrechen.*

Dazu fallen mir heute mehrere Dinge ein. Als ich am Ende des Krieges in einer Londoner Klinik geboren wurde, fielen gerade die deutschen V2-Raketen auf die Stadt und in der Umgebung der Klinik nieder. Meine Mutter erzählte mir, dass sie große Angst hatte und nicht wusste, ob wir beide diese Angriffe in der Nacht überleben würden. Als Kind hatte man mir erzählt, dass unsere vormals größere Familie durch die Flucht vor den Nazis auseinandergerissen wurde. Ich hatte somit Cousins in Washington DC in den USA und auch in Kiew in der Sowjetunion, die ich alle noch nie gesehen hatte. Wir aber waren in London in der Mitte von beiden, zwischen den bedrohten und bedrohlichen Kampfparteien. Als letzter Einfall: Meine Eltern konnten beide recht starrköpfige Menschen sein – ihre Streitigkeiten wurden in der kleinen Wohnung gelegentlich sehr explosiv ausgetragen. So unterschiedliche Stränge weben sich in meiner Rückschau in diesen Träumen zusammen.

Ich habe einige Träume meiner eigenen Kinder notiert, aber nur wenn sie mir spontan erzählt wurden, was selten vorkam. Meine Tochter (damals zwölf Jahre alt) träumte: *Ein Mann mit schwarzen Handschuhen will zwei Pudel vergiften, ich habe Angst, das Gift könnte von den Tieren auf mich übergehen. Der Mann jagt mich mit einem Revolver, aber ich greife zu meinem Haarföhn (!) und drücke ihn ihm auf den Kopf. Da kommt Blut und noch etwas Grausliches heraus. Dann sitze ich neben meinem älteren Bruder vor dem Fernseher. Er fällt auf einmal tot um, ich bin sehr schockiert.*

Etwas später träumte sie: *Die Schuldirektorin* (die auch ihre Geografie-Lehrerin war und mit einem Orthopäden verheiratet!) *sagt mir, ich schreibe „bucklert", zu sehr vornüber gebeugt, und sie schafft mir einen neuen Schreibtisch an. Aber dieser neue Schreibtisch ist so steil, dass mir alles davonfliegt.*

Ihr Bruder, damals 14-jährig, erzählte mir fast gleichzeitig folgenden Traum: *Ich habe eine Art Buckel, ein Gewächs am Rückgrat, das steht so scheußlich hervor. Ich komme zu euch Eltern und frage: „Was ist das?" Ihr sagt mir, das ist eine Seu-*

che, aber ich soll mir nichts daraus machen, das haben viele berühmte Menschen gehabt, wie Schubert zum Beispiel. (Die Nähe von „Schubert" zu seinem Namen „Mendelssohn" lässt sich nicht leugnen!)

### Seniorenträume

Der Blick auf die typischen Träume älterer Menschen wird hier ein kurzer sein, denn er macht uns nicht unbedingt froh. Angenehm mag sein, dass die Angstträume im Alter im Allgemeinen abnehmen, es kommen immer weniger schwerwiegende zwischenmenschliche Konflikte vor; dafür gibt es leider immer öfter die Beschäftigung mit Desorientierung, Vergesslichkeit, Krankheit und Tod.

Mein Vater hatte noch am Sterbebett skurrile und amüsante Träume. Hier der letzte, den er mir erzählte: *Es sind zwei kleine Männlein, recht vergnügte, sie heißen Tit und Tat. Sie diskutieren miteinander und gehen um die Erde herum – das ist ihre Aufgabe.*

Es ist eine gute Erinnerung an ihn, er hat sich selbst in diesem Traum mit spitzer Feder treffend charakterisiert. Ein geborener Dialektiker und Diskutant (auch vom Sternzeichen Zwilling!), konnte er sich leidenschaftlich und lebenslang mit dem Für und Wider von allen möglichen Fragen beschäftigen, er war auch selbst immer an skurrilen und sonderbaren Geschichten und Personen interessiert.

Bei meinen eigenen Träumen stelle ich beim Älterwerden die typischen unglücklichen Merkmale leider auch fest. Aber gelegentlich freue ich mich über witzige, kreative oder doppelbödige Traumszenen. Vor kurzem zum Beispiel diese: *Ich träume, ich bin Filialleiter beim BILLA-Supermarkt in der Alser Straße und habe sehr viel zu tun, denn ich muss die verschiedenen Abteilungen überschauen, diverse Konsumenten befriedigen etc. Ich verwickle mich in einige halbherzige erotische Abenteuer mit gewissen Damen in der Filiale* (die mich auch vage an verflossene Liebschaften erinnern!), *aber daraus wird nichts, denn das Geschäft ist hier meine Hauptaufgabe.*

Mein erster Einfall zum Traum war, dass ich mich vor kurzem in derselben BILLA-Filiale darüber beklagt hatte, dass durch den Umbau der Platz für das Ausladen der Ware an der Kassa nun für den Käufer viel schmaler und eingeengter geworden war. Jetzt aber war ich im Traum selbst der Verantwortliche, der sich um solche Sachen kümmern müsste!

Der Traum scheint auch für mich persönlich irgendwie „typisch" zu sein, denn er erinnerte mich an einen viel früheren Traum, in dem ich mich in einer Bäckerei zusammen mit meiner Frau darüber beklagt hatte, dass die Backwaren zu teuer waren. Dann kam ein Schnitt oder Szenenwechsel im Traum und ich und meine Frau waren jetzt die Besitzer einer Bäckerei, wir mussten früh aufstehen, die Ware auslegen und Angst haben, dass keine Käufer hereinkommen.

Der Konsument in mir darf sich also nicht beklagen, sonst muss er selbst gleich zum Produzenten werden. Lieber würde ich die Sache selbst in die Hand nehmen als mit meiner Empörung zurückbleiben. Aber ob ein solches Geben immer seliger macht als das Nehmen, möchte ich in meiner Lebensrückschau doch bezweifeln.

### Können Blinde träumen?

Ja. Blindgeborene allerdings anders als später Erblindete, denn ihre Träume können keine visuelle Bilder enthalten. Dafür sind sie viel reicher an anderen Sinneseindrücken – Geräuschen, Stimmen, Gerüchen – und enthalten Örtlichkeiten, Personen und durchgehende Handlungen. Bei den später Erblindeten sind visuelle Bilder noch stark in den Träumen vorhanden, auch wenn sie mit den Jahren zurückgehen. Diese Personen berichten oft und meist erfreut von ihren Träumen, weil sie sich darin „sehenden Auges" viel freier und sicherer bewegen können als im realen Wachleben.

# Alpträume,
## Traumserien
### und Traumdiagnostik

*Wenn das Publikum keine Alpträume hat,*
*ist ihm sofort langweilig.*

THOMAS BERNHARD

\* \* \*

*Ich hatte Träume und ich hatte Alpträume, aber ich habe*
*wegen meiner Träume die Alpträume überwunden.*

JONAS SALK

\* \* \*

*Wasn't thinking of anything specific*
*Like in a dream when someone wakes up and screams*
*Nothing truly very scientific*
*Just thinking of a series of dreams*

BOB DYLAN

## Alpträume

Ich habe – nach Durchsicht meiner Aufzeichnungen – selten Alpträume, und das ist auch normal. Alpträume sind selten, statistisch gesehen, aber sie beeindrucken uns stark, wie eine besondere Herausforderung, die unser Unbewusstes an uns stellt, und sie haften oft lange in der Erinnerung. Sie gehören drei sehr unterschiedlichen Kategorien an:

1) *Pavor nocturnus,* die nächtliche Panikattacke
2) REM-Alpträume
3) Post-traumatische Belastungsträume

Als ich mit der Arbeit an diesem Buch begonnen hatte – ich logierte gerade in einem Fremdenzimmer, das überheizt war und mit sehr trockener Luft –, erlebte ich Folgendes:

*Ich wache mitten in der Nacht auf, wie direkt aus einer Panik-attacke* (die ich sonst in dieser Art nie im Wachleben gehabt habe – allerdings arbeite ich gerade mit zwei Patienten, die stark darunter leiden). *Ich hechle, kriege keine Luft, spüre einen starken Druck auf der Brust, mit wild gewordenem Herzrasen. Ich liege fast eine Stunde lang wach und versuche mich zu beruhigen. Gut, ich stand in den letzten Wochen tatsächlich sehr unter Druck, vielleicht kommt das jetzt auf diese Weise hoch? Aber die Todesangst beim Aufwachen lässt mich daran denken, dass hier eine tiefer liegende Angst vorm Sterben mit im Spiel sein könnte.*

*Endlich schlafe ich wieder ein und habe einen langen komplexen Traum mit vielen Details aus meinem gegenwärtigen privaten und beruflichen Leben. In diesem Traum bin ich auf*

*einmal um vieles älter, ein gebrechlicher Tattergreis geworden,*
*der in einem Pflegeheim untergebracht wird. Ich habe eine sehr*
*wertvolle Geige in der Straßenbahn gefunden und will, dass der*
*Musiker, der sie verloren hat, sie zurückerhält. Aber die diver-*
*sen Personen, die ich darauf anspreche, wollen mich nicht ernst*
*nehmen, sie betrachten mich als verwirrt, obwohl ich weiß, dass*
*ich noch klar im Kopf bin.*

Im ersten Teil des Berichts erlebe ich eindeutig den *Pavor nocturnus* (1). Die nächtliche Panikattacke ist eigentlich kein richtiger Traum, sondern kommt aus dem tiefen NREM-Schlaf, meistens in der ersten Periode der Nacht. Sie beginnt, bei insgesamt vier Prozent von allen Kindern, im Alter zwischen vier und zwölf und verschwindet allmählich in der Adoleszenz. Später kann sie gelegentlich zwischen 20 und 40 wiederkehren, ab 40 ist sie allerdings äußerst selten. Die körperlichen Veränderungen – der Herzschlag kann sich aufs Drei- oder Vierfache steigern, was sonst nie im Wachleben passiert – gehen nicht auf ein Traumbild zurück, sondern werden durch den schnellen Wechsel vom Tiefschlaf in einen wachähnlichen Zustand mit normalen Alpha-Wellen verursacht.

Im zweiten Teil des Berichts, nachdem ich mich etwas beruhigen konnte, folgt dann ein komplexer Traum, in dem die letzten Gedanken vor dem Einschlafen über das Altwerden und Sterben in eine figurative, dramatische und für mich sehr aufschlussreiche Handlung verwoben sind. Es war kein angenehmer Traum mit den Gefühlen von Schwäche und Frustration, aber es war ein hilfreiches Narrativ, um mich zu beruhigen, und auch kein richtiger Alptraum.

REM-Alpträume (2) befallen alle möglichen Menschen in verschiedenen Lebensaltern und scheinen in Zeiten von emotionaler Belastung häufiger zu sein. Hier sind keine besonderen körperlichen Veränderungen im Labor zu beobachten. Typisch dafür sind Traumhandlungen, die in einer Katastrophe enden müssten, bevor der Träumer rechtzeitig aufwacht (z. B. gejagt und verfolgt werden, mit dem Auto über einen Abhang fahren usw.)

Eine Frau berichtet hintereinander zwei Träume: *Ich bin wie ein Mönch, oder eine Asketin, auf Wanderschaft. Ich komme zu einer Hütte, aber sie ist zu klein und primitiv für mich, dort kann ich nicht aufrecht stehen, also gehe ich weiter und komme zu einem Kloster, wo ich bleiben kann. Aber ich halte die vielen Regeln und Einschränkungen dort nicht aus. Ich rede darüber mit dem Obersten, aber er beschwichtigt mich nur mit harmonisierenden Antworten. Also ziehe ich weiter.*

*Dann habe ich einen zweiten Traum. Ich komme in ein Haus mit jemandem zusammen. In diesem Haus passieren ganz schreckliche Dinge, Menschen werden aufgeschnitten, das Böse scheint in diesem Haus durch alle offenen Fenster und Türen hinein- und hinauszufahren. Ich habe wahnsinnige Angst, wie ich hier wieder herauskomme, und wache auf. Es war ein richtiger Alptraum.*

Ja, der zweite war ein „richtiger" Alptraum aus der REM-Phase, aber durch den ersten Traum, der ihn einleitet, können wir seine sexuelle Herkunft besser verstehen. Die Frau ist am Anfang einer Psychotherapie. Bislang hat sie sexuell eher abstinent gelebt (die Asketin), aber sie ist nicht zufrieden damit. Die Hütte, zu der sie im ersten Traum kommt, könnte meine Praxis sein, wenn sie befürchtet, sie könnte sich in der Therapie beschämt und klein gemacht fühlen (nicht aufrecht stehen), was ihren Stolz verletzen würde. Eine zweite Möglichkeit ist dann, dass die Therapie zu einer Art Kloster wird, wo es dazugehört, dass sexuelle Themen keinen Platz haben. Aber diese Einschränkung würde sie auch nicht aushalten, ebenso wenig wie irgendwelche Beschwichtigungen von mir (in meiner Gestalt als Abt).

Im darauf folgenden Alptraum ereignet sich die scheinbar allerschlimmste dritte Möglichkeit – dass die verdrängten aggressiven und sexuellen Fantasien hochkommen und sich derart miteinander in der Therapie vermischen (die offenen Fenster und Türen), dass sie nicht mehr weiß, wie sie da heil herauskommen kann.

Im weiteren Verlauf der Analyse gelang es dieser sehr ehrlichen und hochmotivierten Patientin trotz ihres Stolzes, ihrer Scham und ihrer besonderen Verletzlichkeit, dies alles zu überwinden und sich zunehmend freier über ihre geheimen Ängste und Wünsche zu äußern. Als Folge davon konnte sie eine neue intime Beziehung aufnehmen, die ihr Stärke und Zärtlichkeit bot und für sie auch sexuell sehr beglückend war. Wie oft im Leben verband sich die Aufnahme dieser neuen Intimbeziehung mit einer Richtungsänderung im Beruf.

Die post-traumatischen Belastungsträume (3) kommen sowohl im REM- als auch im tiefen NREM-Schlaf vor. Aber sie kommen in gewissem Sinne auch im Wachleben vor, in Form von plötzlich hereinbrechenden Erinnerungen („flashbacks") an das ursprüngliche Trauma, die durch kleine Alltagsereignisse – fremde Uniformen, laute Geräusche, unerwartete sexuelle Annäherungen etc. – ausgelöst werden.

Das ursprüngliche Trauma – das nicht immer gleich als solches erkannt wird, vor allem wenn es in der frühen Kindheit stattfand – wiederholt sich in Bruchstücken in solchen Alpträumen. Die Träume stellen bestimmte Szenen oder Aspekte des erlebten Traumas dar (manchmal sind es sogar nur die Farbe eines Kleids oder eine besondere Landschaft, die darauf verweisen), begleitet von heftigen Gefühlen wie rasender Wut, Todesangst oder intensiver Trauer. Häufige Alpträume dieser Art wurden bei 68 Prozent von behandelten Vietnam-Veteranen in den USA festgestellt. Die Dunkelziffer, wie auch bei Vergewaltigung, Folter usw., ist wesentlich höher, da viele Opfer gar nicht zu einer Behandlung kommen.

Eine mutige und begabte Frau, die trotz stetiger Prügeleien und mehrfacher Vergewaltigungen im Kleinkindalter ihren Geist nicht brechen ließ, obwohl sie schwer unter den Spätfolgen zu leiden hatte, träumte am Anfang der Behandlung wiederholt wie folgt:

*Ich bin im Elternhaus, ich weiß nicht, ob ich noch ein Kind bin oder erwachsen, so wie heute. Ich gehe die Stiege hinunter und sehe, unten wartet ein furchtbarer, riesiger Grizzlybär auf mich. Ich habe panische Angst und weiß, dass ich hier nicht entkommen kann.*

*Ich gehe durch den Wald und fürchte mich. Ich sehe einen großen Panther, der sich im Busch bewegt, dann springt er auf mich zu, ich weiß, er wird mich zerreißen.*

*Ich bin in einem kleinen Zimmer eingeschlossen, meine Schwester ist dabei. Sie sagt: „Jetzt kommt er!", dann höre ich ein wildes Schnauben und Fauchen, ein Hämmern an der Tür und weiß, dass ein Monster gleich einbrechen wird.*

Allmählich, im Lauf einer sehr langen Behandlung, erinnerte sich die Frau an immer mehr Einzelheiten von den Misshandlungen in ihrer Kindheit. Die Tiere wurden in den Träumen zunehmend durch reale Personen aus der Familie ersetzt. Sie benützte auch ihr Talent zum Malen und Schreiben dazu, um diesen heftigen Gefühlen eine Ausdrucksform zu verleihen. Mit der Zeit ließen auch die Alpträume nach, obwohl sie nie ganz verschwanden und bei manchen belastenden Lebenssituationen noch wiederkehren können. Dafür begann sie sich auch an angenehme, witzige oder kreative Träume zu erinnern, die mehr ihrem eigentlichen Naturell entsprachen.

### Wiederholungsträume und Traumserien

Viele Menschen haben ihre eigenen „typischen" Träume: jene, die immer wiederkommen. Am öftesten wird von Prüfungsträumen berichtet, von bedrohlichen Überschwemmungen, Verspätung bei Zugreisen und von Träumen, in denen man ein unbekanntes Zimmer in der eigenen Wohnung entdeckt. Wiederholen sich solche Themen in Träumen, deutet es auf einen ungelösten inneren Konflikt, der sich in bestimmten Lebenssituationen immer wieder bemerkbar macht.

Aber niemand träumt zweimal den gleichen Traum. Das wird uns in der psychotherapeutischen Behandlung augenscheinlich – wenn wir genauer hinschauen, sind die Details in keinem Traum ganz gleich. Wenn wir den Einzelheiten (Ort, Kleidung, Bewegungsarten usw.) mehr Aufmerksamkeit schenken, Assoziationen und Einfälle dazu einholen, verändern sich die Einzelheiten und auch die Gesamtstimmung im Traum.

Der englische Psychoanalytiker Charles Rycroft schildert den Fall eines Patienten, der wiederholt träumte, *er versuche vergeblich zum Haus seines Vaters zu gelangen.* Im Lauf der Behandlung veränderte sich der Traum: *Er träumt wiederholt davon, dass er sich dem Haus nähert, dann, dass er hereingekommen ist, dann, dass er sich im Arbeitszimmer des Vaters befindet, das aber von jemand anderem besetzt ist, dann davon, dass er ein Zimmer findet, wovon er zunächst glaubt, es ist sein eigenes, aber es gehört seinem Bruder, bis er am Ende davon träumt, dass er ein Zimmer im Haus seines Vaters findet, das sein eigenes ist.*

Wie bereits erwähnt, träumt jeder von uns in jeder Nacht eine ganze Serie von Träumen, mit einem eigenen Themenaufbau und mit potenziellen Ausgangsmöglichkeiten. Von dieser Serie erinnern wir uns dann meistens nur an den allerletzten Traum vor dem Aufwachen.

Eine Traumserie kann sich auch über einen längeren Zeitraum erstrecken, über Wochen oder Monate, sogar über den ganzen Verlauf einer psychotherapeutischen Behandlung. In mancherlei Hinsicht, wie ich aus meinen Aufzeichnungen sehe, kann man eine Serie von Träumen – in der Variation und Verarbeitung ganz bestimmter Themen – über 40 Jahre

Lebenszeit oder mehr feststellen. Welche Themen kommen hier vor und wie werden sie variiert?

Eine klassische Vergleichsstudie (von Horst Kächele und Christoph Fischer) wurde über Träume gemacht, die in zwei verschiedenen Behandlungen, einer Analyse nach Freud und einer Psychotherapie nach C. G. Jung, berichtet wurden. Bei den Träumen in der Anfangsphase zeigten sich keine nennenswerten Unterschiede, aber im späteren Verlauf wurden stärkere Differenzen festgestellt. Die Patienten in der Therapie nach C. G. Jung erzählten zunehmend Träume mit archetypischen Figuren, esoterischer Wandlungssymbolik und Hinweisen auf religiöse oder mythologische Erzählungen. Die Patienten in der Freud'schen Analyse erzählten eindeutig mehr Träume mit sexuellen und aggressiven Inhalten, die verwendeten Symbole ließen sich leichter mit Freud'schen Konzepten in Einklang bringen.

Wir können diese Träume ruhig auch in die Kategorie der sogenannten „Gefälligkeitsträume" einreihen, denen wir auch in anderen Situationen manchmal begegnen. Der Träumer träumt seinen Traum mit dem bewussten Wunsch oder der Erwartung, ihn jemand anderem zu erzählen, und gestaltet den Traum so, dass er annehmen kann, er wird diesem anderen auch gut gefallen!

Etwas von diesem Effekt können wir in der klinischen Praxis manchmal bemerken, wenn der Patient in die Stunde kommt und freudig verkündet: „Ich hatte einen Traum!" Nichts dagegen einzuwenden, jeder Traum steht für sich, aber für die psychotherapeutische Behandlung sind oft jene Träume am interessantesten, die am Anfang der Stunde gar nicht mehr bewusst sind und erst später auftauchen; der Patient spricht länger von irgendetwas anderem und sagt auf einmal: „Da fällt mir der Traum ein, den ich gestern hatte!" Solche Träume „kommen wie gerufen" und sind oft ergiebiger – man muss dann das ganze Vorangegangene wie Einfälle zum latenten Traumgedanken betrachten.

Allerdings zeigte die Studie auch, dass diese Gefälligkeitsträume (in der Freud'schen Schule sprechen wir von der „Übertragungsbeziehung zum Therapeuten") mit der Zeit wieder nachlassen. Am Ende der jeweiligen Therapien waren die Träume wieder nicht mehr voneinander zu unterscheiden. In beiden Fällen waren sie durchwegs optimistischer und konstruktiver als am Anfang der Therapie, aber die Themen und Symbole waren nicht mehr klar der einen oder anderen Schule zuzuordnen.

Am besten sind die Traumserien von schwer traumatisierten Patienten während einer längeren psychotherapeutischen Behandlung dokumentiert und untersucht worden. Hier lässt sich am deutlichsten anhand eines Kodierungssystems (das wir im Kapitel „Traumforschung heute" erläutern werden) zeigen, wie sich der Charakter der Träume im Lauf einer solchen Serie verändert.

Zunächst ist der Träumer meist in seinem Traum allein und passiv, es passieren schreckliche Dinge, auf die er keinen Einfluss hat. Seine Hauptsorge im Traum ist die *Sicherheit* für sich selbst oder für andere. Mit der Zeit nehmen die sozialen Interaktionen in den Träumen zu, das Prinzip der Sicherheit weicht mehr dem Prinzip der *Involviertheit*. Der Träumer erlebt sich weniger passiv in seinen Träumen, er engagiert sich mehr für mögliche Strategien, um mit den Gefahren oder Katastrophen umzugehen.

Wenn Sie selbst ein Traumtagebuch über einen längeren Zeitraum führen, werden Sie genauer erkennen, welche Ihre typischen Themen sind, wie sie sich in Serie weiterentwickeln oder – in Perioden der Niedergeschlagenheit oder der Erschöpfung – auch stagnieren und sich im Kreis drehen können. Anhand meiner eigenen Traumaufzeichnungen kann ich deutlich sehen, in welchen Lebensperioden ich in einer besonderen Aufbruchsstimmung war, große Angst vor Veränderungen hatte oder eine längere Depression durchlitt.

Zwei Themen kommen in meinen eigenen Träumen immer wieder vor, die ganze Lebenszeit hindurch, und sie scheinen mich für den Beruf des Psychoanalytikers bestimmt zu haben. Das eine Thema, gebe ich unumwunden zu, ist die Sexualität in allen möglichen Varianten: als intime Zärtlichkeit, als wilde Orgie, als misslungenes Experiment, als erfolgreiche Eroberung oder überraschtes Erobert-Werden, meist mit Frauen, manchmal aber auch mit Männern, manchmal unpassend oder frustrierend, manchmal wohltuend und beglückend, aber nur selten von Schuldgefühlen begleitet. Das zweite Thema, das immer wieder auftaucht, sind Gruppen oder Sekten, esoterische Gemeinschaften mit älteren Anführern, die mir meist verdächtig werden – ihre Motive scheinen mir mehr von Macht oder Geld geprägt zu sein als vom Gewinn echter Erkenntnis.

Darin sehe ich auch das Motiv einer Suche nach einem väterlichen Ideal – der Wunsch nach dem idealisierten Vater in einer Gemeinschaft, an dem man sich orientieren könnte, der aber am Ende leider immer wieder etwas zwiespältig wirkt. Fazit: Die Enttäuschung führt einen dazu, selbst sein eigener Vater werden zu müssen – mit allen Fehlern und Schwächen – und sich die eigene Richtung vorzugeben.

Inzwischen mehrfacher Großvater geworden und weniger damit belastet, sehe ich nun vielmehr die beruflichen Aspekte meines Lebens in diesen Träumen gespiegelt; das gesamte Thema wirkt auf mich wie ein immer wiederkehrendes unterschwelliges Hinterfragen meiner eigenen Disziplin (und ihrer Praktiker!), wie auch meiner persönlichen Motivation und Haltung dazu.

### *Traumdiagnostik 1: Körperliche Erkrankungen*

Was können uns Träume über verborgene oder bevorstehende körperliche Erkrankungen mitteilen? Ist nicht anzunehmen, dass wir im Unbewussten besser über unsere körperliche Verfassung Bescheid wüssten als im Alltag, wo wir davon abgelenkt werden? Haben die Schwangerschaftsträume uns nicht schon Auskunft über diese Verbindung zwischen dem Traumleben und dem Zustand des Körpers gegeben?

So dachten zumindest Aristoteles und Hippokrates in der Antike und wollten Krankheiten aus den Träumen heraus diagnostizieren, von den Traumbildern auf organische Schwachpunkte im Körper schließen. Was sagt nun die heutige Traumforschung dazu?

Sie hält sich bedeckt. Stichhaltige Untersuchungen dazu kann es nicht geben, weil wir keine „Kontrollgruppe" zum Vergleich haben. Wie bei den telepathischen oder „prophetischen" Träumen lässt sich hier kein Urteil darüber bilden, ob solche Träume bloß statistische Zufallstreffer oder doch bedeutungsvolle Produkte des Unbewussten sind. Aber hier ein merkwürdiger Vorfall:

Eine Frau berichtet folgenden Traum: *Ich wohne in einem Haus mit Garten und nebenan wohnt meine Schwester, auch in einem ganz gleichen Haus mit Garten* (sie hat wirklich eine identische Zwillingsschwester, die aber in einer anderen Stadt lebt). *Im Traum wache ich eines Morgens auf* (!) *und schaue aus dem Fenster. In meinem Garten blüht alles aufs prächtigste! Aber im Garten meiner Schwester nebenan ist alles ausgetrocknet und verdorrt.*

Man kann sich aus dem Erzählten leicht vorstellen, dass hier ein Rivalitätskonflikt mit der Schwester zum Ausdruck kommt. Der Garten, der hier direkt mit Fruchtbarkeit verbunden wird, verweist darauf, dass die Frau in der Realität eine Tochter und Familie hat, während ihre Schwester kinderlos geblieben und alleinstehend ist. Diese und verwandte Assoziationen beschäftigen uns in der darauffolgenden Stunde.

Es folgt eine mehrwöchige Pause, bis wir uns wiedersehen. Inzwischen ist bei ihrer Schwester eine schwere Nierenerkrankung festgestellt worden – sie hatte einige Symptome gespürt, aber die Ärzte hatten das bislang übersehen. Die Frau besucht ihre Schwester im Krankenhaus, die ihr erstmals davon erzählt und sagt: „Ich wollte immer nur trinken, ich habe mich die ganze Zeit so ausgetrocknet gefühlt."

„Also, da sehen Sie", sagte die Frau zu mir, „Sie wollten ja in meinem Traum die sexuelle Symbolik sehen und die Rivalität mit meiner Schwester – dabei habe ich eigentlich von ihrem körperlichen Zustand geträumt! Es ist nicht das erste Mal, das mir so etwas passiert ist, ich kriege es sehr schnell mit, wenn mit ihr etwas nicht in Ordnung ist."

Darauf konnte oder wollte ich nichts sagen. Meine Philosophie deckt sich hier mit der von Hamlet in Shakespeares gleichnamigem Drama, wenn dieser zu seinem Freund Horatio sagt: „Es gibt mehr Dinge im Himmel und auf Erden, Horatio, als deine Schulweisheit sich erträumen kann." Wer die Träume erforscht, tut gut daran, im Wachleben ein Skeptiker zu bleiben, aber es ist leicht, der Faszination dieser Geschöpfe der Nacht und ihren vielfältigen Gestaltungsformen zu erliegen.

Bei mir selbst finde ich kaum Träume mit spezifischerer Krankheitsthematik und zum Glück keinen, der eine Wahrsagekraft gehabt hätte. Das gilt besonders für diesen Traum, den ich vor sehr langer Zeit hatte:

*Ich habe Krebs im Endstadium und muss sterben. Ich besitze nichts außer einem Betteinsatz, mit dem ich auf die Straße gehen muss, um zu schlafen. Dies soll meine letzte Nacht sein, aber es gelingt mir nicht zu sterben. Es kommen Leute vorbei und verwickeln mich in Gespräche: Polizisten, Kleinkriminelle. Ich soll vielleicht auch verhaftet werden, aber man nimmt Abstand davon, weil es klar ist, dass ich ohnehin im Sterben liege. Ich sehe, wie schwer es ist zu sterben, die Leute lassen einen* einfach nicht und man kann auch selbst so schwer vom Leben lassen ...

Der Traum, der nichts Körperliches, aber viel seelische Symbolik enthält, bringt auf fast Comic-artige Weise meinen bevorstehenden Tod mit einem Jüngsten Gericht zusammen – Polizisten, Kleinkriminelle, die Verhaftung usw. Aber ich kann mich im Traum diesem moralischen Urteil über mein Leben geschickt entziehen, weil ich ohnehin todkrank bin! Aber wirklich sterben will ich dann doch nicht.

Berührend hingegen ist folgender Traum, zitiert von Ella Freeman Sharpe, den eine 81-jährige Frau drei Tage vor ihrem Tod berichtet hat: *Ich sah alle meine Krankheiten um mich versammelt und wie ich hinsah, waren sie keine Krankheiten mehr, sondern Rosen. Ich wusste, dass man die Rosen pflanzen würde und dass sie dann wachsen.*

### Traumdiagnostik 2: Psychische Erkrankungen

Ganz anders einzuschätzen ist der diagnostische Wert von Träumen, die auf *seelische* Störungen oder, wie man früher so schön gesagt hat, „Gemütserkrankungen" schließen lassen.

Wie wir bereits gesehen haben, ist der einzelne Traum keine verlässliche Indikation, dazu eignen sich Traumserien und Wiederholungsträume besser. Der einzelne Traum kann eine vereinzelte Reaktion auf eine momentane Verfassung sein – jeder darf ab und zu mal etwas paranoid oder depressiv sein, dazu gibt es genug Anlass im Leben. Aber als Dauerzustand oder bei häufigen Wiederholungen sollte man doch an professionelle Hilfe denken.

Wir haben bereits jene Träume erwähnt, die eine Psychose einleiten können. C. G. Jung schildert einen solchen bei seinem Patienten und ich hatte den Fall einer Frau (bei den „Fallträumen") erwähnt, als wir mit ihren „Abgrundträumen" nicht weiterkamen und sie in die Klinik musste. Bereits im Alten Testament wird Daniel mit einem derartigen Traum konfrontiert. Der König Nebukadnezar berichtet ihm, *er habe von einem riesigen fruchtbaren und schattigen Baum geträumt und ein himmlischer Bote kam und haute den Baum um. Dann wurde er, der König, sieben Jahre lang zu einem Tier auf der Erde, er hatte ein viehisches und kein menschliches Herz mehr.* Daniel sagt ihm, er wird die nächsten sieben Jahre im Wahnsinn verbringen, was dann auch zutrifft.

Es ist nicht immer leicht, bei akuten Psychotikern zwischen einem Traum und einer Wahnvorstellung zu unterscheiden. Träume, die als solche *erinnert* werden, können vor Ausbruch oder nach dem Abklingen der Psychose erzählt werden, aber in der Psychose selbst kann der Patient etwas von einem „Traum" erzählen (weil es so verständlicher klingt?), der aber in Wahrheit der tatsächliche geistige Zustand ist, in dem er sich gerade zu befinden meint.

Einer meiner ersten Patienten war ein suizidal depressiver junger Mann, ohne Ausbildung, aber mit kunsthandwerklicher Begabung, der mir öfters folgenden Wiederholungstraum erzählte: *Ich warte im Gefängnis auf meine Hinrichtung. Manchmal bin ich allein in der Zelle, manchmal sind andere da. Ich werde abgeholt, man marschiert mit mir zur*

*Hinrichtungsstätte, eine Guillotine. Ich lege meinen Kopf hinein, höre das Beil hinuntersausen und wache auf.*

Dazu wollten ihm keine Details einfallen, auch Fragen oder Deutungsversuche von meiner Seite („Was war Ihr Verbrechen, warum wurden Sie bestraft?" „Wer waren die anderen?" „Sie fürchten, den Kopf zu verlieren, das heißt, wieder in die Psychiatrie zu kommen?") brachten keinen Erfolg. Auch ein kreativer Gedanke meines Supervisors: „Fragen Sie ihn, was nach dem Tod kommt? Gibt es ein Jüngstes Gericht, oder was erlebt er dann danach?" bewirkte nichts. Ich musste einsehen, hier erzählte der junge Mann mir keine echten Träume der Nacht, sondern seine Halluzinationen: Er *lebte* in diesem Zustand.

Es ist lange her und ich weiß nicht, ob der Mann, der heute nicht mehr jung wäre, noch am Leben ist und was aus ihm geworden ist. Er gab mir drei kleine Skulpturen, die er selbst angefertigt hatte, die noch heute bei mir stehen – ein betender Engel, ein Totenschädel und eine Taube.

Manche Traumserien (und Wiederholungsträume!) weisen auf charakterliche Eigenschaften hin, die nicht immer so ausgeprägt sein müssen, um sie neurotisch oder pathologisch zu nennen.

Vereinsamung und Verlassenheitsgefühle bei Depressionen drücken sich direkt in jenen Träumen aus, in denen entweder keine anderen Menschen vorhanden sind, oder wenn sie da sind, ignorieren oder übersehen sie einen.

Es ist auch kein Zufall, dass besonders ordentliche, bis ins Zwanghafte gehende Menschen von Angst- oder Alpträumen berichten, in denen alles außer Kontrolle gerät. Vorübergehende Identitätskrisen, aber auch dauerhafte Entfremdungsgefühle bei Menschen des schizoiden Typs äußern sich in Träumen, in denen die Identität kontrolliert und man nach Ausweisen und Dokumenten gefragt wird, die man nicht vorweisen kann.

Hier ist auch immer die Frage der „Persona" oder des „falschen Selbst" im Spiel. Was mache ich den anderen vor über mich und wie fühle ich mich dabei in mir selbst?

Menschen, die sehr viel Aufwand betreiben müssen, um diese Art von „offiziellem" falschem Selbst aufrechtzuerhalten, haben öfters Träume von hereinbrechenden Katastrophen – Luftangriffe, kriegerische Invasionen, UFOs, die landen könnten –, die ihre Angst darstellen: Was passiert, wenn die Abwehr nicht mehr gelingt? Dann brechen die abgespaltenen, hinausgelagerten oder entfremdeten Anteile des Selbst wieder hinein.

Donald Winnicott, der britische Analytiker, der den Begriff geprägt und entwickelt hat, meinte, wenn das „falsche Selbst" während der Analyse allmählich abbröckelt, kommt nicht gleich ein strahlendes „wahres Selbst" zum Vorschein. Zuerst kommt sehr viel Wut (die Kriege und Invasionen!) hervor – Wut darüber, dass man so viel Zeit im Leben mit dem Vormachen und Vorspielen für andere verschwendet hat, ohne jeden echten Gewinn.

„Ein Mensch", sagte Freud einmal, „muss außer dem Mitleid für andere auch Rücksicht für sich haben." Hierbei soll auch die Kernthese dieses Buches sich behaupten: Träume sind letztlich immer selbstbezogene Produkte, aus unserem Innenleben geschaffen, führen sie uns immer wieder auf unsere Wünsche, Antriebe und Ängste zurück. Uns eingehender mit unseren Träumen zu beschäftigen, heißt, uns selbst und die Rücksicht für uns selbst ernster zu nehmen.

In manchen besonderen Fällen geht dies so weit, dass wir aus Rücksicht für uns selbst sogar im Traum uns bewusst machen können, dass wir gerade träumen, und unsere Träume – die wir dann „luzide" oder Klarträume nennen – willentlich steuern und beeinflussen können. Darüber mehr im folgenden Kapitel.

# Klarträume - das „luzide" Träumen

*Warum sieht das Auge einen Gegenstand im Traum*
*klarer als es der Geist es im Wachen tut?*

LEONARDO DA VINCI

\* \* \*

*Wenn der Zustand des Träumens anbricht*
*Liege nicht in Unwissenheit herum wie eine Leiche*
*Tritt ein in die natürliche Sphäre der unerschütterlichen*
*Aufmerksamkeit*
*Erkenne deinen Traum und verwandle ihn in Helligkeit*
*Schlafe nicht wie ein Tier*
*Über die Methode, Traum und Wirklichkeit zu*
*vermischen.*

TIBETISCHES GEBET

Ein hoher tibetischer Lama und Lehrmeister berichtet auf einem Traumforscherkongress folgenden Traum:

*Ich fahre mit einem Auto auf engen, kurvigen Straßen durch eine gebirgige Landschaft. Ich will zu meiner Frau und meiner Familie, die hier in der Gegend Urlaub machen. Ich fahre sehr schnell und merke auf einmal, dass ich auf einen Abgrund zufahre, ich kann nicht bremsen und weiß nicht, wie ich das Auto stoppen soll.*

*Dann wird mir im Traum bewusst, dass ich gerade träume, ich erkenne, dass dies hier ein Traum ist und dass ich ihn verändern kann, wenn ich will. Mit Pferden kann ich viel besser umgehen als mit Autos, also verwandle ich das Auto im Traum in ein Pferd und jetzt galoppiere ich auf ihm in Richtung Abgrund. Aber ich halte die Zügel fest in der Hand und kann das Pferd rechtzeitig vor dem Abgrund zum Stehen bringen.*

Ein luzider Traum – wenn man im Traum weiß, dass man träumt, und ohne aufzuwachen weiterträumt, aber jetzt den Traum willentlich beeinflussen kann – passiert spontan irgendwann bei etwa zehn Prozent aller Menschen. Ein kleinerer Prozentsatz hat regelmäßig solche Träume und beschäftigt sich auch deshalb persönlich viel näher damit. Im Traumyoga der tibetischen Dzog-chen-Tradition wird diese Fähigkeit geübt und ausgebildet, so wie bei diesem Lehrmeister auch.

In der Antike und im Mittelalter kannte man das Phänomen des sogenannten Klartraums, es wird von Aristoteles, Augustinus und Thomas von Aquin erwähnt. Später scheint es aus dem westlichen Kulturkreis zu verschwinden, bis es im 19. Jahrhundert auf erneutes Interesse stößt. Der Marquis d'Hervey de Saint-Denys – Autor des Buches *Träume und die Mittel, um sie zu lenken*, in dem es erstmals um die methodische Erlernbarkeit dieser Fähigkeit ging – schlug dazu eine Lernsequenz vor:

1) sich besser an seine Träume erinnern
2) sich im Traum bewusst werden, dass man träumt
3) willentlich aus einem Traum aufwachen können
4) ins Traumgeschehen eingreifen und es beeinflussen können

Einzelne Berichte solcher Klarträume haben wir auch von Charles Dickens, Ernst Mach und Friedrich Nietzsche sowie vom holländischen Romancier und Traumforscher Frederik Willem van Eeden, der über 20 Jahre ein Traumtagebuch führte und den Begriff „luzides Träumen" geprägt hat.

Erst in den 1980er-Jahren, mit dem Einzug der Schlaflabors in das Reich der Traumforschung, wurde das luzide Träumen zum Gegenstand wissenschaftlicher Forschungen. Damit konnte es auch bei uns, ähnlich wie im tibetischen Traumyoga, zu einer systematisch erlernbaren Technik werden. Nicht jeder hat dafür besonderes Talent, aber die meisten Menschen können mit einem Training im Schlaflabor Fortschritte darin erzielen.

Die ersten Trainings – inzwischen haben sich die Methoden verfeinert – bestanden darin, Signale mit bestimmten Augenbewegungen an das Forscherteam zu senden, sobald einem im Traum klar wurde, dass man gerade träumte. Die Anweisungen vor dem Einschlafen waren etwa: „Schauen Sie im Traum zweimal schnell nach links und einmal lang nach rechts, wenn Sie wissen, dass es ein Traum ist."

Der esoterische Autor Carlos Castaneda beschreibt eine ähnliche Methode in seinen Berichten – deren Echtheit umstritten bleibt – von den schamanistischen Techniken der sogenannten Traumreise bei den Yaqui-Indianern Mexikos. Der Novize lernt, sich vorzunehmen, falls er träumen sollte, im Traum immer auf seine Hände zu schauen. Je öfter einem das gelingt, umso leichter wird es einem mit der Zeit, sich im Traum bewusst zu werden, dass man gerade träumt und den Traum lenken kann.

Falls Sie weder Schlaflabor noch einen mexikanischen Schamanen zur Hand haben und es trotzdem zu Hause trainieren wollen, können Sie diese Methode von Steven LaBerge, dem wichtigsten Experten auf dem Gebiet der Klarträume, ausprobieren:

1) Wachen Sie in den frühen Morgenstunden spontan aus einem Traum auf.

2) Nachdem Sie sich an den Traum erinnert haben, nehmen Sie sich zehn bis 15 Minuten Zeit für eine Aktivität, die volles Wachsein erfordert, z. B. Lesen.

3) Während Sie dann im Bett liegen und sich wieder dem Schlaf zuwenden, sagen Sie sich, dass Sie nächstes Mal im Traum erkennen wollen, dass Sie gerade träumen.

4) Stellen Sie sich Ihren Körper schlafend im Bett vor mit schnellen Augenbewegungen, als ob Sie im REM-Schlaf wären. Gleichzeitig stellen Sie sich vor, dass Sie in einem Traum sind und wissen, dass Sie träumen.

Wiederholen Sie 3) und 4) so lange, bis Sie spüren, dass Ihr Vorsatz jetzt klar vorhanden ist.

Eine weitere Methode – die den Studien des Psychologen Michael Schredl zufolge noch wesentlich wirksamer ist – hat der deutsche Traumforscher Paul Tholey vorgeschlagen. Er nennt sie „das kritische Bewusstsein trainieren". Sie besteht darin, sich fünf- bis zehnmal am Tag die Frage zu stellen: „Träume ich oder bin ich wach?" Dabei kontrolliert man seine Umgebung, ob alles so ist, wie es im Wachsein sein sollte. Das muss man längere Zeit geduldig üben, schließlich beginnt das Traum-Ich sich die gleiche Frage im Traum zu stellen.

Aber wozu das Ganze? In der tibetischen Tradition geht es um buddhistische Erkenntnisse über die Leerheit aller Phänomene und die quasi-magische („tantrische") Fähigkeit, zaubern zu können und zugleich die „Zauberei" dabei zu entzaubern. Das erscheint mir wie ein komplexes, hochdifferenziertes erkenntnistheoretisches Projekt, wofür man sicher eine lange vorbereitende Schulung braucht. Vielleicht sollte man vorher eine tibetische Weisheit aus dem 12. Jahrhundert beherzigen:

*Diejenigen, die an die Existenz glauben,*
*Sind dumm wie das Rindvieh*
*Aber jene, die an die Nicht-Existenz glauben,*
*Sind noch schlimmer.*

Für die Philosophen und Bewusstseinsforscher wirft das Phänomen interessante Aspekte auf. Schon im alten China hatte der taoistische Meister Dschuang-Tzu (um 365 bis 290 v. Chr.) geschrieben: *Ich träumte, ich war ein Schmetterling. Dann wachte ich auf und wusste nicht mehr, bin ich ein Mensch, der geträumt hatte, er sei ein Schmetterling? Oder bin ich ein Schmetterling, der gerade träumt, er sei ein Mensch?*

Damit wollte der alte Weise aufgrund der Traumtätigkeit feststellen, dass wir nie genau wissen können, ob unsere Wahrnehmungen und Gedanken nicht ein Traum seien und gar keine Wirklichkeit. Aber er ging noch weiter:

*Du und Konfuzius, Ihr seid beide Träume*
*Und ich, der ich das sage, dass Ihr ein Traum seid,*
*Bin selbst ein Traum. Hier ist ein Rätsel.*
*Vielleicht wird morgen ein Weiser es erklären können.*

Das gleiche Problem hat Descartes später in seiner Erkenntnistheorie beschäftigt: Wie können wir unsere Sinneseindrücke überprüfen, ob sie echt sind, oder ob sie uns täuschen? Denn wir könnten verrückt geworden sein und Wahnvorstellungen haben, oder bloß gerade träumen, ohne es zu wissen.

Der Zustand, in dem man träumt, aber weiß, dass man träumt, ist eine Garantie für die Realität. Denn wenn ich weiß, dass dies nur ein Traum ist, in dem ich mich befinde, muss es auch außerhalb dieses Traums den Wachzustand der objektiven Wirklichkeit geben, bei dem so etwas nicht passieren kann. Oder vielleicht, wenn man lange genug meditiert, gibt es ihn doch nicht, könnten die Tibeter darauf erwidern …

Das heutige wissenschaftliche Interesse ist auch auf mögliche lebenspraktische Anwendungen dieser Methode gekommen. So könnte man lernen, seine Alpträume zu steuern und sie einem glücklicheren Ausgang zuzuführen. Wenn man im Traum von Verfolgern bedroht wird, würde man sich einfach dazu entschließen, in die Tropen auf Urlaub zu fliegen! Schon im Alter von fünf Jahren können Kinder mithilfe von luziden Träumen lernen, ihre Alpträume zu bewältigen. Besonders gekonnte luzide Träumer können Menschen, Gegenstände oder Orte im Traum einfach verschwinden lassen und sie durch andere ersetzen.

Bei mir kommt hier etwas Unbehagen auf, ob wir mit dieser mentalen Traumakrobatik unser Unbewusstes nicht auch vergewaltigen, indem wir es beherrschen und lenken wollen. Vielleicht könnten wir mehr für uns daraus lernen, wenn wir den Traum erforschen und ihn nicht gleich verändern wollen. Auch LaBerge selbst sagt dazu, dass es problematisch sein kann, wenn der Träumer sich dieses Wissens bedient, um jedem Konflikt im Traum aus dem Weg zu gehen. William Moorcroft weist darauf hin, dass die Erkenntnis, dass sie träumen, die luziden Träumer dazu bringen kann, einfach die gleichen Haltungen und Konfliktlösungsstrategien – Flucht oder gar Verleugnung des Konflikts – wie im Wachleben anzuwenden. Manche Forscher sehen eher Möglichkeiten, durch die Luzidität den Traum besser auszukundschaften, als ihn zu manipulieren. Es kann manchmal hilfreicher sein, den Traum bis zum Ende durchzustehen, um sich mit dem Konflikt – der immerhin aus der realen Welt herkommt – zu konfrontieren.

Meine Erfahrungen mit gewissen „Missionaren" des luziden Träumens, die es gern als Heilmittel für fast alle Lebensprobleme anpreisen, waren bislang nicht überzeugend. Einen ähnlichen Eindruck bekam ich von manchen geübten luziden Träumern, die in TV-Dokus aufgetreten sind. Sie schienen mir so übermäßig von ihrer Sache überzeugt, dass ich befürchtete, eine solche Macht über seine Träume zu besitzen würde mit der Zeit auf den Charakter abfärben und einen auch im Wachleben etwas großspurig und manipulativ werden lassen.

Lassen sich bestimmte lebenspraktische Fähigkeiten während des luziden Träumens trainieren und verbessern? Bereits in den 1980er-Jahren notierte Paul Tholey, dass schwierige Koordinationen von Wahrnehmungen und Bewegungen leichter werden, wenn man sie in den Klarträumen einstudiert, so könnte man z. B. mehrfache Salti gefahrlos üben.

Bei einem Versuch, in dem luzide Träumer in ihren Träumen übten, Münzen in eine Tasse zu werfen, erreichten sie im Wachleben 40 Prozent mehr Treffsicherheit als die Probanden der Kontrollgruppe (die nicht im Klartraum geübt hatten). Die Sportpsychologie beschäftigt sich auch schon längst damit – wie viele Golfer auf der Welt trainieren schon nächtlich in ihren luziden Träumen, um einen besseren Schwung zu erzielen? Es soll auch Musiker geben, die im luziden Traum üben und somit ihr Spiel steigern konnten.

Vielleicht weil ich selbst kein Golfer und kein Cellist bin, kann ich mir noch nicht klar vorstellen, welche meiner eigenen beruflichen oder sonstigen Eigenschaften sich im luziden Traum besser ausbilden ließen.

Ich habe nur einen einzigen und spontanen luziden Traum in meinem Leben gehabt, zu einer Zeit, als ich gerade zum ersten Mal einige Schriften von Steven LaBerge und Brigitte Holzinger zu diesem Thema gelesen hatte. Der Traum hat für mich einige Fragen zurückgelassen. Auffällig für mich dabei war der Wechsel zwischen den luziden und den nicht-luziden Episoden. Ich war auf einem Kongress in Istanbul und hatte mich ins Hotel zurückgezogen, um einen kurzen Nachmittagsschlaf zu halten:

*Ich fahre mit meiner Frau mit unserem roten Auto in die Wiener Innenstadt. Wir wollen ins Kino und parken das Auto in der Nähe vom Getreidemarkt und spazieren zu Fuß. Die Straße ist auf verschiedenen Ebenen gebaut, man kann hinunterschauen in die Gärten der Häuser, in einem Garten sehe ich meine Mutter* (die seit zehn Jahren verstorben ist!) *sitzen, zusammengekauert auf einem Sessel. Ich weiß, sie hat sich hier verirrt, ich muss sie holen und nach Hause bringen. Meine Frau ist verschwunden. Ich steige hinab und nehme meine Mutter am Arm und führe sie auf die Straße. Sie ist krank und gebrechlich, stolpert beim Gehen. Ihre Figur vermischt sich mit zwei schwerkranken Patientinnen, die ich derzeit behandle. Beim Überqueren einer Straße fällt sie flach auf den Gehsteig und ich fliege auch hin und liege völlig über ihr. Es ist obszön, sexuell, ich geniere mich, was werden sich die Passanten denken?*

*Ich stehe auf, richte sie auf, stütze sie und wir gehen weiter. Ich will sie zum Auto bringen, um sie zu sich nach Hause zu fahren. Aber der Weg ist endlos, das Auto ist verschwunden, ich finde es nicht mehr. Die Stadt hat sich auch verändert, es ist nicht mehr Wien, sondern eine Stadt am Meer, Venedig oder Triest, italienisch auf jeden Fall.*

*Das Gehen mit ihr ist äußerst mühsam, da wird mir auf einmal bewusst – es ist ein Traum! Ich sage mir, wenn es ein Traum ist, dann können wir fliegen, und in der Tat fliegen wir in die Luft, hoch über die Häuser. Ich entdecke, wenn ich mit den Beinen auf eine bestimmte Weise strample, können wir höher fliegen, wenn ich die Bewegung verändere, fliegen wir niedriger. Ich koste dieses Gefühl voll aus, dann setze ich langsam zur Landung an. Wir landen wieder auf der Straße und gehen weiter. Inzwischen verlässt mich wieder das Bewusstsein, dass es ein Traum ist, und meine Verzweiflung nimmt wieder zu, dass ich das Auto nicht finde. Dann kommen wir hinunter zum Ufer eines breiten Flusses ähnlich der Donau, aber doch nicht die Donau* (eine Woche später, zum ersten Mal in meinem Leben in Kiew, werde ich ihn als den Dnjepr erkennen).

*Wir kommen an den Toren eines großen Hauses vorbei, meine Mutter scheint es als ihr Zuhause zu erkennen. Die Tore gehen auf, weiß gekleidete Helfer kommen heraus, es ist eine Psychiatrie, die Pfleger erklären mir, dass dies eine entlaufene psychotische Patientin ist, die sich nur als meine Mutter ausgegeben hat. Sie nehmen sie in Empfang und mir ab, die Frau ist ganz froh, wieder dort angekommen zu sein.*

*Jetzt gehe ich allein weiter, immer noch auf der Suche nach meinem Auto, die Stadt ist noch ganz fremd. Ich komme wieder am Flussufer vorbei. Da steht ein ganz großer, hagerer Mann und schaut hinaus aufs Wasser. Ich frage ihn, was er hier tut. Er sagt mir, er versucht die Handsignale von den Leuten im Wasser zu entziffern – ob sie schwimmen oder ertrinken. Da sehe ich eine Reihe von Menschen im Wasser, mit Taucherbrillen und Schwimmflossen, sie gestikulieren mit den Oberarmen und Hän-*

*den über Wasser, es ist tatsächlich schwer zu sagen, ob sie nur aus Vergnügen schwimmen oder tatsächlich ertrinken.*

*Ich irre noch weiter in der Stadt herum, ziemlich verzweifelt, dann kommt von neuem wieder das Bewusstsein, dass ich nur träume. Es ist ein Traum, sage ich mir, ich bin nur in unserem roten Auto eingeschlafen, aber ich habe einen Wecker gestellt, für viertel vor sechs, damit ich um sechs meine Frau beim Kino treffen kann. Ich weiß, jeden Moment wird der Wecker losgehen und ich werde aufwachen.* Dann läutet der Wecker wirklich und ich wache im Hotelzimmer auf.

Zu den Umständen und zum besseren Verständnis dieses Traums: Meine Besorgnis um meine zwei schwerkranken Patientinnen – eine von ihnen starb nicht lange nach diesem Traum – rief in mir die Zeit zurück, als ich meine sterbenskranke Mutter gepflegt hatte. Die übermäßige emotionale Belastung für uns beide damals, besonders bei der körperlichen Intimpflege, scheint in der „obszönen" Szene hervorzutreten. War die Heftigkeit dieser Erinnerungen sogar Anlass für die plötzliche eintretende Luzidität im Traum? *Das Gehen mit ihr ist äußerst mühsam.* Darauf wird der Traum luzid, wir können fliegen usw.

Aber das scheint mich im Traum nicht wirklich von dem traurigen Thema zu erlösen, denn ich lande wieder auf der Erde und träume wieder normal weiter. (Der Fluss im Traum hat mir später, als ich in Kiew war, ein Déjà-vu-Erlebnis verschafft, warum, weiß ich nicht zu sagen.) Nun gelingt es mir im Traum, die Mutter in der Psychiatrie abzuliefern, wo sie als verrückte Betrügerin entlarvt wird. (Ich bin ja selbst im Traum eine Art von Hochstapler, wenn ich mich mit ihr hoch über die Häuser erhebe!)

Dann die Szene am Fluss mit den Menschen, die vielleicht schwimmen oder vielleicht ertrinken – wie soll man ihre Handsignale deuten? Ja, wie soll man die Träume überhaupt deuten? Und können wir auch in einem Traum ertrinken, wenn wir nicht in ihm herumschwimmen?

Am Schluss das Traums brauche ich wieder die Luzidität, sonst könnte ich nur weiter verzweifelt in der Stadt herumirren ohne Sinn und Ziel. Eine Möglichkeit wäre, einfach aufzuwachen, aber das würde nicht viel an der Verwirrung geändert haben. Eleganter scheint es mir, den Klartraum jetzt dafür zu verwenden, mich noch träumend in das rote Auto (die Nähe zu meiner Frau) schlafen zu legen und auf ein Wecksignal zu warten (mein Unbewusstes weiß natürlich, dass ich den Wecker vor dem Einschlafen gestellt habe).

Beschließen kann ich diese interessante, aber zwiespältige Thematik am besten mit einem Zitat des großen spanischen Dichters Antonio Machado, das lange Zeit über meinem Rasierspiegel hing. Es ist eine gute Ermahnung an alle luziden Träumer, aber auch an alle Traumforscher, vielleicht sogar an alle Psychoanalytiker, miteinander in einem sozialen Austausch zu bleiben und die gesellschaftlichen Kräfte, die auf unser Traumleben einwirken – und die wir im nächsten Kapitel erörtern werden –, nicht zu unterschätzen:

*Ich habe in meiner Einsamkeit*
*Viele klare Dinge gesehen*
*Die nicht wahr sind.*

# Traumgesellschaften - Traum und soziales Umfeld

*Das Private ist das Politische!*

\* \* \*

*Ich träume, dass ich vorsichtshalber Russisch spreche (das ich
gar nicht kann, außerdem spreche ich nicht im Schlaf), damit
ich mich selbst nicht verstehe
und damit mich niemand versteht, falls ich etwas vom Staat
sage, denn das ist doch verboten und muss gemeldet werden.*

TRAUM EINER PUTZFRAU IN BERLIN,
SOMMER 1933

Charlotte Beradt hat in ihrem erstaunlichen kleinen Buch *Das Dritte Reich des Traums* Träume gesammelt und veröffentlicht, die sie in den Jahren der Naziherrschaft in Deutschland von 1933 bis 1939 aus den Berichten verschiedener Personen zusammengetragen hatte. Diese außergewöhnliche Frau lebte mit ihrem Mann in Berlin, bis ihnen 1939 die Ausreise nach Amerika gelang. Nach dem Tod ihres Mannes arbeitete sie in New York als Publizistin und wurde zur Freundin und Übersetzerin von Hannah Arendt.

Es begann für sie alles mit einem Traum, der ihr 1933 im Privatgespräch von einem Fabrikbesitzer in Berlin erzählt wurde: *Goebbels kommt in meine Fabrik. Er lässt die Belegschaft in zwei Reihen, rechts und links, antreten. Dazwischen muss ich stehen und den Arm zum Hitlergruß heben. Es kostet mich eine halbe Stunde, den Arm, millimeterweise, hochzubekommen. Goebbels sieht meinen Anstrengungen wie einem Schauspiel zu, ohne Beifalls-, ohne Missfallensäußerung. Aber als ich den Arm endlich oben habe, sagt er fünf Worte: „Ich wünsche Ihren Gruß nicht", dreht sich um und geht zur Tür. So stehe ich in meinem eigenen Betrieb, zwischen meinen eigenen Leuten, am Pranger, mit gehobenem Arm.*

Dieser Traum, den der Mann öfters träumte, mit unterschiedlichen Varianten der beschämenden Situation, gab für Beradt den Anlass, andere Menschen nach deren Träumen zu fragen. „Ich fragte Schneiderin, Nachbar, Tante, Milchmann, Freund, fast immer ohne Preisgabe des Zweckes, denn ich wollte möglichst ungefärbte Antworten."

Von den überzeugten Regime-Anhängern hatte sie nichts bekommen, aber doch von einem breiten Spektrum anderer politischer Haltungen: anpassungsfähigen Mitläufern, verunsicherten Normalbürgern, im illegalen Untergrund Tätigen, und auch Juden waren dabei.

Strukturell haben diese Träume etwas Gemeinsames: Sie sind fast alle an die realen örtlichen Szenerien der damaligen Zeit gebunden, zumeist in verschiedenen Gegenden Berlins, und der jeweilige Auslöser für den Traum (das Ereignis am Vortag, oder der „Tagesrest" nach Freud) ist dem Träumer immer sofort bewusst. Meistens spielt auch der soziale Status des Träumers eine Rolle. Auch wenn sie manchmal recht surreal oder absurd erscheinen, knüpfen diese Träume immer an die aktuellen sozialen und politischen Verhältnisse an.

Ein 45-jähriger Arzt träumt 1934: *Während ich mich nach der Sprechstunde ... friedlich auf dem Sofa ausstrecken will, wird mein Zimmer, meine Wohnung plötzlich wandlos. Ich sehe mich entsetzt um, alle Wohnungen, so weit das Auge reicht, haben keine Wände mehr. Ich höre einen Lautsprecher brüllen: „Laut Erlass zur Abschaffung von Wänden vom 17. des Monats ..."*

Er war so von diesem Traum beeindruckt, dass er ihn am Morgen niederschrieb. In der folgenden Nacht träumte er, dass er beschuldigt wurde, Träume aufzuschreiben.

Nicht nur das Aufschreiben kann im Traum verboten sein, sogar das Träumen selbst. Ein junger Mann erzählte: *Ich träume, dass ich nur noch von Rechtecken, Dreiecken, Achtecken träume, die alle irgendwie wie Weihnachtsgebäck aussehen, weil es doch verboten ist zu träumen.*

Ein anderer träumt: *Es ist verboten, nervös auszusehen, und doch sehe ich nervös aus.*

Das Buch berichtet auch von typischen Sätzen, die in den Träumen gesprochen werden, wie: „Das hat doch keinen Zweck, da kann man nichts machen", „Dazu sage ich nichts" oder, in Situationen, in denen man verdächtigt oder verhaftet wird: „Das kann doch nicht wahr sein, das ist doch nicht ernst" (Sätze, die Beradt auch auf die in der Bevölkerung verbreitete Verleugnung von Deportationen, KZs usw. bezieht).

Viele dieser Träume zeigen die Strategien, die der Träumer im Unbewussten ausprobiert – von erfolgreichen oder vergeblichen Versuchen, „mit dem Strom zu schwimmen", doch irgendwie dazuzugehören, oder sich zu verstellen („Russisch" zu sprechen, damit man sich selbst nicht einmal versteht), bis zu den Gedanken mancher weniger, Widerstand zu leisten und nicht alles hinzunehmen. Hier einige unterschiedliche Beispiele:

Der Arzt, der von den „wandlosen" Wohnungen geträumt hatte, träumte später: *Ich lebe auf dem Meeresgrund, um unsichtbar zu bleiben, nachdem die Wohnungen öffentlich geworden sind.*

Ein Mädchen träumte: *Ich sehe das Schlagwort „Gemeinnutz geht vor Eigennutz" in endlosen Wiederholungen auf einem flatternden Spruchband.*

Ein Mann, der oft träumte, er würde blinde und taube Personen ausschicken, Verbotenes zu sehen oder zu hören, um jederzeit beweisen zu können, sie hätten nichts gesehen oder gehört, träumte auch: *Ich erzähle einen verbotenen Witz, aber aus Vorsicht falsch, sodass er keinen Sinn mehr hat.*

Ein junges Mädchen erzählt: *Ich träumte, dass ich nicht mehr zu sprechen vermag, nur noch im Chor mit meiner Gruppe.*

Andere Träume zeigen aktivere, wenn auch gehemmte oder frustrierte Wünsche, Widerstand zu leisten.

Ein 36-jähriger Büroangestellter träumt: *Ich setze mich feierlich an meinen Schreibtisch, weil ich mich endlich entschlossen habe, eine Beschwerde wegen der herrschenden Zustände einzureichen. Ich stecke einen leeren Bogen, ohne ein Wort darauf, in ein Kuvert und bin stolz, mich beschwert zu haben, was mich zugleich tief beschämt.*

Ein andermal träumt derselbe Mann: *Ich rufe beim Polizeipräsidium an, um mich zu beschweren, und sage kein Wort.*

Eine bürgerliche Hausfrau träumt: *Ich bemühe mich nachts unaufhörlich, das Hakenkreuz aus der Nazifahne zu trennen, und bin stolz und glücklich dabei, aber tags darauf ist es immer wieder fest angenäht.*

Wieder andere Träume thematisieren das sich Anbiedern, um der Gefahr, Außenseiter zu sein, zu entgehen: die Männer mit Träumen, in denen sie Ratgeber oder Freund Hitlers oder Görings sind – die Fantasie, „die rechte Hand" des Führers zu sein –, die Frauen mithilfe der Erotik.

Eine 33-jährige Hausangestellte träumte: *Ich bin im Kino ... Ich habe Angst, eigentlich darf ich nicht da sein, ins Kino dürfen nur Parteigenossen. Dann kommt Hitler, ich habe noch größere Angst. Aber er erlaubt mir nicht nur zu bleiben, sondern setzt sich neben mich und legt seinen Arm um meine Schulter.*

Eine junge Verkäuferin träumte: *Göring will mich im Kino betatschen. Ich sage: „Aber ich bin doch nicht in der Partei." „Ist mir doch egal", sagt er.*

In den Träumen der Juden kehren manche dieser Motive auf doppelbödige Weise wieder. Ein jüdischer Arzt träumt: *Ich habe Hitler geheilt, der Einzige im Reich, der das konnte. „Was wollen Sie für meine Heilung haben?", fragt Hitler. „Kein Geld", sage ich. Darauf ein großer Blonder aus Hitlers Umgebung: „Was, du krummer Jud, kein Geld?" Darauf Hitler im Befehlston: „Natürlich kein Geld. Unsere deutschen Juden sind nicht so."*

Weitaus die meisten Träume der jüdischen Befragten kreisen um vereitelte Fluchtversuche, Grenzübergänge, Fremdsprachen, die man können müsste, die Beschaffung fehlender Pässe oder anderer Dokumente usw. Ein jüdischer Bankbeamter in Berlin träumt nach seiner Entlassung im Jahr 1936: *Er wandert aus, es geht ihm gut im neuen Land, er arbeitet dort wieder auf einer Bank und kommt gut voran, er will auf seine erste Ferienreise ins Gebirge fahren. Dort macht er eine Bergbesteigung mit einem Führer. Und dann geschieht es, auf dem höchsten Gipfel. Der Führer wirft Cape und Kapuze ab und steht vor ihm, in voller SA-Uniform.*

Der traurigste Traum im Buch ist vielleicht dieser von einem Berliner Rechtsanwalt und Notar um die 60: *Zwei Bänke stehen im Tiergarten, eine normal grün, eine gelb* (Juden durften sich damals nur noch auf gelb angestrichene Bänke setzen), *und zwischen ihnen ist ein Papierkorb. Ich setze mich auf den Papierkorb und befestige selbst ein Schild an meinem Hals, wie es blinde Bettler zuweilen tragen, wie es aber auch „Rassenschändern" umgehängt wurde: „Wenn nötig, mache ich dem Papier Platz."*

Man sitzt nicht zwischen zwei Stühlen, sondern auf dem Abfall und ist selbst noch geringer als der Abfall, weil man ihm Platz machen müsste. Dem Mann ist die Auswanderung nach Amerika gelungen, aber er war zu gebrochen, um sich dort ein neues Leben aufzubauen.

Hier noch ein Beispiel für das lebensrettende Potenzial des Traums, wenn er nur ernst genommen und befolgt wird: noch ein Mann, der wie unsere Titelfigur Patrick und wie Kaiser Augustus sein Leben einem Traum verdankte. Der Maler George Grosz träumte von einem Freund, der ihm dringend riet, nach Amerika zu flüchten. Grosz befolgte den Traum, von dem er später behauptete, er habe ihn vor der Vernichtung gerettet.

Zuletzt noch ein Traum, der in dieser Reihe nicht fehlen darf. In der Nacht vor ihrer Hinrichtung träumte die christliche Widerstandskämpferin Sophie Scholl im Gefängnis: *Ich trug an einem sonnigen Tag ein Kind im langen weißen Kleid zur Taufe. Der Weg zur Kirche führte auf einen steilen Berg hinauf. Aber fest und sicher trug ich das Kind in meinen Armen. Da plötzlich war vor mir eine Gletscherspalte. Ich hatte gerade noch so viel Zeit, das Kind auf der anderen Seite niederzulegen – dann stürzte ich in die Tiefe.*

Ihrer Mitgefangenen, der sie den Traum in der Früh erzählt hat, erläuterte sie, das Kind stehe für „unsere Idee", sie würde sich trotz aller Hindernisse durchsetzen. „Wir durften Wegbereiter sein, mussten aber zuvor für sie sterben."

Die Traumsammlung von Charlotte Beradt ist ein eindeutiger Beleg dafür, dass es bei den Träumen nicht nur ein persönliches, individuelles Unbewusstes und auch nicht nur ein kollektives Unbewusstes mit mystischen Archetypen gibt, sondern auch noch ein „soziales Unbewusstes" (Earl Hopper). Träume – und die Traummitteilung – sind stark von sozialen Kräften geprägt und bringen diese sozialen Einflüsse unmittelbar, meist nur leicht symbolisch verkleidet, zum Ausdruck.

Das Extrembeispiel der Nazidiktatur für den sozialen Einfluss auf Trauminhalte und Traummitteilungen treibt nur etwas auf die Spitze, was immer latent bei allen, nicht nur den totalitären, Gesellschaften vorhanden ist. Doch schon die Bedeutung der Träume als Kulturphänomen an sich wird in den verschiedenen Kulturen ganz unterschiedlich eingeschätzt.

Unsere westliche, technologiebeflissene Welt ignoriert die Träume oder betrachtet sie als nebensächlich, weil es uns mehr auf Handlungsfähigkeit und Güterproduktion ankommt. Nur die Wissenschaftler, die daran forschen, zeigen erneutes Interesse, wie auch die Minderheit der Künstler und Kreativen, die das immer getan haben.

Nicht so in anderen Kulturen. Früher hat man von den „primitiven" Kulturen gesprochen; heute nicht mehr, weil wir inzwischen erkannt haben, dass ihre technologische Entwicklung auf einem primitiven Stand sein mag – manche kennen das Rad nicht, andere nicht einmal das Feuer –, dafür haben sie hochdifferenzierte soziale und kulturelle Strukturen und Umgangsformen für das Leben miteinander ausgebildet und sind uns in dieser Hinsicht oft überlegen.

Die Senoi, ein kleiner Stamm im Dschungel Malaysias, leben ohne Konflikte mit ihren Nachbarn und haben selbst seit

200 Jahren keine gewaltsamen Verbrechen erlebt. Jeden Tag setzen sie sich in der Früh zusammen und erzählen sich ihre Träume. Es wird besonders darauf geachtet, über den Inhalt der Träume einen sozialen Ausgleich und eine aktive Verminderung von Spannungen in der Gemeinschaft zu erreichen. Erzählt ein Mann, er habe geträumt, ein anderer habe ihm einen Gegenstand weggenommen, so ist dieser verpflichtet, ihm eine Wiedergutmachung zu leisten, etwa in Form eines anderen Gegenstands.

Anthropologen und Ethnologen mögen darüber streiten, ob die Senoi wirklich glauben, dass Handlungen, die im Traum begangen werden, denselben Wirklichkeitswert haben wie jene, die man am helllichten Tag begeht – als ob es für sie keinen Unterschied zwischen Traum- und Wachleben gäbe, beide hätten die gleiche Geltung. Vielleicht hat sie aber die Erfahrung gelehrt, dass innere Konflikte im Traum leicht zu realen sozialen Konflikten werden können, wenn man sie nicht rechtzeitig aus beiden Welten wegschafft. Darin könnten sie uns etwas voraushaben.

Ethnologen erkennen oft freimütig an, dass solche fremde Kulturen genauso schwer zu deuten und zu verstehen sein können wie die Träume selbst. Die Gefahr liegt, wie bei der Traumdeutung, darin, Eigenes in das Fremde hineinzuprojizieren; die Entdeckungen, die man dabei macht, sind dann wie die selbst versteckten Ostereier, die man überraschend und staunender Weise später wiederfindet. Außerdem sind die Übersetzungen oft nicht verlässlich, die verwendeten Begriffe unklar, und die Informanten selbst werden bei ihren

Stammesgenossen als Außenseiter gesehen, die ohnehin nicht über das eigentliche Wissen verfügen können.

Von den Irokesen an der Ostküste Nordamerikas heißt es aus frühen Berichten, dass sie den Traum über alles stellten, über die Anweisungen des Häuptlings und über alle anderen gesellschaftlichen Konventionen – der Traum war ihr oberstes Wesen, eigentlich ihr Gott. Ihre Interpretationen der Traumsymbole sollen sogar jenen Freuds recht ähnlich gewesen sein.

Bei den australischen Aborigines ist die „Traumzeit" ein eigener, quasi kosmischer kreativer Zustand, in dem die Welt durch die Ahnen in ihre Existenz hineingeträumt wird. *Tjukurpa*, oder schlicht „the dreaming", steht am Ursprung der materiellen und gesellschaftlichen Ordnung. In den überlieferten Geschichten der *Tjukurpa* werden verschiedene Elemente, die für das Überleben in der Gemeinschaft notwendig sind, kombiniert: die geografische Lage, wohin und wie die Wege durch Busch oder Wüste führen; die Nahrungsmittel, die vorhanden oder auffindbar sind; und die sozialen Interaktionen zwischen Menschen, die für einen dauerhaften sozialen Ausgleich sorgen.

Ferner gehört es zu den Initiationsriten vieler australischen Völker, sich in der Kunst des luziden Träumens zu üben, damit man bewusst im Traum Botschaften verschicken und empfangen kann. Ihre Traumtheorie enthält gewisse Bezüge zum tibetischen Traumyoga wie auch zu einer heutigen Theorie über die Funktion des Träumens aus der Sicht der Quantenphysik (s. Kapitel „Wozu träumen wir?").

Bei vielen anderen Völkern, in Papua-Neuguinea oder im Amazonas-Gebiet, wird eine Form von ritualisierter Traumerzählung gepflegt. Bei den Sambia in Papua-Neuguinea werden drei Arten oder „Diskurse" der Traumerzählung unterschieden: *öffentliche, geheime* und *private* Formen der Traumerzählung, die von den jeweiligen Trauminhalten abhängig sind.

Die „privaten" Träume werden nur engsten Familienmitgliedern erzählt, weil sie sonst niemanden etwas angehen oder weil sie nur von diesen verstanden würden. „Geheime" Träume enthalten Hinweise auf ein spezialisiertes Wissen oder Können und werden im Rahmen von Treffen eines Geheimbundes erzählt. Solche Geheimbünde existieren innerhalb der Gemeinschaft, um sich mit ihren Ritualen gewisse gesellschaftliche Machtbereiche zu sichern und zu pflegen, wie die Jagd, die Initiation der Pubertierenden usw. Die „öffentliche" Traumerzählung erfolgt vor dem ganzen versammelten Stamm, üblicherweise im Rahmen einer Heilungszeremonie.

Das gibt zu denken, wenn wir danach fragen, wo und wann, wenn überhaupt, Träume bei uns erzählt werden. Sie sind bei uns ganz ins Private abgerutscht, außer bei den „Geheimbünden" der Forscher in den Schlaflabors und der Psychoanalytiker auf ihren Kongressen. Für die „öffentlichen" Traumerzählungen haben wir heute die Kunstprodukte der Traumfabrik Hollywood oder die TV-Serien parat.

Jede Gesellschaft hat ihre eigenen Tabus, ihre verbotenen Bereiche. Früher waren bei uns die sexuellen Themen mehr tabuisiert, inzwischen werden wir über das Internet und die

Werbung davon überflutet. Vielleicht haben wir heute in einer ganz und gar konsumorientierten Gesellschaft fast gar keine Tabus mehr, im Gegensatz zu früher. Wir fühlen uns daher nach außen wesentlich sicherer und doch in der Innenwelt durch die Unklarheit der allgemeinen Werthaltungen auf andere Weise immer noch tief verunsichert.

Aber nicht nur im Vergleich zu früher, auch im Vergleich verschiedener Gesellschaften, selbst innerhalb der westlichen Welt, bestehen noch immer so manche Unterschiede bei den Tabus. In den USA wird man schief angeschaut, wenn man ein kleines Kind nackt in der Sandkiste spielen lässt, in Europa fällt das gar nicht auf. In den USA ist es üblich, dass man auf Partys stolz von seinem Jahreseinkommen und seinen Besitztümern erzählt, in Österreich wissen nicht einmal die nächsten Mitarbeiter im Büro, wie viel man verdient, und sie würden es einem selbst auch nie sagen.

Ich wurde einmal eingeladen, auf einem Kongress in Zürich einen Vortrag über Macht, Geld und Sex in der Psychotherapie zu halten. Es ging darum, wie diese Themen in therapeutischen Situationen angesprochen werden. Ich meinte, Sex wäre heute für die wenigsten Patienten noch ein Problem, schwieriger sei es noch, Situationen zu besprechen, in denen sie sich besonders mächtig oder ohnmächtig gezeigt hatten. Am schwierigsten sei aber das Thema Geld – woher sie ihr Geld beziehen, wie viel sie genau bekommen und wie viel sie ausgeben und wofür. Leichter sei es manchmal sogar, die geheimen Masturbationsfantasien zu erzählen, als darüber zu sprechen, wie viel Geld man wöchentlich für Cremeschnitten in der Konditorei ausgibt. Als ich mit meinem Vortrag fertig war, sollten Fragen und Kommentare kommen, aber es war ganz still im Saal. Dann, nach sehr langer Zeit, erhob sich ein freundlicher Mann und sagte: „Sehr mutig von Ihnen, Herr de Mendelssohn, hier nach Zürich zu kommen – und so offen über das Geld zu reden!"

So verhält es sich auch in den verschiedensten „Traumkulturen". Dort ist Sex meist noch ein sehr großes Tabu und offen sexuelle Träume – wie man als Ethnologe hinten herum erfahren kann – werden meist gar nicht erzählt, nicht einmal privat. Außerdem wird die Traumsymbolik dann ganz anders interpretiert, um sie den herrschenden sozialen Konventionen anzupassen.

Erzählt ein Mann bei uns, er habe von einer wilden Jagd auf ein Tier geträumt und die Beute am Schluss erlegt, wird eine sexuelle Konnotation nicht fernliegen. Oft steuern seine eigenen Einfälle in diese Richtung; es geht vielleicht dann um die Eroberung einer Mitarbeiterin, die er sehr attraktiv findet, aber sie weist ihn noch zurück.

Bei den „Naturvölkern" – diese Bezeichnung ist ebenso unpassend, denn auch wenn sie näher an der Natur leben als wir, haben sie immerhin komplexe Kulturen dabei entwickelt – kann es ganz anders zugehen. In der einen Kultur träumt ein Mann von einer wilden sexuellen Befriedigung mit einer Frau, und es wird als gutes Omen für die Cassowary-Jagd am nächsten Tag gesehen. In einer anderen Kultur, in der in der Nacht vor der Jagd vom Jäger sexuelle Abstinenz verlangt wird, kann ein solcher Traum Unglück, und ein Traum von einem frustrierten sexuellen Wunsch Glück bei der kommenden Jagd verheißen.

Insgesamt erscheint unsere Kultur im Vergleich dazu als eine, in der die Träume weniger vergesellschaftet sind, d. h. nicht derart von sozialen Einflüssen auf ihre Inhalte und auf die Art ihrer Mitteilung determiniert. Gerade weil bei uns die Träume insgesamt weniger ernst genommen werden, sind wir relativ frei zu träumen, was wir wollen, und es gibt keinen Traum, der so schlimm wäre, dass man ihn nicht zumindest seinem Therapeuten erzählen könnte. Es mag wohl auch an einer allgemeinen Achtlosigkeit und Selbstbezogenheit in unserer Gesellschaft liegen: Es kann uns relativ egal sein, was ein anderer denkt, tut oder träumt, solange es uns nicht persönlich betrifft.

Im Herbst 1988, ein Jahr vor dem Fall des Eisernen Vorhangs, war ich an einer TV-Diskussion mit dem ungarischen Komponisten György Ligeti beteiligt; es ging dabei auch um Vergleiche zwischen der Naziherrschaft und der späteren kommunistischen Diktatur, die er beide erlebt und letztlich auch durch Glücksfälle überlebt hatte. Danach hatte ich folgenden Traum: *Ich träume, ich bin in Budapest. Hier kann man nur schwer privat bei sich zu Hause kritisch sein, aber in der Öffentlichkeit schon. Presse, Rundfunk und Fernsehen sind ganz liberal, offen und selbst kritisch, aber zu Hause darf es keine Bücherregale und keine kritische Literatur geben, das ist zu gefährlich.*

In seinem fantastischen, aber scharfsinnig sozialkritischen Roman *Der Palast der Träume* schildert der albanische Autor

Ismail Kadare, wie sein fiktiver Padishah (Herrscher) befiehlt, alle Träume, die in seinem Reich geträumt werden, einzusammeln, zu ordnen und zu katalogisieren, weil sich in ihnen hilfreiche Hinweise auf umstürzlerische Tendenzen finden könnten. Obwohl ich weiß, dass sich mein Traum auf ganz bestimmte Konflikte in meinem privaten und beruflichen Leben bezog, hätte der Padishah ihn wohl näher unter die Lupe genommen!

Wie das luzide Träumen ist die soziale Dimension des Träumens inzwischen keine rein theoretische Frage mehr, sondern findet praktische Anwendung in unserem Alltagsleben. Das „social dreaming" oder „soziale Träumen" verbreitet sich immer mehr als Beratungsmethode in der Wirtschaft und in sozialen Institutionen und Bildungseinrichtungen. Diesen Aspekt wollen wir im folgenden Kapitel kurz erläutern.

# „SOZIALES TRÄUMEN" – DAS UNBEWUSSTE IN DER ORGANISATION

*Ohne Fantasiesprünge, ohne Träume*
*verlieren wir die Aufregung der Möglichkeiten.*
*Träumen ist immerhin eine Form von Planen.*

GLORIA STEINEM


\* \* \*


*Träume sind die Antworten von heute*
*auf die Fragen von morgen.*

EDGAR CAYCE

Soziales Träumen als Methode und kollektives Instrument, um unbewusste Ängste, Wünsche und Konflikte in Institutionen zu erforschen, verdankt seine Entdeckung und Entwicklung paradoxerweise einem einzelnen Menschen, W. Gordon Lawrence. Wer ist dieser Mann und was hat er entdeckt?

Lawrence war 1982 Direktor des „Human Relations Programme" am renommierten Tavistock Institute in London und ein erfahrener Organisationsberater und Konsulent im Wirtschafts- und Bildungswesen, als zwei Ereignisse ihn auf ganze neue Gedanken brachten.

Eines davon war seine Lektüre des bereits besprochenen Buches von Charlotte Beradt *Das Dritte Reich des Traums.* Lawrence war als klassischer Psychoanalytiker ausgebildet, aber hier sah er, dass Träume nicht nur individuelle Konflikte verhüllen, verfremden und wieder enthüllen können; sie bringen auch die aktuellen emotionalen Reaktionen auf ein Regime, auf ein politisches oder soziales System, präzise und bewegend zur Darstellung. Es fiel ihm auf, dass in Beradts Traumsammlung die Veränderungen in der damaligen politischen Umwelt viel plastischer und genauer geschildert wurden, als es im normalen Alltag möglich gewesen war.

Das erste, noch frühere, Ereignis aus dem Jahr 1975, als er im Rahmen eines Forschungsprojekts Interviews mit Managern durchzuführen hatte, war ein Wiederholungstraum, den ihm einer der Manager erzählte. Dieser Mann träumte öfter davon, *dass er jeden Tag auf dem Weg in seine Arbeit durch einen Friedhof gehen musste. Egal, welche Route er einschlug, kam er immer wieder durch diesen Friedhof.* Seine Einfälle dazu kreisten um die finanzielle Krise seines Betriebs, die womöglich sehr bald dessen Ende bedeuten konnte. Er war deprimiert, weil alle seine Kollegen diese Wahrscheinlichkeit verleugnen würden.

Dabei kam Lawrence der Gedanke, wie kurzlebig manche Managerposten sein können und dass der Arbeitsplatz für viele Menschen ein überschätztes idealisiertes Ding bedeutet, das unsterblich sein soll und ewig fortbestehen. Diese von den Angestellten geteilte unbewusste Fantasie erlaubt es ihnen, alle ihre Zukunftssorgen und Verunsicherungen in die Organisation zu projizieren. Die vermeintliche Dauerhaftigkeit und Stabilität der Organisation wiederum verinnerlichen sie ihrerseits, um sich inneren Halt zu geben. Man mag sich fragen, welche Entwicklungen noch möglich sind, wenn die Gemeinschaft, die das Leben des Individuums einschränken, aber auch schützen soll, keine soziale Organisation mehr, sondern ein profitorientierter Konzern geworden ist.

Lawrence begann mit seinen „Social-Dreaming-Matrix"-Gruppen in London in den 1980er-Jahren und brachte die Methode dann in verschiedene Länder, wo sie inzwischen weitergeführt wird, wie in Frankreich, Deutschland, Israel und Australien. Das Wort „Matrix", aus dem Lateinischen für Gebärmutter, sollte verdeutlichen, dass es hier um eine Art Behälter für das Entstehen von Bedeutungen geht und nicht um eine gruppendynamische Übung. Die primäre Aufgabe (jede Organisation entsteht aus einer ursprünglichen Aufgabe!) definierte er damit, *die sozialen Bedeutungen in den verfügbaren Träumen der SD-Matrix zu entdecken*, und er stellte folgende methodische Grundprinzipien dafür auf:

1) Die Stühle im Raum werden nicht im Kreis aufgestellt, wie sonst oft üblich, sondern in einer Spirale. Die gewöhnliche Kreisform gibt jedem Teilnehmer einen möglichst umfassenden Überblick über die anderen Gesichter; das soll hier vermieden werden, denn das Träumen ist auch ein einsames isoliertes Unternehmen. Die Spiralform erlaubt es einem, in der Gruppe zu sitzen und andere wahrzunehmen, aber sie nicht alle zu beobachten, damit der Blick mehr auf die Innenwelt gerichtet bleibt.

2) In einer ersten einstündigen Sitzung erzählen die Teilnehmer einander Träume, die sie in letzter Zeit hatten, und assoziieren dazu mit ihren persönlichen Einfällen und mit weiteren Träumen. Die Träume werden nicht diskutiert oder persönlich interpretiert, es wird nicht nach Bedeutungen geforscht und der Träumer wird auch nicht nach dem privaten Lebenshintergrund seines Traums gefragt. Der Traum gehört nunmehr der gesamten Gruppe und nicht mehr nur ihm.

3) In einer zweiten einstündigen Sitzung wird der Prozess von den Teilnehmern reflektiert. Auch hier gilt die Regel, die Träume nicht persönlich oder individuell zu verstehen, sondern als eine Äußerung, die mit dem Unbewussten der gesamten Gruppe zu tun hat. Diese Reflexion bezieht immer den Ort, die Umgebung und die aktuelle soziale Situation und den Grund des Treffens mit ein – egal, ob in einem Krankenhaus, in einem Wirtschaftsbetrieb, auf einer Universität oder auf einem Kongress.

Welchen Zuwachs an Erkenntnis bringt eine solche „Entdeckung von Bedeutungen" für die einzelnen Teilnehmer der
Matrix und für die jeweilige Gesamtorganisation in ihrer
primären Aufgabe? Ein Krankenhaus hat die primäre Aufgabe, die Patienten bestmöglich medizinisch zu versorgen, eine
Universität, ihre Studenten gründlich und umfassend auszubilden, ein Konzern, Profite für seine Aktionäre zu machen.

In meiner Erfahrung, die vor allem auf Teamsupervisio-
nen in Krankenhausabteilungen zurückgeht, ist das Personal, was die primäre Aufgabe betrifft, oft gar nicht so sehr
bei der Sache. Patienten werden dann nicht mehr optimal
versorgt, weil dem Personal andere Dinge emotional wichtiger erscheinen und sich ihnen in den Weg stellen. Das kann
ein schwelender Autoritätskonflikt zwischen Oberarzt und
Primar sein, der auf dem Rücken der Pfleger ausgetragen
wird, es kann eine Befürchtung sein, dass die Abteilung ver-
kleinert, aufgelöst oder woanders im System eingegliedert
werden soll, es kann eine quasi-geheime Liebesaffäre zwischen einem verheirateten Sekundararzt und einer Kranken-
schwester sein, von der alle wissen – aber nicht wissen, wie
sie ausgehen wird! Das Traummaterial in der Matrix zeigt
diese Dinge auf, zwar oft auf symbolische Weise, die erst ent-
schlüsselt werden muss, aber immer sehr greifbar und emotional aufgeladen.

Der amerikanische Universitätsprofessor Kenneth Eisold
schildert den Einsatz einer SDM („social dreaming matrix")
in einem Ausbildungsprogramm für angehende Organisa-

tionsberater in New York. Im Verlauf der Sitzungen kamen verstörende Träume zum Vorschein:

*Ich bin zu Hause und gebe meinem Sohn zu essen. Die letzten paar Tage waren Terroristen in der Nachbarschaft. Ich ging zu einer Freundin, deren Mann Experte ist, und sagte: „Ich bin jetzt bereit für ein Gewehr." Dann läuft jemand plötzlich am Fenster vorbei, mit einer Uzi-Maschinenpistole bewaffnet. Es ist unklar, ob er ein Beschützer oder ein Terrorist ist.*

*

*Ich werde von einer körperlosen Stimme gezwungen, eine Autopsie durchzuführen, ohne jegliche Erfahrung darin.*

*

*Ein Bibliothekar an der Schule will keine Verantwortung dafür tragen, den Streit zweier Studenten zu schlichten.*

*

*Ein sadistischer Musiklehrer bringt uns einen trivialen Zirkusmarsch bei.*

*

*Massen von schmutzigen indischen Arbeitern werden von Touristen beobachtet.*

*

*Gesichtslose Bahnreisende, nackt und unsichtbar, versuchen nicht gesehen oder bemerkt zu werden, aber verraten einander trotzdem ihre Existenz.*

Die Einfälle dazu führten immer wieder auf das Ausbildungsprogramm zurück: Die Studierenden waren überfordert, die Lehrmethoden und Lehrinhalte waren unbefriedigend, die

Ansprüche viel zu hoch und es herrschte Uneinigkeit bei den Lehrern und bei der Verwaltung.

Wie so oft bei solchen Trainings-Instituten – wie auch in psychotherapeutischen Ausbildungen – müssen die Studierenden als Praxisteil oft die schwierigeren oder aussichtslosen Fälle nehmen, die ihre Lehrer selbst nicht wollen. Solche Einrichtungen haben meist einen doppelten Auftrag: einerseits Studierende adäquat auszubilden, andererseits Patienten, Kunden oder Klienten adäquat zu versorgen. Diese beiden Funktionen geraten dann immer wieder in Konflikt.

In diesem Fall konnte die Studienleitung – die bei der Sitzung dabei war und auch ihre Träume beisteuerte – einlenken und sagen: „Hätten wir gewusst, wie anspruchsvoll und komplex unser Programm für alle Beteiligten sein würde, hätten wir es nie begonnen." In der Folge kam es zu Umstrukturierungen, die das Programm für alle überschaubarer und transparenter machten.

In einer SDM, die der amerikanische Pastor Thomas Michael in der evangelischen Kirche seiner Gemeinde abhielt, sprach ein Geschäftsmann mit Besorgnis von der Wirtschaftslage in den USA, ob hier nicht alle einer Fata Morgana anheimfielen. Das Land sei bankrott, würde aber weiterhin einen Mythos finanzieren (das militärische Establishment), während die Konkurrenz von anderswo stärker sei denn je. Später erzählte er einen Traum:

*Er fährt mit seinem Auto hinter ein Shoppingcenter. Das Gebäude war so nah an einem Hügel, dass man einen Teil davon*

*weggeschnitten hatte. Es hatte sich ein Berg von Dreck dort auf-*
*getürmt. Er fuhr dreimal links herum, bis er vor dem Center*
*hielt. Ein Freund von ihm, der sehr dick ist und über 150 Kilo*
*wiegt, kam aus einem Lebensmittelgeschäft mit zwei großen Sä-*
*cken voller Essen. Dieser Freund beteuert öfter, abnehmen zu*
*wollen. Der Träumer wollte ihn nicht bloßstellen und fuhr lang-*
*sam an ihm vorbei, ohne ihn anzuschauen. Aber im Vorbeifah-*
*ren bemerkte er, dass das Gesicht des Freundes aschgrau war*
*wie eine Maske aus Beton. Als er weiterfuhr, sah er im Rück-*
*spiegel, wie der Dicke sich abdrehte und mit erhobenem Arm*
*den Hitler-Gruß zeigte.*

Kirche und Gemeinde sind die richtigen Orte für Parabeln
– hier aber handelte die Parabel sehr deutlich von der gegenwärtigen nationalen Wirtschaftslage! Das Traumbild ließ
manche der Teilnehmer seine Sorgen viel besser begreifen.

In seiner ersten SDM in Deutschland war Lawrence davon
überrascht, wie schwer es den Teilnehmern fiel, Träume überhaupt zu erinnern und zu erzählen. Alles erschien ihm in der
Matrix so vorsichtig und zögerlich, als gäbe es einen Widerstand in der Gruppe gegen das Träumen an sich. Er sprach
das an und einige Teilnehmer antworteten, ihre Eltern in der
Nazizeit hätten den großen Fehler gemacht, den Traum eines
Großreichs für wahr zu halten, und man wolle nun nüchtern,
realistisch und am Boden bleiben – Träume zu haben oder sie
zu ernst zu nehmen sei gefährlich.

Im Lauf der Veranstaltung kamen dann doch allmählich
Träume und Einfälle zum Vorschein, die sich auf die bevorste-

hende deutsche Wiedervereinigung bezogen. Viele Teilnehmer hatten unbewusst Angst verspürt, dass sich etwas aus der Elterngeschichte historisch (aber auch ein wenig hysterisch!) wiederholen könnte: „Der Traum wird wahr – Deutschland ist als Großreich wiederauferstanden und wird umjubelt – das kann nicht gut enden!"

In den frühen 1990er-Jahren nahm ich an SDM-Seminaren mit Lawrence und seinem Kollegen David Armstrong in London teil. Seitdem habe ich in diversen Umgebungen selbst soziales Träumen eingeführt. Am deutlichsten ist mir das Erlebnis bei einem Weltkongress für Psychotherapie im Austria Center in Wien im Gedächtnis geblieben.

Es war das bisher größte Ereignis dieser Art, mit über 4000 Teilnehmern – Psychoanalytikern, Psychodramatikern, Verhaltenstherapeuten, aber auch afrikanischen Naturheilern und mongolischen Schamanen. Obwohl ich sonst fast immer Notizen von solchen Dingen mache, ging das diesmal nicht, es war einfach zu viel los. Das spiegelte sich in den Träumen der Teilnehmer der SDM wider; viele Träume handelten eigentlich vom Alltag in den ersten Tagen des Kongresses: herumirren in einem unübersichtlichen Gebäude, in das falsche Zimmer für einen Workshop gehen, in dem plötzlich eine erschreckende oder bizarre Veranstaltung stattfindet, mit Leuten reden wollen, aber ständig daran gehindert werden usw.

Am dritten Tag hatten sich „Subgruppen" von Träumen herausgebildet. Einige ältere Anwesende waren in Wien aufgewachsen, als jüdische Kinder allein oder mit ihren Eltern in die USA gelangt und zum ersten Mal wieder in ihrer Heimatstadt. Viele Träume handelten von Massenaufläufen, Märschen, KZs, Befehlen, Gestapo-Uniformen, die lose mit dem Tumult am Kongress zusammenhingen. Diese Träume förderten einige sehr berührende, traurige, aber auch schöne Erinnerungen an ihre Kindheit zutage, die ihnen sonst nicht eingefallen oder von ihnen erzählt worden wären. Träume der asiatischen Teilnehmer enthielten keine Bilder von Menschenmassen (die waren sie von zu Hause gewohnt) und stellten Wien als wunderschöne Stadt dar, imposant und zugleich heimelig – nur das Essen war in den Träumen ein Problem. Die Einheimischen träumten auffällig oft von Urlaubsorten im Ausland, als würden sie dem Ganzen entkommen wollen!

Das Erlebnis war zu kurz, die Zeit nicht vorhanden, um es zu verdauen, und es ist mir nicht gelungen, nachher Aufzeichnungen darüber zu machen. Aber ich habe es noch sehr stark in Erinnerung. Ich bin kein Wiener, die Stadt ist mir aber über die Jahrzehnte zur Wahlheimat geworden. Hier in dieser SDM konnte ich sie auf einmal ganz konzentriert in einem solchen Spektrum von Traumbildern, Szenen, Farben, Begegnungen und Emotionen aus allen Richtungen betrachten, sodass ich nie mehr ein allzu eindeutiges oder parteiisches Urteil über meine Wahlheimat würde fällen können.

Alfred Polgar meinte einmal: Wien bleibt Wien, und das sei das Schlimmste, was man über diese Stadt sagen kann. Aber er war ein Einheimischer und konnte sich das erlauben. Das soziale Träumen hatte mir gezeigt, dass die Stadt unergründlich ist und bleiben wird – und daher auch nicht zufällig zum Geburtsort der Psychoanalyse geworden ist.

Meine fehlenden Aufzeichnungen von dem Kongress erinnern mich an eine Anekdote, die Lawrence von einem Seminar in Frankreich erzählte. Ein Teilnehmer bereitete sich darauf vor, seine neue Rolle als CEO in einem Konzern zu übernehmen, und hatte sich ein Notizbuch angeschafft, um seine Beobachtungen über Abläufe im Konzern festzuhalten. Vor dem Seminar hatte er das Notizbuch verloren, und er beklagte sich in der Gruppe darüber. Nach dem Seminar träumte er: *Ich verstecke das Notizbuch in der Lade eines schwarzen Schreibtischs.* Beim Aufwachen dachte er darüber nach. Weder bei sich zu Hause noch bei ihm im Büro gab es einen schwarzen Schreibtisch. Als er genauer an den Schreibtisch im Traum dachte, fiel ihm ein, dass er ein antikes Stück mit einer etwas rauen Oberfläche war. Dann erinnerte er sich, dass er in einem Hotelzimmer mit einem ähnlichen Schreibtisch gewesen war. Er telefonierte mit dem Hotel und der Manager sagte: „Ja wir haben Ihr Notizbuch, wir wussten nicht, wohin wir es schicken sollten, jetzt kriegen Sie es wieder."

# KREATIVITÄT IM TRAUM

*Ein Träumer ist einer, der seinen Weg
nur bei Mondlicht findet – seine Strafe dafür ist,
dass er die Morgendämmerung früher sieht
als der Rest der Welt.*

OSCAR WILDE

\* \* \*

*Die Realität ist falsch. Träume sind echt.*

TUPAC SHAKUR

Es war zuerst in einem Traum, dass eine Melodie erklang, die später weltberühmt wurde. Ganz ohne Text träumte Paul McCartney eines Nachts eine Melodie, die er am Morgen aufschrieb. Zuerst gab er ihr den Namen „Scrambled Eggs" (Rühreier), bis diese drei Silben sich in *Yesterday* verwandelt hatten.

Ein Traum gab auch dem schottischen Dichter Robert Louis Stevenson den Anlass dazu, seine berühmte Novelle *Dr. Jekyll und Mr. Hyde* zu schreiben.

Der russische Chemiker Dimitri Mendelejew, der im 19. Jahrhundert das Periodensystem der Elemente entdeckte, rang vorher lange damit, ein Organisationsprinzip dafür zu finden. Eines Nachmittags schlief er ein, gerade als seine Familie im Nebenzimmer musizierte. In einem Traum begriff er, dass die chemischen Elemente zueinander ähnlich in Beziehung stehen müssten wie Themen, Leitmotive und Melodien in der Musik. Daraufhin konnte er das gesamte Periodensystem – eine Grundlage der heutigen Chemie – in einem Zug aufschreiben.

Haben die Träume an sich etwas Kreatives? Oder ist es vielmehr so, dass kreative Menschen weiterhin kreativ bleiben, auch wenn sie träumen? Und was heißt hier überhaupt „kreativ"?

Der Techniker, der Wissenschaftler, der Mathematiker – sie alle suchen nach Lösungen für bestimmte Probleme. Die Kreativität eines Elias Howe, der die Nähmaschine erfand, oder eines Dimitri Mendelejew lag darin, dass sie im Traum etwas fanden, wonach sie schon vorher gesucht hatten. Ein Musiker wie Paul McCartney oder ein Dichter wie Stevenson fanden im Traum Melodien oder Texte, ohne vorher danach gesucht zu haben.

Diese beiden Arten der Kreativität entsprechen mehr dem Charakter und den beruflichen Interessen des Träumers als bestimmten Funktionen des Traums. Der Traum lässt sich, so könnte man sagen, für alles verwenden, was einem im Leben wichtig ist. Vielleicht auch für das, was einem im Leben unwichtig ist, denn wir wissen nicht, wie viele unbrauchbare Melodien oder allzu bizarre Geschichten McCartney oder Stevenson vorher geträumt und zu Recht nachher vergessen haben.

Vielleicht sind Chemiker besonders empfänglich für Eingebungen aus dem Traum. Friedrich August von Kekulé träumte öfters Bilder, die ihm zu solchen Einsichten verhalfen. Berühmt geworden ist der Traum, in dem er die Struktur des Benzol-Moleküls entdeckte:

*Ich arbeitete an meinem Lehrbuch, aber die Arbeit wollte nicht fortschreiten. Meine Gedanken waren anderswo. Ich drehte meinen Stuhl zum Kamin und schlief ein. Wieder tanzten die Atome vor meinen Augen … Mein geistiges Auge, durch wiederholte Visionen dieser Art geschult, konnte nun größere Strukturen mit vielfachen Kombinationen entdecken. Lange Reihen, mal enger, mal weiter auseinander, bewegten sich hin und her wie Schlangen. Aber schau, was war da? Eine der Schlangen nahm seine eigene Schwanzspitze in den Mund und diese Form drehte sich spöttelnd vor meinen Augen. Wie vom Blitz getroffen wachte ich auf und auch dieses Mal verbrachte ich den Rest der Nacht damit, die Folgen dieser Hypothese auszuarbeiten.*

Was war die Hypothese? Ein allzu bornierter Analytiker aus der Freud'schen Schule würde gewiss auf eine sexuelle Bedeutung tippen, einem aus der Jung'schen Schule würde gleich der *Ourobouros* einfallen, ein uraltes Symbol, das auch in der Alchemie verwendet wurde. Für Kekulé war es schlicht die Lösung eines chemischen Problems – die Struktur des Benzol-Moleküls ist ringförmig!

Kekulé soll seine Kollegen ermahnt haben: „Lernt zu träumen, meine Herren!" Ein Physiker, der das tat, war der Nobelpreisträger Niels Bohr. Er wollte die Fragestellung Mendelejews noch weiterführen: Wieso existieren die Elemente überhaupt, was bringt sie dazu, sich voneinander zu unterscheiden, was hält sie in ihrer Eigenart stabil?

In einem Traum sah er den Nukleus des Atoms und die Elektronen, die rundherum kreisten, wie in einem Sonnensystem. In einem anderen Traum befand er sich bei einem Pferderennen: *Die Pferde liefen in Bahnen, die mit weißem Staub klar markiert waren. Sie konnten die Bahnen wechseln, solange sie eine bestimmte Entfernung zueinander einhielten.*

Daraus konnte Bohr verstehen, wie die Elektronen ihre willkürlich erscheinenden Umlaufbahnen um den Atomnukleus einhielten. Die Bahnen werden von Energiequanten bestimmt. Auf dieser Basis konnte er seine Quantentheorie formulieren. Er sprach oft davon, dass er seinen Nobelpreis im Jahr 1922 seinen Träumen verdankte.

Auch Einstein bekannte sich dazu, dass die Basis für sein „Gedankenexperiment", mit dem er das Relativitätsprinzip begründete, seine Reflexionen über einen ganz bestimmten

Traum gebildet hatten: *Er raste auf einem Schlitten einen Berghang hinunter. Er fuhr immer schneller und als er nahe der Lichtgeschwindigkeit ankam, bemerkte er, dass die Sterne das Licht in ein Spektrum von Farben brach, das er noch nie gesehen hatte.*

Wenden wir uns dem zweiten, dem künstlerischen Aspekt der Kreativität zu, wobei dem Traum eine eigene schöpferische Kraft innezuwohnen scheint. Hier werden noch nicht gedachte Texte gedichtet und noch unerhörte Musik vertont, als würden die Kombinationen von Tönen, Bildern und Geschichten, mit denen Musiker und Dichter auch tagsüber beschäftigt sind, nahtlos in ihren Träumen fortgeführt werden, manchmal mit erstaunlichen Ergebnissen.

Der englische Dichter Samuel Taylor Coleridge hat sein vielleicht berühmtestes Gedicht in einem Traum vernommen. Es beginnt:

*In Xanadu did Kublai Khan*
*A stately pleasure-dome decree*
*Where Alph, the sacred river ran*
*Through caverns measureless to man*
*Down to a sunless sea –*

Das Gedicht ist mit 54 Zeilen unvollendet geblieben, da „eine Person aus Porlock" auf Geschäftsbesuch kam und ihn aus dem Schlaf geweckt hatte. Dieser ist in der Folge auch damit berühmt geworden, denn eine „Person aus Porlock" ging in den englischen Sprachgebrauch als Synonym für „Störenfried" ein. Allerdings meinte die Dichterin Stevie Smith in einem eigenen schrulligen Gedicht, dass Coleridge selbst mit seinem Gedicht nicht weitergewusst haben muss, sonst hätte er sich im Haus verkrochen und weitergeschlafen!

Der Komponist Giuseppe Tartini erzählte im Alter einem Freund, wie er die berühmte *Teufelstrillersonate* komponiert hatte. Er träumte, er hätte dem Teufel seine Seele verkauft, und gab ihm im Traum seine Geige, um zu sehen, was er damit anfing. *Aber wie groß war mein Erstaunen, als ich ihn eine Sonate mit so vollendeter Technik spielen hörte; sie war so schön, dass sie die ehrgeizigsten Auswüchse meiner Fantasie überstieg! Ich war entzückt, entrückt, verzaubert. Atemlos wachte ich auf und griff nach meiner Geige. Das Stück, das ich komponierte, war das Beste, das ich jemals geschrieben hatte, aber wie weit entfernt war es von dem, das ich in meinem Traum gehört hatte!*

Auch von Richard Wagner gibt es Zeugnisse, dass ihm die Handlung und die Motive für seine Oper *Tristan* zunächst im Traum gekommen waren. Zu dieser vornehmen Gesellschaft können sich weitere Musiker dazuzählen, die ihre Kompositionen ihren Träumen verdanken, wie Roy Orbison, Johnny Cash, Billy Joel und Blixa Bargeld, der seit Jahren ein Traumtagebuch führt.

Der Autor Stephen King schlief in einem Flugzeug ein und träumte die Handlung seines Erfolgsromans *Sie*. Ingmar Bergman und Federico Fellini schufen Filme aufgrund ihrer Traumerfahrungen. Von Fellini, der lange Jahre bei einem Schüler von C. G. Jung in Therapie war, ist ein faszinierendes Traumtagebuch mit einer Fülle von Texten und Zeichnungen veröffentlicht worden. Er meinte: „Die Reise in unsere inneren

Dimensionen, die Erforschung des unbekannten Teils in uns scheint mir das Lohnendste zu sein."

Ein anderer Filmemacher, Richard Linklater, ist seit Kindheit ein luzider Träumer und sein Film *Waking Life* handelt davon. Er scheint bei seinen Klarträumen mehr das Prinzip einer kreativen Erforschung als einer manipulativen Problemlösung zu befolgen. Immerhin berichtet er von einem luziden Traum, in dem er sich mit Leo Tolstoi zusammensetzt und mit ihm über seine Bücher spricht!

Stellen wir uns hier noch einmal die Frage: Machen die Träume uns kreativ oder gibt es einfach kreativere Menschen, die mehr als andere dazu bereit sind, ihren Träumen Beachtung zu schenken?

Noch ist nicht viel zu diesem Thema geforscht worden, aber der Leiter des Schlaflabors in Mannheim, Michael Schredl, hat in einer großen Studie feststellen können, dass acht Prozent aller Träume eine kreative Auswirkung auf das Wachleben haben.

Insofern lässt sich immerhin die These aufstellen, dass die besondere Leistung des Traums – in Bildern zu denken, Widersprüchliches oder Absurdes zuzulassen, unerwartete Kombinationen oder „Verdichtungen" verschiedener Elemente herzustellen usw. – unsere Kreativität anregt und dass wir deshalb gut daran tun, sie zu beachten.

Der britische Psychoanalytiker Wilfred Bion schrieb einmal dazu: *Die Nacht, der Traum, das ist eine „Rauheit" im glatt polierten Bewusstsein des Tages: in dieser Rauheit könnte eine Idee logieren. Sogar in dieser polierten Oberfläche könnte es*

*eine Täuschung, einen Wahn oder irgend einen anderen Fehler*
*geben, worin sich eine Idee einnisten könnte und heranwachsen,*
*bevor es noch ausgerottet und „kuriert" wird.*

Der Hauptgrund dafür, dass in der Psychotherapie nach Träumen gefragt wird, ist nicht, um besondere Rückschlüsse auf verborgene Neurosen oder versteckte Traumata zu ziehen – auch wenn das gelegentlich geschieht –, sondern um eine Quelle der Kreativität zu befreien, die uns auf neue Wege führen kann, die uns im Wachleben durch eine allzu enge Ausrichtung verschlossen bleiben. Wenn sich die Psychotherapie mit Träumen beschäftigt, dann nur, um einen möglichst fruchtbaren und kreativen Umgang mit ihnen zu entwickeln.

Wozu wir überhaupt träumen, welchen ursprünglichen Zweck wir damit eigentlich verfolgen, ist für die Wissenschaft noch ein Streitgegenstand. Im nächsten Kapitel wollen wir die verschiedenen Auffassungen dazu genauer betrachten und uns zunächst fragen, warum und wozu wir Menschen im Lauf unserer Evolution die Funktion des Träumens entwickelt haben.

# Wozu träumen wir? Sieben Hypothesen

*Der Anfang ist es, der dem Menschen fehlt.*

GUSTAV MEYRINK

Das Träumen ist älter als die Menschheit. Wir wissen, dass Tiere träumen, unsere Haustiere wie Hund und Katze haben REM-Phasen und bewegen sich manchmal im Schlaf, als ob sie jagen würden. Der Tierpsychologe Rudolf Menzel beobachtete 1000 Hunde beim Schlafen und kam zum Ergebnis, sie hätten drei Arten von Träumen gehabt: Fressträume, Knurr- und Bellträume sowie Laufträume!

Der Traumforscher Michel Jouvet meinte, diese Laufbewegung im tierischen Traum sei weniger ein Jagen als ein Erkunden und Markieren eines Territoriums. Denn er sieht die genetische Entwicklung des Träumens im Tierreich in einem Evolutionssprung von der Stufe der Fische zur Stufe der Vögel. Der Traum ist für ihn ursprünglich eine *geografische Orientierungshilfe*, im Traum werden gewisse Lokalitäten aus der Vergangenheit mit dem aktuellen Standort verglichen, um sich Merkmale der Gegend besser einprägen zu können. Fische brauchen diese Funktion in ihrem Element kaum, für Zugvögel ist sie eminent wichtig.

Bei Experimenten mit Ratten ließ sich Erstaunliches feststellen, das auch für Jouvets Theorie spricht. Die Ratten wurden tagsüber in unterschiedliche Labyrinthe gestellt, aus denen sie gelangen mussten, um zu Nahrung zu kommen. In der Nacht konnte man mithilfe von kompliziertem Gerät ihre Gehirnareale und ihre Augenbewegungen während des REM-Schlafs messen: Sie verfolgten eindeutig die Wege in den Labyrinthen des vergangenen Tages, man konnte sogar genau feststellen, in welchem Labyrinth sie sich gerade im Traum befanden!

Das mag auch ein Grund dafür sein, warum wir in der ersten Urlaubswoche oft vermehrt Träume haben, die sich an uns bekannten Orten in unserer Heimat abspielen. Kaum ist man aus dem Urlaub zurück, beginnt man von Straßen und Plätzen zu träumen, die sich am Urlaubsort befanden.

Jedenfalls ist davon auszugehen, dass das Träumen ursprünglich für das nächtliche Einüben von überlebenssichernden Fähigkeiten herausgebildet wurde: für Nahrungsaufnahme, Kampf oder Flucht bei natürlichen Feinden, und für die sexuelle Reproduktion, also auch für all das, was nach Freud unserer Triebnatur entspricht.

Es ist aber ebenfalls davon auszugehen, dass die Traumtätigkeit bei den Menschen, einmal entwickelt, nachträglich auch weitere Funktionen übernehmen konnte. Denn es galt für den Menschen zunehmend, nicht nur mit den Erfordernissen seines Naturzustands auszukommen, er musste ganz andere, neue Fähigkeiten ausbilden, um in der Kultur mit seinen Mitmenschen zu überleben oder zumindest seine Stellung zu sichern, zu verteidigen oder auszubauen. Jetzt konnten seine Träume ein Vielfaches an Wünschen, Ängsten, Konflikten und Problemstellungen verarbeiten, allesamt im Dienst einer „Orientierung", aber diesmal nicht nur geografisch, sondern auch sozial, sexuell, emotional, moralisch, ästhetisch usw.

Zugleich konnte das Träumen, in Zusammenhang mit der anatomischen Evolution des menschlichen Gehirns und seinen neuronalen Systemen, andere wichtige physiologische Funktionen übernehmen, die für die Neurochemie des Gehirns wesentlich waren.

Diese psychologischen und physiologischen Funktionen des Träumens sind nicht getrennt voneinander zu sehen, obwohl wir das hier – gemäß unserer Schwierigkeit, die Einheit von Leib und Seele immer im Auge zu behalten – so aufteilen. Nur wie die einen Faktoren die anderen bedingen, und welche zuerst entstanden sind – das Henne-Ei-Problem –, oder wie sie in einer gemeinsamen Interaktion sich entwickeln konnten, ist von der Wissenschaft bislang nicht endgültig enträtselt worden.

In der Folge präsentieren wir sieben gängige Hypothesen (neben denen von Freud und Jung) dazu, warum und wozu wir Menschen träumen. Damit ist kein Anspruch auf Vollständigkeit gegeben. Die Hypothesen mögen manchmal widersprüchlich erscheinen, dennoch könnten sie – wie die unterschiedlichen Interpretationen, die Rabbi Bizna von seinen zwei Dutzend Traumdeutern erfragte – alle irgendwo recht haben, indem sie sich auf die eine oder andere Weise ergänzen.

*These 1: „Memory Processing".* Träume dienen dazu, unsere Erinnerungen zu verarbeiten, zu sortieren, zu vergleichen und sie notfalls vom Kurzzeitgedächtnis ins Langzeitgedächtnis zu übertragen.

Wir speichern jene Erinnerungen, die für uns von Bedeutung sind, durch einen Traumvorgang, in dem wir aktuelle Lebenserfahrungen mit vergangenen bedeutsamen Erlebnissen vergleichen („matching").

Wir wissen, dass emotionale Deprivation oder Misshandlung in der frühen Kindheit diese Funktion des längerfristigen Kodierens schwer beeinträchtigen, weil das Kind von gefühlsmäßigen Erregungen derart überflutet wird, dass es zu einer Konfusion zwischen Fantasie und Realität in den Erinnerungsspuren führt. Aber dieses Modell der Traumfunktion impliziert eine klinisch relevante Hypothese: dass, wenn die traumatisierten Träumer versuchen, ihre gegenwärtigen Erlebnisse mit vergangenen Konglomeraten von Erinnerung und Fantasie zu vergleichen, sie dadurch ihre heutigen Alltagserfahrungen mit dem ursprünglichen emotionalen Trauma vermengen und somit ihren konfusen Zustand aufrechterhalten.

Aber ohne Gefühl geht auch nichts. Längerfristig kodiert werden jedenfalls nur jene Erinnerungen, bei denen die subjektive Erfahrung mit einer gewissen Emotionalität besetzt wird (s. These 5). Die Forschung hat bewiesen, dass Studenten die Lektionen des Tages schlechter lernen, wenn man sie am Träumen hindert – d. h. wenn sie keine unbewussten emotionalen Verbindungen zum Gelernten herstellen können.

*These 2:* Der Nobelpreisträger für die Entdeckung der Doppelhelix-Struktur der DNA Francis Crick und sein Mitarbeiter Graeme Mitchison kamen zum Schluss: *Träume sind eine Art allgemeine Müllabfuhr* – sie dienen lediglich dazu, unwichtige Information und Eindrücke des Tages zu löschen. Das mag konträr zur Psychoanalyse erscheinen – die eher auf ein „Recycling" des Materials setzt –, aber auch Psychoanalytiker wie Hanna Segal beschreiben das Phänomen, dass manche Patienten sie mit einer derartigen Fülle von Träumen überfluten, dass keine Arbeit daran möglich ist. Man hat den

Eindruck, diese Patienten wollen sich in der Stunde einfach entleeren von allem, was sie belastet.

Ein Mann, der seit seiner Jugend Schauspieler werden wollte, arbeitete in einem Callcenter mit dem Gefühl, im Leben versagt zu haben. Aber er erzählte eine Fülle von großartigen Träumen, mit spektakulären Szenen und beeindruckenden Bildern. Jeder Traum hätte für sich eine ausführliche Klärung gebraucht, aber bei dieser Traummenge war die Stunde immer schon vorbei, bevor es die Chance dafür geben konnte. Der Mann schien sich damit von seinen beunruhigenden Größenfantasien zu entlasten und sie zugleich aber damit zu befriedigen, denn er meinte mit einer solchen Show seinen Analytiker besonders zu beeindrucken. Als er das einsah und besser verstand, verschwanden alle Träume auf längere Zeit; der Patient war dann mehr mit seinen ambivalenten homosexuellen Gefühlen zum Therapeuten konfrontiert, den er verführen und blenden – aber ihm sich ebenfalls unterwerfen – wollte.

**These 3:** *Träume können die Verbindungen zwischen der rechten und der linken Gehirnhälfte herstellen, verstärken oder auch hemmen.* Freud hatte von einem „primärprozesshaften" Denken gesprochen, das mit Bildern, Träumen, Symbolen, Mythen und Märchen arbeitet, und auch von einem „Sekundärprozess", dem logisch-rationalen Denken des Alltags. Die rechte Gehirnhälfte wird mehr mit den primärprozesshaften Funktionen assoziiert, die linke mit logischen Operationen.

Die rechte Gehirnhälfte dient u. a. dem Erkennen von Gesichtern, die linke dem Sprechen und Lesen. Hier ließe sich auch die Vorherrschaft der Symbolik im Traum verstehen. Die rechte Gehirnhälfte steuert das analoge und metaphorische Denken, während die linke für die abstrakten, sprachbezogenen Ideen und Begriffe zuständig ist. Unsere Erfahrungen miteinander zu vergleichen („matching") ist wichtig für das Überleben, Metaphern und Symbole halten diese Verbindungen aufrecht.

**These 4:** *Träume sind ein Ausbruch von chaotischer Aktivität im Kleinhirn, ohne jede Bedeutung.* Diese wird ihnen nachträglich im Wachleben angedichtet. John Alan Hobson und Robert McCarley, die diese Hypothese in den 1970er-Jahren aufgrund der neu entdeckten REM-Phasen und der sogenannten PGO-Spikes im hormonalen System formulierten, meinten, im Schlaf sei das Gehirn wie ein in seinem Zimmer eingesperrtes verlassenes Kind, das auf sich selbst gestellt ist und zu toben beginnt. Über den Hirnstamm wird es zu wahllosen, zufälligen Aktivitätsausbrüchen angeregt, mit einem hohen Grad von elektrischer Erregung. Normalerweise vergessen wir unsere Träume und erinnern uns nur daran, wenn wir direkt danach aufwachen. Dann versuchen wir, einen „Sinn" daraus zu fabrizieren. Wir sehen dann „das Gesicht, das Kamel, die Festung in einer zufälligen Wolkenformation". Träume sind an sich bedeutungslos, wir laden sie nur nachträglich künstlich mit Bedeutung auf.

**These 5:** Im krassen Gegensatz dazu steht die Hypothese des Psychoanalytikers Donald Meltzer, das Träumen sei als ein

„Theater der inneren Bilder" überhaupt *das ursprüngliche Medium, um Bedeutungen für das Wachleben zu erzeugen.* Er meint, die Sinneswahrnehmungen, Beobachtungen und Erfahrungen des Menschen erlangen eine Bedeutung nur über ihre emotionale Aufladung. Erst über die Entstehung eines inneren Ortes im Menschen, eine Innenwelt, die er im Traumleben ausgestaltet, kann der Mensch seine Emotionen mit seinen Erfahrungen verknüpfen und daraus szenische Darstellungen entwickeln, die später für die Fähigkeit sorgen, den Ereignissen überhaupt eine Bedeutung zuzumessen. Der Traum ist eine notwendige Vorstufe dafür, dass das Wachleben für uns überhaupt Sinn macht.

**These 6:** *Träume dienen einer wiederholten genetischen Programmierung des Gehirns, um das Ich-Gefühl stärker auszubilden.* Der vorhin erwähnte französische Traumforscher Michel Jouvet begründet diese Hypothese so: Bei Menschen und den meisten warmblütigen Tieren – die einzigen Geschöpfe, die REM-Schlaf aufweisen – sei das Gehirn bei der Geburt unausgereift. Bei Menschen gibt es bis zum dritten Lebensmonat noch Zellwachstum und Zellvermehrung im Gehirn. Aber danach regenerieren sich die Gehirnzellen nicht mehr, wie andere Körperzellen das tun können.

Die massive REM-Aktivität im fötalen, pränatalen Leben und in den ersten Lebensmonaten lässt sich hier als ein genetisches Programmieren von individuellen psychischen und sozialen Charaktereigenschaften verstehen. Das Träumen würde sich ins Erwachsenenalter fortsetzen, um diese genetisch übermittelten Eigenschaften zu verstärken oder zu modifizieren. Er verweist auf Studien über die Träume eineiiger Zwillinge, die diesen Eindruck untermauern.

Nach Jouvet könnte die Funktion des REM-Schlafs sein, nach Abschluss der Neurogenese die iterative (wiederholte) genetische Programmierung des Gehirns im Sinne der Individuation zu bewerkstelligen, d. h. die Identität, das Ich-Gefühl herauszubilden bzw. zu verstärken. Vereinzelte Träume hätten demnach nicht viel Bedeutung, längere Sequenzen von Träumen, die ein Muster ergeben, aber sehr wohl.

Jouvet meinte dazu, wenn die Psychoanalyse bewirken könnte, dass diese Muster sich verändern, dann würde sie auch eine genetische Programmierung des Gehirns verändern. Er trug diese These auf dem gleichen Kongress vor, auf dem der tibetische Lama von seinen luziden Träumen berichtete. „Das ist reiner Lamarckismus", bemerkte der Neurowissenschaftler Wolf Singer dazu. Lamarcks Theorie behauptete, dass im Leben *erworbene* Eigenschaften (wie Mut, Wärme oder Nachdenklichkeit) weitervererbt werden können. Als Darwins Evolutionstheorie sich durchsetzte, war Lamarck diskreditiert.

Ich fragte Jouvet zu seiner Meinung dazu und er konterte, dass natürlich die spezifischen *Inhalte* solcher Prozesse nicht genetisch vererbbar seien. Inzwischen deuten allerdings neuere Forschungsergebnisse an Ratten darauf hin, dass diese Tiere sehr wohl bestimmte erworbene Fähigkeiten – verstecktes Essen zu finden oder bestimmten Gefahren auszuweichen – an ihre Nachkommen weitervererben können.

**These 7:** *Wir träumen, um eine Trennung zwischen Selbst und Nicht-Selbst herbeizuführen.* Der Quantenphysiker Fred Alan Wolf hat die These aufgestellt, es gäbe einen ursprünglichen *Bewusstseinszustand* der Materie, in dem es zu dieser Trennung kommt. Das Träumen diene einer ursprünglichen Differenzierung und sei letztlich sogar der Prozess, wodurch aus der Materie der Geist bzw. das Bewusstsein entstünde. Das Selbst erstrecke sich in die Welt, aber wenn es nur mit Sinnesempfindungen befasst ist, wie bei weniger entwickelten Tierarten, bleibt es „hautgebunden", was zu keiner Selbstwahrnehmung führt. Beschränkte Selbstwahrnehmung, eben die Hautwahrnehmung, stellt keine Korrelationen her. Um diese Schranke zu überwinden, müssen wir träumen.

Wir schalten die unmittelbare Außenwelt aus, um mit dem Universum in Verbindung zu treten. Auch das Universum träumt sich in seine Existenz hinein – damit hätten also die australischen Aborigines doch die richtige Vorstellung. Das „Ich" betreibt das Geschäft der Kausalität, von Ursache und Wirkung, von der Newton'schen Mechanik, während das „Es" für die Quantenmechanik, für die Synchronizität und für die Raum-Zeit-Korrelation zuständig ist: Es verknüpft Ereignisse und stellt Bedeutung über Wahrscheinlichkeitskorrelationen her. Dies wiederum dient der Erschaffung einer „imaginalen" (statt imaginären) holografischen Welt, um eine „quasi-wirkliche" virtuelle Fantasie herzustellen.

Träume sind keine Schäume, Illusionen oder Wahnvorstellungen, sondern haben eine eigene Realität jenseits der materiell wahrnehmbaren Welt. Kollektive Einbildungen wie die Marien-Erscheinungen zu Fatima oder Međugorje hätten daher eine wirkliche „geistige" *Materialität*, wie dreidimensionale Holografien in einem gemeinsamen virtuellen Raum. Das soll nicht gleich heißen, wenn wir uns etwas fest genug vorstellen, dann erlangt es damit auch eine Art materielle Wahrheit. So würde sich der Geist in Materie umwandeln. Wolfs These erscheint mir (als Nicht-Physiker kann ich seinen Argumenten nicht immer ganz folgen) hier eine umgekehrte zu sein. Die Materie verwandelt sich vielmehr in Geistiges und die Träume (wie bei den Urahnen der australischen Aborigines) erlauben etwas, das vorher nur als Materie existiert hat, sich in geistige Vorstellungen umzuwandeln.

Das lässt auch an den noch immer währenden Streit erinnern zwischen unserer Denkweise und der von vielen „Naturvölkern", ob Geister und Dämonen wirklich in der Außenwelt existieren oder ob sie bloß die Projektionen unserer eigenen inneren psychologischen Vorgänge sind.

Irwin Shaw, ein Schüler von Fritz Perls, dem Begründer der Gestalt-Therapie, erzählte mir folgende Anekdote: Auf einem Seminar im Esalen-Institut in Big Sur (damals ein wichtiges Zentrum der New-Age-Bewegung) trafen sich Perls und Carlos Castaneda, von dem schon die Rede war, zu einem Streitgespräch über dieses Thema. Perls meinte, Geister würden wir selbst in unserer Imagination erzeugen und sie dann der realen Welt andichten. Castaneda beharrte darauf, dass Geister ihre eigene Materialität in der Außenwelt besitzen. Als Perls nicht davon abließ, das infrage zu stellen, stand Castaneda vom Podium auf, ging zu Perls hinüber und verpasste ihm eine kräftige Ohrfeige. Ohne viel Erregung zu zeigen, sagte Perls zu ihm nur: „You naughty, naughty boy!"

Um uns dem Ende unserer Reise zu nähern, tun wir besser daran, aus dem Labyrinth der Quanten-Esoterik herauszufinden. Im abschließenden Kapitel – das für manche etwas trocken und technisch erscheinen mag, in dem Fall mögen sie es überspringen und gleich zum Nachwort kommen – wollen wir einige gesicherte Ergebnisse der modernen wissenschaftlichen Forschung in Psychologie und Neurowissenschaften erörtern. Wir können hier nur eine selektive Auswahl anbieten, die für den allgemeinen gegenwärtigen Aufschwung von Interesse am Phänomen Traum in diesen Disziplinen repräsentativ sein soll.

Zumindest auf diesem Gebiet soll es keine vagen Deutungen mehr geben, sondern handfeste Erklärungen!

# Traumforschung heute - Psychologie und Neurowissenschaften

*Fakten sind starrköpfige Dinge; was immer
unsere Wünsche, Neigungen oder leidenschaftliche
Überzeugungen sein mögen, sie können nicht den
Tatbestand und die Beweise dafür verändern.*

JOHN ADAMS


\* \* \*


*Fakten sind starrköpfig – aber Statistiken
sind dehnbarer.*

MARK TWAIN

## Psychologie

Seit Freuds Zeiten haben Psychoanalytiker und Therapeuten anderer Schulen immer die Träume im Blickfeld gehabt – ihre eigenen sowie die ihrer Patienten. Aber die akademische Psychologie blieb davon unbeeindruckt – für sie taugte dieses Feld für keine exakte *empirische* Wissenschaft, wo man Hypothesen anhand von wiederholbaren Experimenten mit kalibrierten Tests, großen Samples und gut ausgesuchten Kontrollgruppen erarbeitet. Traumforschung in der klinischen Praxis des Psychoanalytikers galt für diese Psychologen als eine *hermeneutische*, also „deutende" Disziplin, die vielleicht ihren Platz in den Geisteswissenschaften wie Kunstgeschichte oder Theologie hätte, aber nicht in einem rigorosen Fach wie der Psychologie, wo es darauf ankam, gesicherte Fakten zu etablieren.

Das änderte sich in den 1970er-Jahren, gleichzeitig mit der Entdeckung der REM-Phasen und der Einrichtung der ersten Schlaflabors in neurologischen Instituten. Da waren die Träume auf einmal in den exakten Naturwissenschaften salonfähig geworden, also konnten Psychologen nun auch mithilfe der neuen Techniken und ohne Prestigeverlust daran forschen. Heute ist die Fachliteratur dazu fast unüberblickbar geworden und ich werde mich darauf beschränken, nur die wichtigsten Stoßrichtungen dieser Forschungen zu beschreiben.

Was ist für die akademische, d. h. nicht-klinische, Psychologie an den Träumen interessant, wenn es nicht das deutende Verstehen der Trauminhalte sein darf?

Es tun sich einige Fragen auf: Welche Menschen erinnern sich besser an ihre Träume als andere, was zeichnet sie aus?

Wie können wir ein Kodierungssystem für Träume schaffen, wobei nicht nur die einzelnen Trauminhalte, aber auch ihre strukturellen Merkmale miteinander verglichen werden können? Welche Elemente und Faktoren kommen beim Aufbau eines Traums zusammen? Wie verlässlich kann eine Kodierung von Gefühlen in Träumen sein? Lassen sich nachweisbare Verbindungen zwischen Träumen und Traumatisierungen aufzeigen?

### Dicke und dünne Grenzen

Der amerikanische Traumforscher Ernest Hartmann hat in seinem Buch *Boundaries* die Ergebnisse seiner Untersuchungen zur Beziehung zwischen Traumleben und Persönlichkeitsstruktur dargelegt. Er fand heraus, dass bei dieser Korrelation die „dicken" oder „dünnen" Grenzen eines Menschen eine wichtige Kategorie bilden.

Personen mit dicken oder sehr klaren Grenzen denken und fühlen in festen Kategorien und ziehen logische Operationen der bildhaften Metaphorik vor. Sie interessieren sich weniger für ihre Träume, die auch oft in der Tat weniger interessant sind!

Menschen mit dünnen Grenzen erscheinen chaotischer und schöpferischer und unterscheiden nicht so streng zwischen Fantasie und Wirklichkeit. Deshalb werden sie auch stärker gerührt und mitgerissen von Geschichten, Filmen, Büchern usw. Der deutsche Psychologe und Traumforscher Michael Schredl, der die Ergebnisse Hartmanns experimentell überprüft hat, sagt von diesen „dünnhäutigen" Personen, dass sie oft in intensiven und meist konfliktreichen Beziehungen leben, weil sie sich schlecht abgrenzen können – es geht ihnen alles sehr nahe. Dafür sind sie aber sensibel, kreativ und üben oft ungewöhnliche Berufe aus. Schredls Nachuntersuchung kam weiters zum Ergebnis, dass ihre Träume auch mehr ungewöhnliche Phänomene aufweisen. Sie enthalten mehr verbale Interaktionen, mehr Kinder und mehr Verletzungen. Ihre Träume sind insgesamt wesentlich länger und bizarrer als jene der „dickhäutigen" Personen.

David Watson, ein Psychologe in Iowa, hat monatelang die Traumerinnerungen von fast 200 Studenten abgefragt. Er kam zum Ergebnis, dass bestimmte Persönlichkeitsmerkmale entscheidend waren für die Fähigkeit, sich an Träume zu erinnern. Menschen, die besonders offen für neue Erfahrungen waren und sich gut in ihre Fantasien versenken konnten, erinnerten sich besser an ihre Träume und konnten sie anschaulicher schildern.

Hartmann verfügte über eine sehr große Traumsammlung, aus der er noch andere Schlüsse zog. Ein wesentlicher Faktor war für ihn das „zentrale emotionale Bild" in jedem komplexeren Traum, eine Schlüsselszene, die hochemotional aufgeladen ist. Er konnte auch Skalen für diese Emotionalität aufstellen, aus denen klar hervorging, dass aus der Kindheit erinnerte Träume intensivere zentrale Traumbilder enthielten als spätere Träume der Erwachsenen. Personen, die Gewalt oder sexuelle Übergriffe erlitten hatten, hatten ebenfalls intensivere Schlüsselszenen. Auch in den Träumen der Durchschnittsamerikaner nach dem nationalen Trauma von 9/11 kamen jahrelang deutlich intensivere Zentralbilder vor.

## Kodierungssysteme und Traumstrukturen

Damit sinnvolle Vergleichsstudien überhaupt gemacht werden können, braucht man ein System, um die verschiedenen Traumelemente zu registrieren und zu kodieren. Den ersten systematischen Versuch, ein Kodierungssystem für Traumelemente zu schaffen, unternahmen 1966 Calvin Hall und Robert van de Castle mit folgenden Kategorien:

a) *Umgebung,* „indoor", „outdoor", Gegenstände, Kleider, Körperteile, Geld, Straßen usw.

b) *Traumfiguren,* Personen, Alter, Geschlecht, Identität (mit 19 Subkategorien), Gruppe vs. Individuum

c) *Soziale Interaktionen,* Aggression (mit acht Subkategorien), Freundlichkeit (mit sieben Subkategorien) und Sexualität (mit fünf Subkategorien)

d) *Handlungen,* Aktion, Kommunikation, Denken, Sprechen, Hören, Sehen, physische Aktivität

e) *Leistungssituation,* Erfolg, Misserfolg

f) *Einfluss der Umgebung,* Unglück, Glück

g) *Emotionen,* Ärger, Angst/Schuld, Glück/Freude, Trauer, Verwirrung

h) *Deskriptive Elemente,* Adjektive wie groß/klein, schnell/langsam oder Negative (nein, nie, *un*brauchbar usw.)

i) *Theoretische Kategorien,* Penisneid, Kastration, Regression etc.

Das System hat sich recht lange als brauchbar erwiesen, aber Michael Schredl hat daran Kritik geübt, z. B. gibt es Probleme bei der Validierung und auch keine Intensitäts- oder Häufigkeitsskalen. Er hat ein anderes Modell vorgelegt:

a) *Traumlänge* (dreistufig)

b) *Realitätsnähe* (vierstufig)

c) *Anzahl der Einzelpersonen*

d) *Verbale Interaktion* (Vorkommen oder Nichtvorkommen)

e) *Physische Interaktion* (Vorkommen oder Nichtvorkommen)

f) *Aggression* (vier Subskalen)

g) *Positive Traumgefühle* (vierstufig)

h) *Negative Traumgefühle* (vierstufig)

Zwei andere Versuche in dieser Richtung, die von Psychoanalytikern gemacht wurden, erscheinen mir für die potenzielle Auswertung meiner persönlichen Sammlung von eigenen und fremden Träumen vielversprechender.

Der erste ist von Susanne Döll-Hentschker, die ein System gesucht hat, um die Veränderung von Träumen während einer psychoanalytischen Behandlung einzuschätzen. Sie geht von einer Theorie der *Affektregulierung* als zentralem Aspekt der Traumbildung aus – wie nehmen wir unsere Gefühle im Traum wahr und wie kontrollieren wir sie? Wann, wo und wie empfinden wir Lust, drücken Freude oder Ärger aus usw.? Die Träume seien in erster Linie dazu da, unseren Gefühlshaushalt zu steuern.

Ihr Kodierungssystem soll jene Variablen austesten, die messbare Veränderungen bei einer gelungenen Psychoanalyse feststellen könnten. Ihre Hypothesen dazu waren:

1) Innere Beziehungsmodelle mit ihren entsprechenden Gefühlen werden flexibler, dadurch steigt die individuelle Freiheit im Beziehungsverhalten.

2) Eine größere Varianz von inneren Modellen wird entwickelt.

3) Individuelle Handlungsmöglichkeiten verbessern sich.

4) Die Fähigkeit zur Affektregulierung nimmt zu, mit mehr Varianz bei den Gefühlen.

5) Die Angst, sich auf Beziehungen einzulassen („involvement"), nimmt ab.

6) Die Akzeptanz für unterschiedliche Gefühle und für Ambivalenzen nimmt zu.

7) Die Kompetenz in Problemlösungsversuchen erweitert sich.

Die Autorin hatte fünf Fälle in psychoanalytischer Behandlung in Bezug auf ihre Träume untersucht. Einer davon war relativ unbrauchbar, da nur zwei Träume im gesamten Zeitraum der Untersuchung berichtet wurden. Ein anderer erzählte nur im ersten Behandlungsabschnitt Träume; damit war ein Vergleich von Anfang und Ende der Therapie bezüglich Veränderungen der Affektregulierung nicht möglich. Von den drei übrigen Fällen ergab sich, dass zwei von ihnen erhebliche Verbesserungen in ihrer Affektregulation zeigten, der Dritte hingegen eine eher negative Bilanz, die Veränderungen waren geringfügig und meist zum Schlechteren.

Diese Untersuchung scheint im Allgemeinen einen nicht untypischen Ausgang für psychotherapeutische Behandlungen aufzuzeigen. Katamnestische Untersuchungen, d. h. nachträgliche Anfragen an Patienten, wie sie ihre frühere Psychotherapie bewerten, erbringen das Ergebnis, dass ein Drittel

der Patienten starke positive Veränderungen im Leben wahrnimmt, ein Drittel erlebt eine geringfügigere, aber dennoch
durchaus positive Lebensveränderung, während das restliche
Drittel keine Verbesserungen oder sogar Verschlechterungen
anzeigt. Wie der amerikanische Baseball-Fan sagt: „You can't
win them all!"

Was die Untersuchung auf jeden Fall bestätigt, ist, dass das
Kodierungssystem funktioniert. Ohne ein solches vertrauens-
würdiges Raster wären wir allein auf die nachträglichen subjektiven, nicht immer verlässlichen Aussagen von Patienten
angewiesen. Wir sind noch immer nicht „objektiv" mit unseren Traumkodierungen geworden, aber wir sind dem näher
gekommen.

Döll-Hentschker hat eingeräumt, dass es ein vollständi-
geres, besseres Kodierungssystem gibt, das von Ulrich Moser und Ilka v. Zeppelin entwickelt wurde – ihres sei einge-
schränkter, dafür in manchen Situationen handhabbarer. In
dem Moser-Zeppelin-System, so erscheint es mir zumindest,
wird die Frage der Affektregulierung nicht vorrangig in den
Mittelpunkt gestellt, sondern mehr die Beziehungsfähigkeit,
die Möglichkeit, ein breiteres Handlungsspektrum bei sozialen Interaktionen zu erwerben. Die Autoren gehen von zwei
grundsätzlichen Prinzipien aus, die im Traumleben (so wie
im Wachleben auch) wirksam sind: dem Prinzip der *Sicherheit*
und dem Prinzip des *„Involvement"* oder des Engagements
des Träumers mit seinen Traumfiguren. Grundsätzlich versucht der Träumer Sicherheit in problematischen Situationen
zu erlangen, aber dann sich auch aktiv ins Geschehen einzu-

mischen – diese beiden Prinzipien können sich in verschiedenen Traumphasen bemerkbar machen.

Das System berücksichtigt mehrere Aspekte des Traumlebens:

1) Regeln für die *Segmentierung* oder Abgrenzung von Situationen.

2) a) Das *Positionsfeld* (den Ort oder die Szenerie des Traums), das hauptsächlich vom Sicherheitsprinzip beherrscht wird; wenn der Traum hauptsächlich aus Szenerie besteht (wie beim prä-psychotischen Traum meiner Patientin, die am Seil über einem Abhang schwebte), ist das Sicherheitsbedürfnis stark, Bewegungen scheinen in einem solchen Fall bereits zu gefährlich zu sein.

b) Das *soziale Setting*, das ein stärkeres *Involvement* des Träumers bedingt, der darin zum Akteur werden kann.

c) Den *Subjektprozessor*; der Träumer definiert damit die Art seiner eigenen möglichen Selbsterfahrung im Traum auch in Bezug auf eventuelle Wechselwirkungen mit den

d) *Objektprozessoren*; die anderen im Traum, mit denen man Interaktionen pflegt, die sowohl für „Zusammensein mit anderen" wie auch für Selbstanteile stehen können. Alle bekannten und damit vertrauten Objekte im Traum, ob Menschen, Tiere oder Gegenstände, erhöhen die Sicherheit.

3) Die *Trajektorien* oder LTM („Loco Time Motion"); das sind die Spuren, die Wechselwirkungen mit anderen hinterlassen, auch emotional gefärbte, z. B. „Ich laufe davon", „Ich gehe enttäuscht weg", „Wir wandern stundenlang".

4) Das *Interaktionsfeld*, mit mehreren Variablen, z. B. ob man sich von der Handlung mittels Film oder Theaterszenen distanziert, ob und wie Objekte im Traum manipuliert oder kontrolliert werden usw.

5) *Interrupt-Kodierungen*, die für abrupte Schnitte im Traum, die ein Versagen der Affektregulierung anzeigen, verwendet werden. *Dann war auf einmal Szenenwechsel!* heißt dann: *Ab diesem Punkt wusste ich nicht weiter mit meinen Gefühlen, habe die Szene abgebrochen und woanders angesetzt.* Die Schnitttechnik im Film hat daraus gelernt: Ein abrupter Schnitt im Film erfolgt meistens in einem sehr spannenden Moment, an dem der Zuschauer nicht wissen kann, wie die Situation ausgeht.

In einer beeindruckenden Parallel-Studie hat Marianne Leuzinger-Bohleber vom Sigmund-Freud-Institut in Frankfurt mit anderen Forschern die Änderungen in den Träumen eines schwer traumatisierten bosnischen Patienten während seiner Behandlung mit anderen Träumen verglichen, die er in der gleichen Zeit im Schlaflabor hatte und die dort mithilfe des Moser-Zeppelin-Systems ausgewertet wurden. Dadurch ließ sich viel genauer feststellen, welche Persönlichkeits- und Lebensveränderungen der Patient durch die Therapie erfahren hat.

Das mag dem Laien alles wie eine pedantische, mühselige Kleinarbeit erscheinen, die vielleicht ohnehin letztlich nur das bestätigt, was man intuitiv oder aus einer langjährigen klinischen Erfahrung vorausgesagt hätte. Aber man muss dabei die armen Psychotherapeuten verstehen! Sie kämpfen darum, von den Krankenkassen mehr Geld für diese Behandlungen zu bekommen, und sind damit oft im Streit mit Ärzten und anderen Berufen, die das Geld für Medikamente und technisches Gerät haben wollen.

Die Wirksamkeit der Geräte und der Medikamente lassen sich (angeblich) durch kontrollierbare und wiederholbare Tests beweisen; den Psychotherapeuten wird nach wie vor vorgeworfen, sie hätten keine verlässlichen objektiven Kriterien und keine streng wissenschaftlichen Beweise, ob und wie ihre Therapien überhaupt wirken. Also müssen sie sich eben auf diesem Wege anstrengen!

*Neurowissenschaften*

Mit ihren Forschungen zu den neuronalen Schaltkreisen, die eine „endogene Stimulation" oder Selbststimulierung erzeugen, in Verbindung mit den REM-Phasen, haben die Psychologen Lissa Weinstein und Steven Ellman eine Brücke zwischen ihrer Disziplin und den Neurowissenschaften geschlagen. Ausgehend von Freuds Gedanken über das Lust/ Unlust-Prinzip als Hauptregulator des Seelenlebens haben sie die Funktionen des REM-Schlafs genauer untersucht, besonders in Bezug auf ICSS.

ICSS („inter-cranial self stimulation"), die wir auch als „endogene Stimulation" bezeichnen, ist anatomisch im Mittelhirn lokalisiert und reguliert die Kontrolle von Verhaltensweisen wie Essen, Trinken, sexuelle Aktivität oder Aggression – alle notwendigen Überlebensfunktionen für das Tier. Wir könnten es die Fähigkeit nennen, sich selbst in Gang oder bei Laune zu halten, indem man sein Lustempfinden selbst kontrolliert. ICSS läuft phasisch im Gehirn ab; in Zeiten, in denen es erhöht ist, wirkt das Tier gereizt, wenn es dabei durch zu viele äußere Reize gestört wird – ähnlich vielleicht einem Kind, das sich selbst füttern oder anziehen und sich nicht von den Erwachsenen dabei helfen lassen will.

Natürlich muss das bei den frühen Mutter-Kind-Interaktionen eine besondere Rolle spielen; der britische Analytiker Donald Winnicott, der dafür den Begriff der „good-enough mother" prägte, meint, dass die Mutter nicht immer und exakt alle Signale ihres Säuglings lesen kann, wann er sie braucht und wann sie ihn in Ruhe lassen soll, aber es reicht schon, wenn sie das halbwegs angemessen macht, sonst kann das Kind später schwere Störungen davontragen.

ICSS beeinflusst daher auch unsere Fähigkeit, ein kontinuierliches, reifes, reflexives Selbstgewahrsam aufrechtzuerhalten. Im Wachzustand ist dieses Bewusstsein bei sexueller Erregung oder intensivem Sport kaum vorhanden – bei Angstzuständen ist es hingegen quälend erhöht.

In den REM-Phasen steigt die Wahrscheinlichkeit, dass der Traum als besonders real oder überzeugend erlebt wird; das hängt mit einer hohen endogenen Stimulation zusammen, wobei das reflexive Gewahrsam herabgesetzt wird. Schon beim Berichten eines Traums wird die Sprechweise auffällig: „Ich habe geträumt, dass ich Auto fahre" vs. „Ich bin Auto gefahren".

Die beiden Psychologen plädieren dafür, die lebhafteren Träume der REM-Phasen als ein Aktionsfeld zu sehen, wo diese basale Konflikthaftigkeit zwischen Abhängigkeitsbedürfnis und Eigenständigkeit, zwischen Kontrolle oder Abfuhr des triebhaften Verhaltens auf einer biologisch fundierten Basis ausgetragen wird. Somit sind sie ein ganzes Stück weitergekommen, den alten Wunsch von Freud zu erfüllen, dass eines Tages die exakten Wissenschaften, darunter die Neurologie, seine Hypothesen empirisch unterstützen würden.

Ein anderer Mitstreiter in dieser Sache ist Mark Solms, Professor an der Groote-Schuur-Universität in Kapstadt, Südafrika. Wie Freud vor ihm ist er Neurologe und Psychoanalytiker, aber anders als Freud arbeitet er parallel in beiden Sparten und gibt die Zeitschrift *Neuropsychoanalyse* heraus. Um die Bedeutung seiner Erkenntnisse zu ermessen, muss man sich vergegenwärtigen, wie dieses Feld in den 1970er-Jahren ausgesehen hat.

Nach der Entdeckung des REM-Schlafs durch Nathaniel Kleitman und Eugene Aserinsky in den 1950er-Jahren und weiterer Forschungen zum cholinergischen Hormonsystem und den sogenannten PGO-Spikes im Traum-EEG hat sich die im vorigen Kapitel erwähnte These von Hobson und Mc-Carley auf allen Ebenen durchgesetzt. Der Traum ist danach ein bloßes „Epiphänomen", eine Fantasiedichtung, die einem rein physiologisch begründeten Zustand im Kleinhirn nachträglich „aufgesetzt" wurde.

Damit waren Freuds Forschungen auf Jahre hin diskreditiert. Der Traum war keine Wunscherfüllung, auch keine Konfliktverarbeitung, er hatte überhaupt keine psychologische Bedeutung mehr. Interessant dabei ist, dass Hobson selbst über Jahre ein Traumtagebuch geführt hat und Beispiele daraus in seinen flüssig geschriebenen und unterhaltsamen Veröffentlichungen publiziert hat. Er meinte, er sähe keinen Sinn in diesen Träumen – dennoch schreibt er sie auf und sie sind für einen Psychoanalytiker aufschlussreich. Wie alle ernsthaften Traumforscher, denen ich persönlich begegnet bin, ist er ein reizender und kluger Mann.

Mark Solms hat lange im Schlaflabor mit Patienten mit schweren Schädel-Hirn-Traumata gearbeitet, bei denen ganze Areale im Gehirn gestört oder lahmgelegt waren. Er konnte damit nachweisen, dass lebhafte Träume auch außerhalb von REM-Phasen stattfinden, dass es möglich ist, ganz ohne REM zu träumen, und REM-Phasen zu erleben, ohne zu träumen. Die enge Verkopplung von beiden ist damit nicht mehr haltbar. Solms meint, er weiß, wie die Träume im Gehirn gebildet werden, aber er weiß noch nicht, wozu die REM-Phasen eigentlich gut sind!

Zwei Hirnareale, meint Solms, tragen nicht nur zum Träumen bei – sie machen die Träume. Beide liegen nicht im Kleinhirn, sondern in höheren Regionen. Das erste Areal, knapp über den Ohren, hat mit Raumwahrnehmung und räumlichen Vorstellungen zu tun (Jouvet würde sich darüber freuen!). Das zweite, für ihn noch interessantere, befindet sich im Frontalhirn – das sogenannte „Such-, Erwartungs- oder Bedürfnissystem". Bei Tierexperimenten hat sich gezeigt, dass dieses System das Tier dazu veranlasst, in seiner Umwelt nach einem Objekt zu suchen, das sein momentanes Bedürfnis befriedigt.

Wenn wir etwas brauchen – Sex, Essen, Trinken, eine Zigarette –, sind wir motiviert, danach Ausschau zu halten. Dieses

Areal im Gehirn, das mit Motivation korreliert ist, korrespondiert in gewissem Sinne mit Freuds Konzept der Wunscherfüllung und den Konflikten mit der Wunschbefriedigung im Traum, es übernimmt auch die physische Basis für zumindest einen Aspekt der Freud'schen Libido – die Suche nach einem Objekt für die Triebbefriedigung.

Insofern ist Hobson gezwungen worden, seine These zu revidieren: Träume können keine Zufallsprodukte des Kleinhirns in der REM-Phase mehr sein. Hobson hat das auch getan, und obwohl er noch immer die Wunscherfüllung und überhaupt den Sinn von Traumdeutungen anzweifelt, spekuliert er jetzt, dass das Träumen vielleicht dem Austesten von Instinktmechanismen dient. Durch nächtliche Probeläufe sollen sie funktionsfähig bleiben, was auch für Solms ein vielversprechender Ansatz zu sein scheint.

Solms bezweifelt allerdings die These, dass Träume dazu da sind, Gedächtnisspuren zu festigen (s. Kapitel „Wozu träumen wir?", Hypothese 1). Seine Patienten, welche die Fähigkeit zum Träumen verloren hatten, zeigten ganz unverminderte Gedächtnisleistungen. Andere Traumforscher wie Jan Born haben experimentell nachgewiesen, dass frisch Gelerntes eher in Tiefschlafphasen verankert wird.

Diese neuen Entwicklungen zeigen, dass das ganze Feld in Aufbruchsstimmung ist. Unter den Forschern herrscht eine Atmosphäre von Austausch und Kooperation, heute arbeitet man einander zu und nicht mehr gegeneinander. Die stetige Verfeinerung der Technik bei den bildgebenden Verfahren wie MRI oder PET-Scan erlauben uns immer neue und genauere Einblicke in die beteiligten Hirnfunktionen. Wir können heute viel exakter als noch vor 20 Jahren beschreiben, welche neurologischen, psychologischen und evolutionsbiologischen Prozesse an der Entstehung der Träume und des Träumens beteiligt sind.

Wo kann das hinführen? Science-Fiction-Filme wie *Inception* und andere gaukeln uns eine Welt vor, in der wir die genauen Inhalte der Träume elektronisch aufzeichnen werden, selbst gebastelte Träume in die Gehirne anderer Menschen verpflanzen und noch vieles mehr. Wer weiß? In meinen Aufzeichnungen findet sich sogar ein alter Traum, *in dem ich eine Operation für eine Kopftransplantation überstand und länger mit dem Kopf eines anderen herumgelaufen bin* – auch Zukunftsmusik?

Unsere Wissenschaft ist nicht immer so frei, wie sie zu meinen scheint, heutzutage ist sie mehrfach in Gefahr, nur eine Dienstmagd der Technologie zu sein. Wir lernen durch sie immer besser, unsere Umwelt, einander und uns selbst zu manipulieren, zu „optimieren" und zu beherrschen. Die Gefahr dabei ist zu vergessen, was man in der Antike noch gewusst hat und was viele Kulturen heute noch verstehen: dass die Traumwelt auch ein Ort der Heilung sein kann – gerade weil wir darin die Kontrolle über uns verlieren dürfen, weil wir uns darin nicht optimieren, sondern uns auf eine Weise zeigen, die uns zugleich befremdend und vertraut vorkommt.

Als Psychotherapeut hört man im Laufe der Zeit viele verschiedene Dinge von vielen verschiedenen Menschen. Man ist ständig in Gefahr – vor allem am Anfang des Berufs, wenn dieses Gedächtnis noch nicht so geschult ist –, Details zu verwechseln, jemandem ein Ereignis anzudichten, das einem von jemand anderem erzählt wurde usw. Aber die Träume sind unverwechselbar: Es ist mir noch nie passiert, dass ich die Träume eines Patienten mit den Träumen eines anderen verwechselt hätte.

Ich bin sehr neugierig auf die kommenden Fortschritte in der wissenschaftlichen Erforschung des Träumens und verspreche mir wichtige Erkenntnisse davon. Zuweilen aber, meist nach einer intensiven Stunde in der therapeutischen Arbeit, wobei man leicht in einen traumartigen Zustand hineingleiten kann, halte ich inne und frage mich: Willst du die Träume auseinandernehmen und verstehen, oder willst du sie leben?

Haben die Aborigines in Australien recht, wenn sie sagen, dass wir, mit allem um uns herum, ursprünglich in die Existenz „hineingeträumt" wurden? In eine Existenz, in der es nichts zu manipulieren, zu verändern, zu verbessern oder gar zu verstehen gibt, sondern nur das Weiterleben und Weiterträumen: die Wirklichkeit und Wirksamkeit der Träume zu erleben und das Leben wie eine besondere, eigenartige Ausformung des Träumens zu betrachten?

Ein Teil von mir bleibt – bei aller Begeisterung – immer skeptisch, oder zumindest fragend: meinem eigenen Denken, Arbeiten und Schreiben gegenüber, aber auch gegenüber meinen eigenen esoterischen Anwandlungen. Mein Verstand sagt mir, man muss ein Herz für die Träume haben; mein Herz sagt mir, bei den Träumen darf man den Verstand nicht verlieren.

# Nachwort

Wir sind am Ende unserer Forschungsreise durch das Labyrinth des Traumlebens angelangt und der Ausgang befindet sich bekanntlich immer erneut am Eingang.

Ausgegangen sind wir von unserer Titelfigur Patrick, dem Mann, der sein Leben einem Traum verdankte. Auf dem Weg sind wir noch drei weiteren Männern begegnet, bei denen das auch der Fall war: einem römischen Kaiser, einem deutsch-jüdischen Künstler und einem, von dem man sich wünschte, er hätte den Traum nie gehabt und stattdessen sein Leben rechtzeitig verlassen.

Die monströse mythische Gestalt des Minotaurus – das eigentliche Wesen des Traums, das sich im Labyrinth versteckt hält – haben wir umkreist, wenn auch nicht ganz zu fassen bekommen. Sie hat uns das Fürchten gelehrt, aber zuweilen hat sie uns nur traurig angeschaut, dann auf einmal fanden wir sie witzig und ließen uns von ihr unterhalten.

Wie ernst sollen wir dieses Fabelwesen Traum nehmen? Wir wollen uns weder darin verlieben – dann fänden wir nie wieder glücklich ins Tagesleben heraus –, noch wollen wir ihm davonrennen.

Beim Hinausgehen könnten wir an einer biblischen Figur vorbeikommen – es ist Salomo der Prediger und er herrscht uns zum Abschied an: „Wo viel Träume sind, da ist Eitelkeit und viel unnütze Worte. Du aber fürchte Gott!"

Lieber Leser, liebe Leserin, hätten wir beide auf ihn beim Hineingehen gehört, dann hätten Sie das Buch nicht gelesen, weil ich es auch nicht geschrieben hätte. So aber wollen wir den Prediger nicht zurückweisen – er hat auch seinen Stand-

punkt –, nur seinen strengen Ton in eine milde Skepsis über-
führen.

Mein Freund, der Filmemacher und Autor Clemens Kuby, erzählte mir einmal von einem Besuch, den er beim Dalai Lama
in Dharamsala abstattete. Clemens recherchierte damals für
einen Film über die erwartete Reinkarnation des Karmapa,
der ein vor kurzem verstorbener, hoher tibetischer Geistlicher
gewesen war. Es hieß, der genaue Ort, die Ausstattung der
Delegation, die dorthin reisen sollte, und die Erkennungszei-
chen, welche die Prüfer dort suchen und finden sollten, wurden alle dem Dalai Lama in einem Traum bekannt gemacht.

Das Gespräch drehte sich lange um die Feinheiten der bud-
dhistischen Anschauungen über grobstoffliche und feinstoffli-
che Körper, bis Clemens, der die Sache noch immer nicht recht
begriffen hatte, sah, dass der Dalai Lama langsam davon müde
wurde. Schließlich sagte Seine Heiligkeit mit einer wegwerfen-
den Geste nur: „Aber was wollen Sie? Es war ja nur ein Traum!"

So etwas Schnödes lässt sich leichter bei hellem Tageslicht
sagen. Wenn die dringlicheren Geschäfte und Probleme des
Alltags rufen, kann die Fixierung auf einen einzigen Traum
mehr zur Ablenkung als zur Erleuchtung dienen. Aber wenn
die Nacht uns überkommt und wir im Traumleben wandeln,
sind wir andere Menschen geworden als am Tag und wir reden auch anders darin!

Zum Schluss eine Danksagung. Dieses Buch ist all jenen Personen gewidmet, die mir jemals einen Traum erzählt haben.

Ohne sie hätte ich nicht gewusst, wie ich dieses Buch schreiben soll. Für Anregungen und Kommentare bei der Lektüre sorgten Christina Kindl, Martina Paischer, Joe Rabl und Helga Klug, ihnen gilt auch mein Dank. Ferner gedenke ich meinen ersten Lehrern in dieser Zunft, Raoul Schindler, Hedda Eppel, Donald Meltzer und Josef Shaked, wovon nur Letzterer noch am Leben ist. Dann bin ich noch meinen Studenten in meinen Traumseminaren in Wien und Berlin für ihre wilden Einfälle und ihre kniffligen Fragen dankbar. Schließlich bedanke ich mich – sie wird es nicht lesen können – bei Juno, einer Katze wie aus einem Traum, die mit mir in den Schreibpausen im Wald spazieren ging und mich dabei auf einiges aufmerksam gemacht hat.

*Wien, August 2014*

# Anhang 1
## Praktische Ratschläge
### für die Erfoschung
## eigener Träume

Am wichtigsten ist, dass man sich seine Träume überhaupt merkt. Dafür gibt es hilfreiche Methoden, z. B.:

Die Intention zu träumen und sich den Traum zu merken, das Motivationszentrum einschalten.

Denken Sie immer an das Träumen knapp vor dem Schlafengehen und gleich nach dem Aufwachen. Beim Aufwachen fragen Sie sich gleich: Was habe ich geträumt? Wenn Ihnen nichts einfällt, bleiben Sie noch im halbwachen Zustand, beobachten Sie Ihre Gedanken und Stimmungen und verfolgen Sie sie zu ihren Anfängen zurück – manchmal taucht dann doch der Rest eines Traums auf.

### Das Traumtagebuch

Das Notizbuch am Nachtkästchen ist immer noch ein treuer Diener, aber ein Diktier-App am Smartphone ist praktisch, wenn man ein Mensch ist, der im Halbdunkel besser damit hantieren kann als mit Papier und Bleistift. Allerdings habe ich oft später akustisch nicht richtig verstanden, was ich nächtens schlaftrunken in das Gerät gemurmelt hatte. Es ist aber für Ärzte gut geeignet, die sich oft beklagen, dass sie am Morgen ihre eigene Handschrift nicht lesen können.

Notieren Sie auch das kleinste Traumfragment. Notieren Sie auch das Datum und irgendwelche persönlichen Umstände, die Sie gerade okkupieren. Sie können die Träume auf eine linke Seite schreiben und die rechte für spätere Einfälle oder Kommentare freilassen.

Manche Träume werden wir einfach aufschreiben, dann sind sie weg und wir brauchen uns nicht mehr darum zu kümmern. Dennoch können sie uns Monate, vielleicht Jahre später aus irgendeinem Grund bedeutsam erscheinen. Andere Träume, wir spüren das schon beim Aufwachen, gehören nicht nur niedergeschrieben, sondern wollen auch die Zeit dafür haben, dass man über sie nachdenkt.

Wenn Sie den Traum tagsüber in sich herumtragen, können Sie ihn gelegentlich wieder vor Ihrem inneren Auge Revue passieren lassen und schauen, ob noch etwas dazukommt oder im Nachhinein unsicher erscheint. Wenn Sie bei Tag plötzlich spontan an Ihren Traum denken müssen, schauen Sie, was gerade vorher in dem Augenblick los war, draußen oder in Ihren Gedanken, Gefühlen und Erinnerungen.

Wenn Sie strukturierter vorgehen und zugleich Ihre Assoziationsfähigkeit steigern wollen, notieren Sie zusätzlich die diversen Traumelemente und denken Sie genauer darüber nach, wie sie genau waren und was Ihnen dazu einfällt. Solche Elemente sind:

1) Der Ort, die Landschaft, das Gebäude, die Szenerie des Traums

2) Die Personen, die darin vorkommen, mit ihren Eigenschaften, ihrer Geschichte, ihren Wertvorstellungen, und wie sie sich im Traum verhalten

3) Gegenstände mit symbolischer Bedeutung wie ein Korb, ein Ring, ein Messer oder eine Lampe, unbekannte Objekte, die aus anderen Objekten zusammengesetzt sein könnten usw.

4) Tiere mit ihren Verhaltensweisen im Traum

5) Verkehrsmittel irgendwelcher Art

6) Zahlen, Farben, Muster im Traum, die Bedeutung haben könnten
7) Gefühle, die Sie im Traum hatten oder die andere Traumfiguren empfunden haben

Für mich persönlich – auch im Einklang mit der Affektregulierungstheorie – ist dieses Letzte, das vorherrschende *Gefühl*, die Stimmung oder Atmosphäre im Traum, am wichtigsten, weil es immer am meisten in mir auslöst. Oft lässt sich das am besten an einem „Zentralbild" des Traums festmachen. Wenn nicht, dann beobachten Sie, welches Gefühl der Traum nach dem Erwachen bei Ihnen hinterlassen hat.

Erzählen Sie Ihre Träume einer Person Ihres Vertrauens.

# Anhang 2
## Weiterführende Literatur

Ahrens, Ullrich: Fremde Träume. Eine ethnopsychologische Studie. Berlin: Reimer 1966

Beradt, Charlotte: Das Dritte Reich des Traums. Frankfurt: Suhrkamp TB 1994

Bohleber, Werner (Hrsg.): Traum. Theorie und Deutung. Sonderheft Psyche. Zeitschrift für Psychoanalyse und ihre Anwendungen. Stuttgart: Klett-Cotta 2012

Cartwright, Rosalind: The Twenty-Four Hour Mind. The Role of Sleep and Dreaming in Our Emotional Lives. Oxford: Oxford University Press 2010

Döll-Hentschker, Susanne: Die Veränderung von Träumen in psychoanalytischen Behandlungen. Frankfurt: Brandes & Apsel 2008

Elkin, A. P.: Aboriginal Men of High Degree. Rochester, Vermont: Inner Traditions 1994

Fellini, Federico: Das Buch der Träume. Il libro dei sogni. München: Collection Rolf Heyne 2007

Fischer, Christoph und Kächele, Horst: Comparative Analysis of Patients' Dreams in Freudian and Jungian Treatment. In: International Journal of Psychotherapy 2009

Fonagy, Peter u. a. (Hrsg.): The Significance of Dreams. Bridging Clinical and Extraclinical Research in Psychoanalysis. London: Karnac 2012

Foulkes, David: Children's Dreaming and the Development of Consciousness. Cambridge: Harvard University Press 2009

Freud, Sigmund: Die Traumdeutung (1900). Gesammelte Werke, Bd. 2. Frankfurt: Fischer

Freud, Sigmund: Schriften über Träume und Traumdeutungen. Frankfurt: Fischer TB 1994

Godwin, Malcolm: The Lucid Dreamer. A Waking Guide for the Traveller between Worlds. Shaftesbury: Element Books 1995

Gottschalk, Herbert: Reich der Träume. Kulturgeschichte, Erforschung, Deutung. Gütersloh: Bertelsmann 1963

Griffin, Joseph: The Origin of Dreams. Trowbridge, Wiltshire: Redwood Books 1997

Habringer, Rudolf (Hrsg.): Der Kobold der Träume. Wien: Picus 2006

Hobson, J. Allan: Dreaming. A very short Introduction. Oxford: Oxford University Press 2002

Holzinger, Brigitte: Der luzide Traum. Wien: WUV-Universitätsverlag 1997

Jouvet, Michel: Die Nachtseite des Bewußtseins. Warum wir träumen. Reinbek: Rowohlt TB 1994

Jung, C. G.: Erinnerungen, Träume, Gedanken. Freiburg: Olten 1997

Kadare, Ismail: Der Palast der Träume. Frankfurt: Fischer TB 2005

Kafka, Franz: Träume. Frankfurt: Fischer TB 1993

Kaplan-Solms, Karen und Solms, Mark: Neuro-Psychoanalyse. Stuttgart: Klett-Cotta 2003

Langer, Susanne K.: Philosophy in A New Key. A Study in the Symbolism of Reason, Rite, and Art. Cambridge: Harvard University Press 1957

Lawlor, Robert: Voices of the first day. Awakening in the Aboriginal Dreamtime. Rochester, Vermont: Inner Traditions International 1991

Lawrence, W. Gordon (Hrsg.): Social Dreaming @ Work. London: Karnac 1998

Mann, Thomas: Joseph und seine Brüder. Frankfurt: S. Fischer 1983

McNamara, Patrick: How sex rules our dreams. Internet: Aeon Magazine 2014

Meltzer, Donald: Traumleben. Eine Überprüfung der psychoanalytischen Theorie und Technik. München: Verlag Internationale Psychoanalyse 1988

Mendelssohn, Felix de: Das psychoanalytische Subjekt. Schriften zur psychoanalytischen Theorie und Technik. Wien: SFU-Verlag 2010

Mendelssohn, Felix de: Die Gegenbewegung der Engel. Psychoanalytische Schriften zu Kunst und Gesellschaft. Wien: SFU-Verlag 2010

Moorcroft, William H.: Sleep, Dreaming & Sleep Disorders. Lanham: University Press of America 1993

Moser, Ulrich und Zeppelin, Ilka von: Der geträumte Traum. Wie Träume entstehen und sich verändern. Stuttgart: Kohlhammer 1996

Ogden, Thomas: Conversations at the frontier of dreaming. London: Karnac 2005

Oppenheim, Meret: Träume. Aufzeichnungen. Berlin: Suhrkamp 2010

Ranke, Heinrich: Das Gilgamesch Epos. Wiesbaden: Marix 2011

Resnick, Salomon: The Theatre of the Dream. London: Tavistock 1987

Rycroft, Charles: The Innocence of Dreams. London: Hogarth Press 1979

Schredl, Michael: Die nächtliche Traumwelt. Eine Einführung in die psychologische Traumforschung. Stuttgart: Kohlhammer 1999

Solms, Mark und Turnbull, Oliver: The Brain and the Inner World. An Introduction to the Neuroscience of subjective Experience. London: Karnac 2002

Solms, Mark: The Neuropsychology of Dreams. A Clinico-Anatomical Study. New York: Psychology Press 2014

Stevens, Anthony: Private Myths. Dreams and Dreaming. London: Penguin 1996

Stewart, Kilton: Pygmies and Dream Giants. New York: Harper Colophon 1975

Strauch, Inge und Meier, Barbara: Den Träumen auf der Spur. Zugang zur modernen Traumforschung. Bern: Hans Huber 2004

Talbot, Michael: The Holographic Universe. London: Harper Collins 1996

Tedlock, Barbara (Hrsg.): Dreaming. Anthropological and Psychological Interpretations. Santa Fe, New Mexico: School of American Research 1992

Tenzin Wangyal Rinpoche: Übung der Nacht. Tibetische Meditationen in Schlaf und Traum. Kreuzlingen: Hugendubel 2001

Varela, Francisco J.: Traum, Schlaf und Tod. Grenzbereiche des Bewusstseins. München: Diederichs 1998

Winnicott, Donald: Vom Spiel zur Kreativität. Stuttgart: Klett-Cotta 2006

Wolf, Fred Alan: Die Physik der Träume. Von den Traumpfaden der Aborigines bis ins Herz der Materie. München: Deutscher Taschenbuch Verlag 1997